Sport-Sponsoring

An den Beispielen:
FIFA Fußball-WM 2006™ in Deutschland und
FIFA Fußball-WM 2010™ in Südafrika

von
Professor
Dr. Walter Ruda
und
M.A. Diplom-Betriebswirtin (FH)
Frauke Klug

Oldenbourg Verlag München

Bibliografische Information der Deutschen Nationalbibliothek

Die Deutsche Nationalbibliothek verzeichnet diese Publikation in der Deutschen
Nationalbibliografie; detaillierte bibliografische Daten sind im Internet über
<http://dnb.d-nb.de> abrufbar.

© 2010 Oldenbourg Wissenschaftsverlag GmbH
Rosenheimer Straße 145, D-81671 München
Telefon: (089) 45051-0
oldenbourg.de

Lektorat: Wirtschafts- und Sozialwissenschaften, wiso@oldenbourg.de
Herstellung: Anna Grosser
Coverentwurf: Kochan & Partner, München
Titelbild: www.sxc.hu
Gedruckt auf säure- und chlorfreiem Papier
Gesamtherstellung: Grafik + Druck GmbH, München

ISBN 978-3-486-59119-4

Vorwort

Der Sport ist in Gesellschaft und Wirtschaft zu einem Faktor von wachsender Bedeutung geworden. Die Kommerzialisierung des Sports schreitet tagtäglich voran. Erfolge im Sport wirken sich auch auf die wirtschaftlichen Erfolge von Unternehmen, Institutionen und Vereinen aus. Darüber hinaus haben Events Einzug in die unterschiedlichsten wirtschaftlichen und gesellschaftlichen Bereiche gefunden. Das Management von Events ist anspruchsvoll, weil viele verschiedene Interessengruppen mit unterschiedlichen Zielsetzungen koordiniert werden müssen. Insbesondere in den vergangenen Jahren wurden professionelle Strukturen in Vereinen und Verbänden, Institutionen und Unternehmen geschaffen, um die Finanzen und die Logistik, das Personal und die Organisation, aber nicht zuletzt das Marketing zu optimieren. Für die Entscheidungsträger im Management wachsen deshalb die Herausforderungen.

Als Refinanzierungsquelle ist das Sport-Sponsoring sowohl für Sportvereine als auch für Event-Veranstalter heute nicht mehr wegzudenken. Die Vereine sind wegen der steigenden Kosten, auf diese Einnahmequelle angewiesen. Auch Mega-Events, wie die FIFA Fußball-WM™, die UEFA Fußball-EM™ oder die Olympischen Spiele würden ohne die finanzielle Unterstützung durch die Sponsoren nicht in diesen Dimensionen veranstaltet werden können. Aus Sicht der Sponsoren bietet das Sponsoring eine gute Möglichkeit, um das eigene Unternehmen bekannt zu machen und vom Image eines Sportlers, eines Teams, eines Vereins oder einer Veranstaltung zu profitieren.

Erfolge im Sport wirken sich auch auf die wirtschaftliche Kraft eines Vereins aus. Diese ermöglicht wiederum neue Investitionen z.B. in Spielertransfers, die die sportliche Performance eines Vereins beeinflussen. „Geld schießt eben doch Tore oder verhindert diese zumindest." So haben z.B. in den vergangenen Jahren immer die gleichen Fußball-Unternehmen aus der Premier League in England, der Primera División in Spanien oder der italienischen Serie A zum einen in den nationalen Wettbewerben und zum anderen in den internationalen Wettbewerben ihren Erfolgsanspruch zementiert. Auch die Unternehmen haben die wirtschaftlichen Potenziale im Sport schon längst erkannt und unterstützen Sportler, Sportvereine oder -veranstaltungen. Das Sport-Sponsoring stellt somit eine Symbiose dar, die sich sowohl für den Gesponserten als auch den Sponsor gleichermaßen lohnt. Audi aus Ingolstadt ist mittlerweile eine 10%-Beteiligung beim Fußball-Unternehmen FC Bayern München eingegangen. adidas war hier schon frühzeitig Vorreiter, ähnlich wie beim Sport-Sponsoring, und dies nicht aus kurzfristigem, operativem Interesse, sondern aus langfristigen, strategischen Überlegungen, um den Konkurrenten Nike zumindest vom deutschen Branchenprimus fernzuhalten. Die Konkurrenz für Audi sitzt schon lange nicht mehr bei Opel, einem der früheren Sponsoren des FC Bayern München, sondern am Petuelring in München, bei BMW.

Bei dem vorliegenden Buch handelt es sich um ein Werk, das es in vergleichbarer Form im deutschsprachigen Raum bislang nicht gibt. Der hohe Praxisbezug hilft dem Leser das komplexe und umfassende Themenspektrum des Themas Sport-Sponsoring besser zu erfassen und zu verstehen. Eine Vielzahl von Fotos illustriert die verschiedenen Alternativen des Sport-Sponsorings, das sich ideal zur kommunikativen Ansprache bestimmter Zielgruppen eignet. Weltweit gewinnt der Fußballsport, ausgehend von einem schon hohen Niveau, immer weiter an Bedeutung und Beliebtheit. Vor diesem Hintergrund beleuchten wir das Sponsoring von großen Sport-Events am Beispiel der FIFA Fußball-WM^{TM} in Deutschland 2006 und in Südafrika 2010 an einer Vielzahl von Praxisbeispielen. Hierbei werden die Zusammenhänge des Sport-Sponsorings verdeutlicht und die unterschiedlichen Einflüsse sowie Auswirkungen erläutert.

Nach der Begriffsklärung von Sponsoring werden die Entstehung und Entwicklung der unterschiedlichen Stufen des Sponsorings dargestellt. Das Sponsoring im Bereich Sport begann ungefähr zu Beginn der 1970er Jahre und hat sich mittlerweile zum professionellen Sponsoring weiterentwickelt. Nachdem im ersten Kapitel die Einführung in das Themengebiet des Sponsorings, insbesondere des Sport-Sponsorings, erfolgt, werden im darauf folgenden Kapitel die Besonderheiten des Fußballs für das Sponsoring aufgezeigt. Die Kapitel drei und vier befassen sich mit der FIFA Fußball-WM^{TM} 2006 in Deutschland. Uns allen ist „Deutschland ein Sommermärchen", die preisgekrönte Dokumentation von Sönke Wortmann auch heute noch in Erinnerung. In Kapitel drei werden Planungs- und Organisationsfragen behandelt und in Kapitel vier wird das Marketing-Konzept der FIFA bei der WM in Deutschland näher beleuchtet. In den Kapiteln fünf und sechs werden einige ausgewählte Unternehmen mit ihren vielfältigen Sponsoring-Maßnahmen vorgestellt, die als Offizielle Sponsoren oder Nationale Förderer fungierten. Die Kapitel sieben und acht, sind analog zu den Kapiteln drei und vier, allerdings jeweils mit Bezug auf die FIFA Fußball-WM^{TM} 2010 in Südafrika aufgebaut. Die FIFA hat, basierend auf dem Wissen und den Erfahrungen der vergangenen Turniere, einige organisatorische Veränderungen vorgenommen, um die Sponsoren zu schützen. Im vorletzten Kapitel beschäftigen wir uns ausführlich mit Ambush Marketing-Aktivitäten, die es vielen Unternehmen erschweren ihre Sponsoring-Maßnahmen vollständig umzusetzen und die gesetzten Ziele zu erreichen.

Abschließend wird im letzten Kapitel ein Ausblick auf anstehende Events gegeben. Anfang Dezember 2009 erfolgte bereits die Auslosung der Gruppen für die Vorrunde der FIFA Fußball-WM^{TM} 2010 in der südafrikanischen Hafenstadt Durban. Somit wurden die ersten Gegner für die WM festgelegt. Ein Jahr nach der WM in Südafrika darf sich Deutschland über eine Frauen-WM im eigenen Land freuen. Auch Brasilien als eines der BRIC-Länder, steht als Austragungsland für die FIFA Fußball-WM^{TM} 2014 bereits fest. In London werden die nächsten Olympischen Spiele 2012 ausgetragen. Die Olympischen Spiele 2016 wurden mit Rio de Janeiro zum ersten Mal nach Südamerika gewählt: Im letzten Durchgang erhielt Rio bei der Abstimmung der Vollversammlung des Internationalen Olympischen Komitees (IOC) in Kopenhagen den Vorzug vor dem Mit-Bewerber Madrid. Die Städte Chicago und Tokio waren bereits eine Runde zuvor mit ihren Bewerbungen gescheitert. Wer verfolgt hat wie im Vorfeld der Abstimmung und im Nachgang zur Wahl, die Besuche des US-amerikanischen Präsidenten Barack Obama, dem kurz nach dieser „Abstimmungsniederlage" allerdings der Friedensnobelpreis verliehen wurde, des brasilianischen Präsidenten Lula da Silva, des Spanischen Königspaares und des japanischen Premierministers Yukio Hatoyama diskutiert wurden, kann nur erahnen welche Dimensionen der Sport mittlerweile in einer globalisierten Welt erreicht hat. In Rio de Janeiro wurde diese Entscheidung an der weltberühmten Copacabana ausgelassen gefeiert. Die Sponsoren dürfen gespannt sein, wenn sie sich auf diesen Events präsentieren dürfen, zumal nun Sponsorenrechte und Senderechte im Paket offeriert werden könnten.

Das Buch basiert auf vielfältigen langjährigen Erfahrungen, die der Autor z.B. im internationalen Business des adidas-Konzerns im letzten Jahrtausend und als langjähriger Aufsichtsratsvorsitzender des 1. FC Kaiserslautern in diesem Jahrtausend, auch in Zusammenarbeit mit Vermarktungs-Agenturen wie z.B. SPORTFIVE, sammeln konnte. Die FIFA Fußball-WM™ 2006 konnte der Autor bei den organisatorischen Vorarbeiten sowie der Durchführung am WM-Standort in Kaiserslautern und live in mehreren Stadien miterleben. In einer Reihe von Vorträgen referierte der Autor bereits über diese Thematik. Darüber hinaus lehrt der Autor seit vielen Jahren im Bereich Marketing in verschiedenen Master-Studiengängen an unterschiedlichen Hochschulen. Nur der Vollständigkeit halber sei angemerkt, dass am Hochschulstandort Zweibrücken derzeit ein Bachelor-Fernstudiengang mit einem Studienschwerpunkt „Sport und Eventmanagement" gestartet ist. Einige Ideen und Anregungen zu diesem Buch sind aus der Betreuung von Studierenden bei Seminar- und Diplomarbeiten sowie wissenschaftlichen Zulassungsarbeiten entstanden.

Die Zielgruppe dieses Werkes sind zum einen Studierende und Dozenten sowie Forscher und Praktiker wie z.B. Vorstände, Geschäftsführer, PR-, Marketing- und Vertriebsmanager, Werbe-, Event- und Mediagenturen, Unternehmensberater und zum anderen Verbände und Unternehmensberatungen. Aber selbst bei den großen WP-Gesellschaften wie z.B. KPMG, Ernst & Young, PWC und Deloitte & Touche hat sich mittlerweile der Sport im Allgemeinen und der Fußball im Besonderen zu einem eigenständigen Geschäftsfeld herausgebildet.

Bei aller Euphorie zum Sportgeschehen sei aber auch nicht vergessen, dass die ethischen und moralischen Aspekte gerade im Zuge einer fortschreitenden Kommerzialisierung des Sports oftmals vernachlässigt werden. An dieser Stelle sei nur an die verschiedenen Dopingenthüllungen, vorgetäuschten Unfälle z.B. im Motorsport, den Transfer von Jugendlichen im Fußball und den Wettskandal 2009 mit seinen noch ungeahnten Auswirkungen, erinnert. Viel zu schnell vergessen werden auch die einzelnen Sportler, die hinter diesen Höchstleistungen stehen und manchmal mit dieser Drucksituation einfach nicht fertig werden. Der Freitod von Robert Enke, dem Torhüter der deutschen Fußball-Nationalmannschaft sollte uns allen, allerdings nicht nur kurzfristig, zu denken geben. Einen sehr guten Einblick in die Entwicklungsgeschichte eines der größten Fußball-Talente gibt die Autobiographie „Sebastian Deisler – Zurück ins Leben", die auch zum Nachdenken und Innehalten anregt.

Wir bedanken uns bei Prof. Dr. Thomas A. Martin und M.A. Dipl.-Betriebswirt (FH) Benjamin Danko für hilfreiche Anregungen. Darüber hinaus danken wir dem Oldenbourg Wissenschaftsverlag für die Ausgestaltung des Buches. Schließlich gilt unser Dank Herrn Rainer Berger, dem Lektor des Verlages, der dieses Projekt jederzeit verständnisvoll betreut hat.

Zweibrücken, im März 2010

Prof. Dr. Walter Ruda   M.A. Dipl.-Betriebsw. (FH) Frauke Klug

Inhalt

Abkürzungsverzeichnis

AC	Associazione (= Verband, Bund Vereinigung) Calcio (= Fußball)
ACSA	Airports Company South Africa
AFC	Asian Football Confederation
AG	Aktien Gesellschaft
ANC	African National Congress
ARD	Arbeitsgemeinschaft der öffentlich-rechtlichen Rundfunkanstalten der Bundesrepublik Deutschland
AWD	Allgemeiner Wirtschaftsdienst - Finanzdienstleister
BDW	Deutscher Kommunikationsverband
BGH	Bundesgerichtshof
BRT	Bus-Rapid-Transport-Projekt
BSC	Bundes Sport Club
bspw.	beispielsweise
BtoB	Business to Business
BtoC	Business to Consumer
bzw.	beziehungsweise
ca.	circa
CAF	Confédération Africaine de Football
CMA	Centrale Marketing-Gesellschaft der deutschen Agrarwirtschaft
CONCACAF	Confederation of North, Central American and Caribbean Association
CONMEBOL	Confederación Sudamericana de Fútbol
d.h.	das heißt
DB	Deutsche Bahn
DFB	Deutscher Fußballbund
DFL	Deutsche Fußball Liga
DPMA	Deutsches Patent- und Markenamt
DRK	Deutsches Rotes Kreuz
DVAG	Deutsche Vermögensberatung
DZT	Deutsche Zentrale für Tourismus
EA	Electronic Arts

EBS	Europäische Sponsoring Börse
EM	Europameisterschaft
EnBW	Energiebetriebe Baden-Württemberg
ESKOM	Electricity Supply Commission – Südafrikanischer Stromlieferant
etc.	et cetera
ETI	Europäisches Tourismus Institut
FAZ	Frankfurter Allgemeine Zeitung
FCK	1. FC Kaiserslautern
FIFA	Fédération Internationale de Football Association
FME	Forum Marketing Eventagentur
FNB	Soccer City Stadion in Johannesburg
FNB	First-National-Bank-Stadion
GSM	Global System for Mobile Communications – Mobilfunkbetriebe
GSMA	Global System for Mobile Communications Association – weltweite Industrievereinigung der GSM-Mobilfunkbetriebe
HBS	Host-broadcast Services
IBC	International Broadcast Center
IMC	International Media Center - Internationales Medienzentrum
inkl.	inklusive
IOP	International Outreach Programm
ISMM	International Sports Media & Marketing
ISTAF	internationales Stadionfest
ITK	Informations- und Kommunikationstechnologie
KSC	Karlsruher Sportclub
LG	Landesgerichtshof
LOC	Local Organisation Comitee
MarkenG	Markengesetz
MMS	Multimedia Messaging Service
MTN	Mobile Telephone Networks
NHL	National Hockey League
OFC	Oceania Football Confederation
OK	Organisations Kommité
OLG	Oberlandesgericht
OlympSchG	Olympiaschutzgesetz
PC	Personal Computer
PKW	Personenkraftwagen
PR	Public Relations

PSL	Premier Soccer League
qm	Quadratmeter
SAA	South African Airways
SABC	South African Broadcasting Corporation
SAFA	South African Football Association
SAPA	South African Police Service
SC	Sportclub
SMC	Stadionmedienzentrum
SMS	Short Message Service
StGB	Strafgesetzbuch
stellv.	stellvertretend
SV	Sportverein
t	Tonnen
TSG	Turn- und Sportgemeinschaft
TÜV	Technischer Überwachungsverein
TV	Television
UEFA	United European Football Association
UMTS	Universal Mobile Telecommunication System
UPS	United Parcel Service - Logistikunternehmen
US	United States
USA	United States of America
USP	Unique Selling Proposition
UWG	Gesetz gegen den unlauteren Wettbewerb
VfL	Verein für Leibesübungen
VIP	Very Important Person
WLAN	Wireless Local Area Network
WM	Weltmeisterschaft
WTA	World Tennis Association
z.B.	zum Beispiel
ZAR	Südafrikanischer Rand
ZDF	Zweites Deutsches Fernsehen

1   Sponsoring

Sponsoring[1] hat in den vergangenen Jahrzehnten einen großen Aufschwung genommen und stellt für Unternehmen und Events mittlerweile eine wichtige Quelle dar, um Kapital zu akquirieren und sich zu refinanzieren. Im Zuge der Finanz- und Wirtschaftskrise drohen jedoch diese Einnahmequellen teilweise wegzufallen, weil die Sponsoren gezwungen sind, ihre Sponsoring-Budgets erheblich zu kürzen. Sponsoring-Experten erwarten laut der Sponsoring-Studie 2009 von TNS Infratest ein Sponsoring-Volumen von 4,2 Milliarden Euro. Im Vorjahresvergleich würde das gesamte Sponsoring-Volumen damit um 9% sinken. 90% der Experten, die in dieser Studie befragt wurden, rechnen mit negativen Folgen der globalen Finanzkrise auf die Sponsoring-Aktivitäten.[2]

Bei einer Befragung von Fußball-Bundesligisten erwarten 38% einen Anstieg (2008: 67%, 2007: 57%) für die Saison 2009/2010, hingegen rechnen 30% der Vereine mit einem Rückgang der Sponsoringeinnahmen (2008 und 2007: 10%) für dieses spezielle Segment des Sponsorings.[3]

Um die Gunst der Sponsoren weiter für sich zu gewinnen, ist es für die Unternehmen notwendig, die Vorteile einer Sponsoring-Partnerschaft klar herauszustellen und zu kommunizieren. Bevor aber die Vorteile des Sponsorings erörtert werden, werden zunächst der Begriff, die Bedeutung und die Ziele des Sponsorings herausgearbeitet.

„Sponsoring bedeutet die Planung, Organisation, Durchführung und Kontrolle sämtlicher Aktivitäten, die mit der Bereitstellung von Geld, Sachmitteln, Dienstleistungen oder Knowhow durch Unternehmen und Institutionen zur Förderung von Personen und/oder Organisationen in den Bereichen Sport, Kultur, Soziales, Umwelt und/oder den Medien verbunden sind, um damit gleichzeitig Ziele der Unternehmenskommunikation zu erreichen."[4]

Das Sponsoring unterscheidet sich damit wesentlich vom Spendenwesen und Mäzenatentum. Diese beiden Formen werden eher aus uneigennützigen Motiven durchgeführt und sind selten mit einer entsprechenden Gegenleistung[5] verbunden, während im Rahmen des Sponsorings die zu erbringende Leistung und Gegenleistung in Form eines Sponsoring-Vertrages geregelt werden. Die Übergangszonen zwischen Sponsoring und Kommunikationsinstrumenten wie Werbung, Öffentlichkeitsarbeit und Verkaufsförderung sind allerdings fließend.

In der Praxis wird eine enge Verzahnung der Kommunikationsmöglichkeiten eines Unternehmens angestrebt. Der effiziente Einsatz dieser Instrumente ist durch eine genaue Abstimmung untereinander möglich. Dazu ist die inhaltliche, formale sowie zeitliche Integration des Sponsorings in den Kommunikations-Mix notwendig, damit positive Synergieeffekte entstehen und genutzt werden können. Der Einsatz des Sponsorings bedarf einer systematischen Planung, die idealtypisch in mehrere Phasen unterteilt werden kann.[6] Nach der Analyse der Situation werden die Ziele festgelegt. Anschließend werden die Zielgruppen identifiziert und eine entsprechende Strategie und Philosophie formuliert. Bevor es schließlich zur Auswahl des Sponsorships kommt, wird das dafür vorgesehene Budget kalkuliert. Erst an dieser Stelle können Einzelmaßnahmen für das Sponsoring entwickelt werden. Der Prozess unterliegt einer ständigen Kontrolle, wobei immer wieder geprüft wird, ob der angestrebte Erfolg erreicht werden konnte. Die Abbildung 1 stellt dieses Phasenmodell dar.

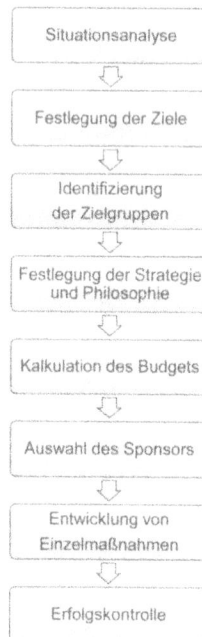

```
            ┌─────────────────────────┐
            │    Situationsanalyse     │
            └─────────────────────────┘
                        ⇩
            ┌─────────────────────────┐
            │   Festlegung der Ziele   │
            └─────────────────────────┘
                        ⇩
            ┌─────────────────────────┐
            │      Identifizierung     │
            │      der Zielgruppen     │
            └─────────────────────────┘
                        ⇩
            ┌─────────────────────────┐
            │  Festlegung der Strategie│
            │     und Philosophie      │
            └─────────────────────────┘
                        ⇩
            ┌─────────────────────────┐
            │  Kalkulation des Budgets │
            └─────────────────────────┘
                        ⇩
            ┌─────────────────────────┐
            │   Auswahl des Sponsors   │
            └─────────────────────────┘
                        ⇩
            ┌─────────────────────────┐
            │     Entwicklung von      │
            │     Einzelmaßnahmen      │
            └─────────────────────────┘
                        ⇩
            ┌─────────────────────────┐
            │     Erfolgskontrolle     │
            └─────────────────────────┘
```

Abb. 1: Planungsprozess des Sponsorings

Im Unterschied zu den klassischen Werbemaßnahmen steht die Sponsoring-Botschaft nicht im Mittelpunkt der Maßnahme. Das Sponsoring soll auch nicht andere Werbemaßnahmen ersetzen, sondern diese ergänzen.[7]

Die Ziele[8] der Sponsoren und der Gesponserten sind durchaus unterschiedlicher Natur. Das Sponsoring als Finanzierungsquelle zu nutzen, stellt für den Gesponserten das Primärziel dar. Wesentlich komplexer gestalten sich die Zielvorgaben, die die Sponsoren verfolgen. Für den Sponsor verbirgt sich hinter dem Sponsoring ein Instrument des Kommunikations-Mixes. Der Unterschied zwischen den konventionellen Instrumenten der Kommunikation und dem Sponsoring besteht darin, dass beim Sponsoring üblicherweise nicht ein bestimmtes Produkt oder eine Dienstleistung im Mittelpunkt einer Kampagne steht. Vielmehr soll über den Sport ein emotionaler Kontakt zur potentiellen Zielgruppe hergestellt werden.

Die drei wesentlichen Ziele, die die Sponsoren verfolgen, werden im Nachstehenden vorgestellt:[9]

- **Steigerung des Bekanntheitsgrades (Awareness):** Den Bekanntheitsgrad zu steigern, erfordert einen relativ häufigen sowie qualitativen Kontakt zur potenziellen Zielgruppe. Über Medienanalysen erfahren die Sponsoren die Anzahl der Kontakte zu den Zuschauern. Allerdings gibt die Kontakthäufigkeit noch keine Auskunft über die Qualität der Kontakte. Nur wenn sich die Zielgruppe des Sponsors unter den Zuschauern befindet, kann der Sponsor sein Ziel erreichen.
- **Imageübertragung:** Der Sponsor beabsichtigt den so genannten „spread-over-effect" zu erzielen, indem positive Eigenschaften, wie z.B. Dynamik, Gemeinschaft oder Siegermentalität beim Sport, auf ihn übertragen werden.
- **Strategische und emotionale Ziele:** Der Sponsor versucht durch sein Engagement sein Image zu verbessern und sich langfristig von den Konkurrenzunternehmen durch diese besonderen Aktivitäten abzugrenzen.

Nachdem geklärt wurde, welche Ziele die Gesponserten und die Sponsoren bei einer Sponsor-Partnerschaft verfolgen, wird nun erläutert, welche Vorteile das Sponsoring als Kommunikationsinstrument den Sponsoren bringen kann.

Durch das Sponsoring wird die angestrebte Zielgruppe in einer nicht kommerziellen Situation angesprochen und der Kontakt gepflegt. Im Vergleich zu den klassischen Medien bietet das Sponsoring eine höhere Kontaktqualität, weil sich die Fans und somit die Zielgruppe besser mit dem Gesponserten identifizieren können. Dadurch können auch die Zielgruppen angesprochen werden, die mit dem klassischen Sponsoring nicht zu erreichen sind.

Weiterhin kann das Image einer Person oder einer ganzen Gruppe, wie z.B. einer Fußballmannschaft, dafür genutzt werden, um deren Bekanntheit auf das Image des Sponsors zu übertragen. Mit der Berichterstattung über Sportveranstaltungen in den Medien entsteht eine Multiplikator-Wirkung. Durch einen geringen Ressourceneinsatz kann auf diese Weise ein größtmöglicher Effekt erzielt werden.

1.1 Entstehung und Entwicklung des Sponsorings

Der Begriff „Sponsoring" stammt aus dem Lateinischen. Sponsoring wird von dem Wort sponsor/sponsoris abgeleitet. Ins Deutsche übersetzt bedeutet dies soviel wie „der für etwas gut sagt, der Bürge". Im angloamerikanischen Sprachraum wird der Begriff „Sponsor" neben Bürge auch als Pate, Gönner, Förderer und Geldgeber verwendet.[10]

Die Wurzeln des heutigen Sponsorings liegen im Mäzenatentum. Die Förderung von Kultur und Gemeinwesen begann bereits 70-8 vor Christus durch den Römer Gaius Clinus Maecenas, einem Freund, Helfer und Berater von Kaiser Augustus. Beim Mäzenatentum werden Kultur und Gemeinwesen durch Personen oder Organisationen aus uneigennützigen Zwecken unterstützt.[11] Trotzdem muss nach der heutigen Betrachtungsweise der Begriff Sponsoring deutlich von der damaligen Bedeutung abgegrenzt werden. Aus dem Mäzenatentum, das auf einer idealistischen Denkweise beruhte, entwickelten sich zunächst das Spendenwesen und später schließlich das Sponsoring.

Der Ursprung des Sponsorings, wie wir es heute kennen, liegt in den 1960er Jahren. Werbeaufschriften wurden in Sportsendungen und Spielfilmen sowie bei Sportveranstaltungen im Sinne der so genannten „Schleichwerbung" gezielt platziert. Durch die Präsenz auf Plakaten und Banden wurde versucht, die (Marken-)Bekanntheit eines Produktes zu steigern, ohne dem Veranstalter bzw. der Fernsehanstalt dafür ein Honorar zu bezahlen.

Erstmalig eingesetzt wurde die Bandenwerbung anlässlich der Ruderweltmeisterschaft 1966 in Bled im damaligen Jugoslawien. Bei Berichterstattungen von Sportveranstaltungen wurde diese als Schleichwerbung abgestempelt.[12]

Erste Anfänge der Sportwerbung kamen in den 1970er Jahren auf. Banden- oder Trikotwerbung waren die wesentlichen Werbeformen in dieser Zeit. Da die reine Bandenwerbung mit dem Mieten eines Werbeträgers gleichgesetzt werden kann, aber der Fördergedanke hier völlig fehlt, darf diese Werbeform nicht mit Sponsoring verwechselt werden. Den Veranstaltern bot sich auf diese Weise eine Möglichkeit für weitere Einnahmequellen. Außerdem war diese Form für die Werbenden kostengünstiger als die herkömmliche Fernsehwerbung.

In guter Erinnerung sind noch die ersten Anfänge der Trikot-Werbung im Fußball im Jahre 1972. Ein Vorreiter war der Unternehmer Günter Mast, mit der für damalige Zeiten Aufsehen erregenden Werbung für Jägermeister als Schriftzug auf den Trikots von Eintracht Braunschweig.

Der DFB führte die Trikotwerbung im Jahre 1973 ein. Zusätzlich beschleunigte im Jahre 1974 das Verbot der Tabakindustrie, Fernsehwerbung zu betreiben, die Entwicklung von der Schleichwerbung zur Sportwerbung. Um die Werbebarrieren zu umgehen, nutzte die Tabakindustrie den Sport als neue Kommunikationsplattform.[13]

Der Beginn des professionellen Sponsorings ist zeitlich in den 1980er Jahren festzumachen. Gerade im Bereich des Sport-Sponsorings war das Engagement vieler Unternehmen sehr groß. Dabei wurden umfassende Sponsoring-Konzepte aufgestellt, die eine klare Zielsetzung der Unternehmen zum Inhalt hatten. Die Unternehmen sollten sich in der Sportart wiedererkennen und sponserten die Sportart, die ihnen am zweckmäßigsten zur Umsetzung ihrer Kommunikationsziele erschien. Allerdings wurden die Kommunikationsziele zu dieser Zeit oft nicht in die gesamte Unternehmenskommunikation eingebunden. Die Aktivitäten wurden zumeist noch getrennt von den anderen Kommunikationsmaßnahmen im Unternehmen geplant und durchgeführt.[14]

Kultur, Soziales und Umwelt gewannen in den 1990er Jahren an Bedeutung, so dass diese Bereiche auch zunehmend für das Sponsoring entdeckt wurden. Im Laufe der 1990er Jahre entwickelte sich auch das Programmsponsoring. Durch erweiterte rechtliche Möglichkeiten wurden Unternehmen verstärkt in Fernseh- und Hörfunksendungen aktiv. Später dehnte sich das Sponsoring auch auf weitere Medien wie bspw. auf den Bereich Print und Internet aus. Ferner bildete sich Mitte der 1990er Jahre das integrative Sponsoring heraus. Unternehmen suchten hierbei systematisch nach Fördermöglichkeiten, um die Sponsoring-Aktivitäten in ihre gesamte Unternehmenskommunikation zu integrieren.

Abbildung 2 gibt einen Überblick über die oben aufgeführten Entwicklungsphasen des Sponsorings.

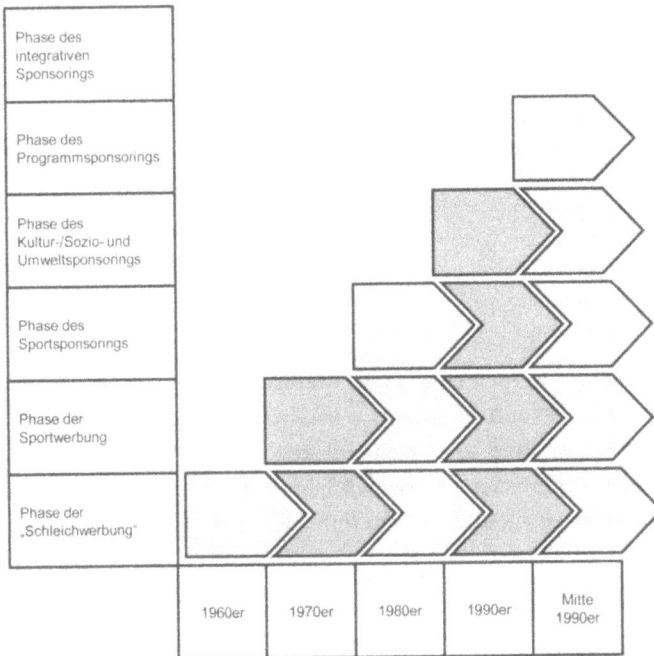

Phase des integrativen Sponsorings					
Phase des Programmsponsorings					
Phase des Kultur-/Sozio- und Umweltsponsorings					
Phase des Sportsponsorings					
Phase der Sportwerbung					
Phase der „Schleichwerbung"					
	1960er	1970er	1980er	1990er	Mitte 1990er

Abb. 2: Entwicklungsphasen des Sponsorings[15]

1.2 Einordnung des Sponsorings in den Marketing-Mix

In diesem Abschnitt wird die Position des Sponsorings als Kommunikationsinstrument im Marketing-Mix erläutert. In der Abbildung 3 sind die einzelnen Ebenen der Marketing-Planung in Form einer Pyramide dargestellt. Die Unternehmensmission steht an der Pyramidenspitze und beinhaltet die strategischen Unternehmensziele, aus denen die Marketingstrategie abgeleitet wird. Es folgen die taktische und die operative Marketingplanung, die sich mit der konkreten Ziel- und Maßnahmenumsetzung beschäftigen.

Unternehmensmission

Strategische Marketingplanung

Taktische Marketingplanung

Operative Marketingplanung

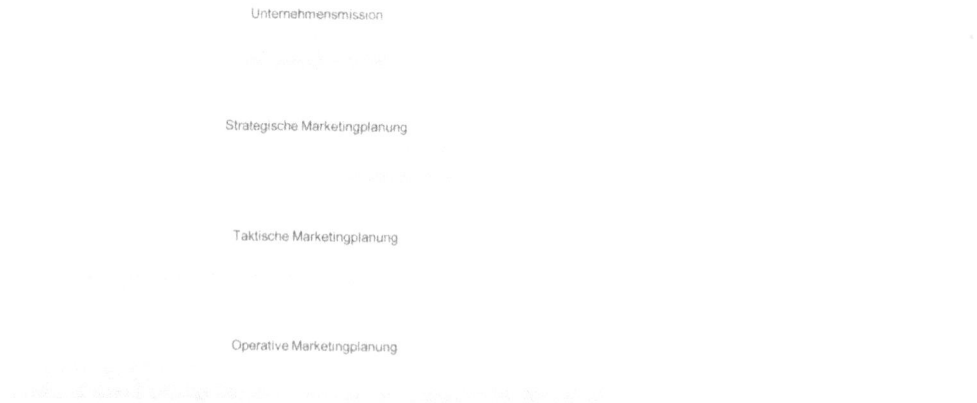

Abb. 3: Marketingplanung

Im Rahmen der strategischen Planung[16] werden langfristige Maßnahmen entwickelt, um den Fortbestand des Unternehmens in der Zukunft zu sichern.[17] Hierbei sind in der strategischen Marketingplanung Chancen zu erkennen und zu nutzen, Risiken (soweit wie möglich) zu vermeiden, Stärken zu erhalten oder auszubauen und Schwächen zu mindern oder zu beseitigen.[18] Nur so kann sich das Unternehmen auch auf neuere Entwicklungen rechtzeitig einstellen.[19]

In der Regel wird der strategische Planungshorizont ab drei und mehr Jahren angesetzt.[20] Der Zeitraum kann in der Praxis unterschiedlich groß ausfallen und hängt letztendlich auch von der Branche ab, in der das Unternehmen tätig ist. Forschungs- und Entwicklungszeiten sowie der Produktlebenszyklus spielen hierbei eine wesentliche Rolle. Ein dynamisches Umfeld kann dazu führen, dass die Pläne einen kürzeren Zeitrahmen umfassen. Die strategischen Marketingpläne bilden die Basis für die operative Planung in den strategischen Geschäftseinheiten bzw. den Funktionsbereichen.[21]

Die taktische Planung verbindet die strategische und die operative Planung und hat einen mittelfristigen Charakter.[22] Auf der Grundlage der strategischen Planung werden Teilpläne entwickelt. Diese Pläne enthalten definitive Zielvorgaben und werden später zur Umsetzung der operativen Maßnahmen eingesetzt. Die taktische Planung geht dabei fließend in die operative Planung über. Ein taktischer Teilplan enthält die Planung des Stils der Kommunikationspolitik (z.B. emotional-aggressive Werbung, informative Werbung).[23] „Je dynamischer die Umweltentwicklung ist, desto mehr ist das Unternehmen auf Planung angewiesen und desto kürzer ist der Zeithorizont."[24]

Im Rahmen der operativen[25] Marketingplanung werden die ausgearbeiteten Teilpläne in die Praxis umgesetzt.[26] Für die operative Planung kann ein Planungshorizont von bis zu einem Jahr angesetzt werden.[27] Im operativen Marketing werden Aktionen durchgeführt, um die strategischen und taktischen Ziele zu erreichen. Es kann in eine Informationsebene, eine

Aktionsebene und eine Managementebene eingeteilt werden. Auf der Informationsebene werden Informationen über das Unternehmen gesammelt und im Rahmen von Marktforschungsanalysen auch Informationen über den Markt sowie die Wettbewerber eingeholt. Die Managementebene des Marketings steuert und überwacht die Informations- und Aktionsebene. Die Aktionsebene beinhaltet den eigentlichen Marketing-Mix. Die Komponenten des Marketing-Mixes sind die Produktpolitik, die Distributionspolitik, die Preispolitik und die Kommunikationspolitik. Abbildung 4 stellt die Ebenen und Instrumente des Marketings dar, die im Anschluss im Einzelnen kurz erläutert werden.

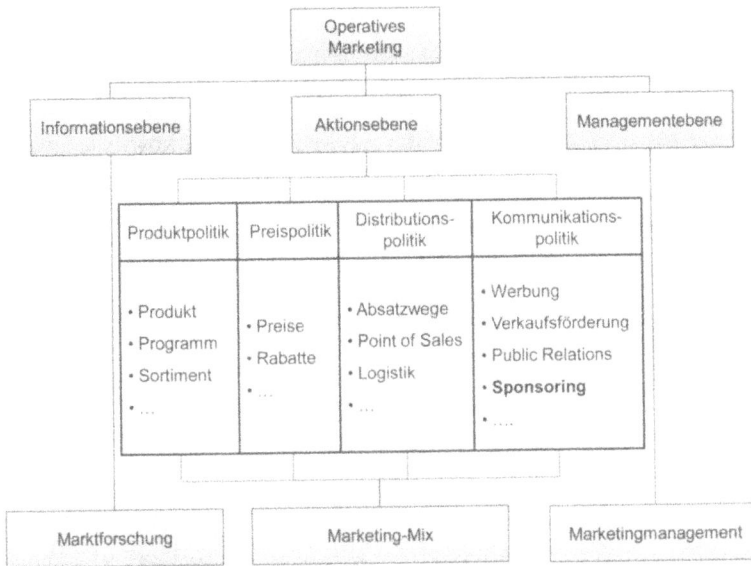

Abb. 4: Ebenen und Instrumente des operativen Marketings[28]

Produktpolitik

Winkelmann grenzt sich an dieser Stelle von dem in der Literatur vorherrschenden Begriff Produktpolitik[29] ab und verwendet die Bezeichnung Leistungsprogrammpolitik bzw. für den Handel Sortimentspolitik. Er unterteilt diese wiederum in folgende Kategorien[30]:

1. Innovationspolitik
2. klassische Produktpolitik
3. Programmgestaltung (im Handel: Sortimentsgestaltung)
4. Service- und Dienstleistungspolitik[31]

Das vorliegende Buch bezieht sich immer wieder auf die FIFA Fußball-Weltmeisterschaft[TM]. Der Veranstalter dieses Events ist die FIFA (Fédération Internationale de Football Association), die in erster Linie Veranstaltungen als Leistung anbietet. Diese können nicht zu den Produkten im klassischen Sinne gezählt werden, deshalb passt an dieser Stelle die Bezeichnung Leistungsprogramm besser als der Begriff Produktpolitik.

Meffert bezeichnet die Produktpolitik als das „Herz des Marketings"[32] und verdeutlicht damit die Bedeutung für das Marketing. Um sich von der Konkurrenz abzugrenzen, ist im Rahmen der Leistungspolitik die Einzigartigkeit eines Leistungsprogramms herauszustellen. Dieses Heraus- oder Alleinstellungsmerkmal wird auch als Unique Selling Proposition (USP) bezeichnet. Das Event FIFA Fußball-WM™ hat ein Alleinstellungsmerkmal, weil es dieses „Produkt" nur ein einziges Mal auf der Welt gibt.

Preispolitik

Der Umsatz und damit auch der Gewinn eines Unternehmens, werden maßgeblich durch den Preis bestimmt. Somit trägt die Preispolitik[33] auch zum Gesamterfolg eines Unternehmens bei. Die Preispolitik umfasst nach Bruhn „sämtliche Entscheidungen, die mit der Festlegung von Konditionen für Unternehmensleistungen in Zusammenhang stehen [...]."[34]

Grundsätzlich gibt es zwei Ansatzpunkte, um den Preis zu bestimmen: die kostenorientierte und die marktorientierte Preisbestimmung.

Bruhn führt vier grundsätzliche preispolitische Strategien an:[35]

- Strategien der Preispositionierung
- Strategien des Preiswettbewerbs
- Strategien der Preisabfolge
- Strategien der Preisdifferenzierung
  - zeitlich
  - räumlich
  - personell
  - produktbezogen

Die Einzigartigkeit der FIFA Fußball-WM™ führt zu einer unüberwindbaren Markteintrittsbarriere für konkurrierende Veranstalter. Dadurch entsteht eine monopolistische Stellung, die den Organisatoren fast alle Möglichkeiten der Preisgestaltung offen lässt. Allerdings fließen auch soziale Komponenten in die Preisbestimmung der FIFA mit ein. Die Preisgestaltung der FIFA Fußball-WM 2006™ in Deutschland kann nicht einfach für die FIFA Fußball-WM 2010™ in Südafrika übernommen werden. Die Preise müssen an die Lohn-/Gehalts- und Lebensverhältnisse der jeweiligen Länder angepasst werden.

Distributionspolitik[36]

Verkürzt ausgedrückt beschäftigt sich die Distribution mit allem, was mit der „Platzierung" des Produktes oder der Dienstleistung zusammenhängt. Der Erfolg eines Produktes oder einer Dienstleistung bemisst sich nicht allein an dem Unternehmen, das die Leistung offeriert. Jedes einzelne Glied einer kompletten (und oft auch komplexen) Wertschöpfungskette trägt zum Erfolg eines Produktes und/oder einer Dienstleitung bei. Die Entscheidung, welche Distributionskanäle und welche Vertriebsabwicklung gewählt werden, hat folglich eine elementare Bedeutung für das Gesamtergebnis einer Unternehmenspolitik. Der Grundstein, wie schnell und wie zuverlässig die Kunden das Produkt oder die Dienstleistung erhalten können, und ob das System für das betreffende Unternehmen auch kostengünstig arbeitet, wird somit durch die Wahl der Absatzkanäle bestimmt.[37]

Absatzkanäle dienen nicht nur dem Transport, der Lagerung und der Distribution, um die richtigen Produkte/Dienstleistungen zur richtigen Zeit an den richtigen Ort in der gewünschten Qualität und Quantität zum richtigen Preis zu liefern,[38] sondern sie werden darüber hinaus als Instrumentarium im Wettbewerb mit der Konkurrenz eingesetzt. Neue Informations- und Kommunikationstechnologien ermöglichen den Aufbau eines effizienteren Distributionssystems. So verhalfen die revolutionären Neuerungen im Internet vielen kleinen und mittleren Unternehmen zu einem internationalen Marktauftritt. Die einzelnen Partner im Wertschöpfungsnetzwerk, wie z.B. Unternehmen, Lieferanten und Kunden, müssen effektiv zusammenarbeiten, um die Leistung des Gesamtsystems zu optimieren.[39]

Die Funktionen der Distributionskanäle sind die Information, Kommunikation, Knüpfung von Kontakten, die Abstimmung und Anpassung des Angebots, die Verhandlung von Konditionen, physischer Verteilung, Finanzierung und Risikoübernahme. Für die Anzahl der Stufen innerhalb einer Wertschöpfungskette gibt es keine festgelegte Größe. Es können unterschiedlich viele Händler zwischengeschaltet sein, bevor ein Produkt zum Endkonsumenten gelangt. Daneben besteht die Unterscheidung zwischen horizontalen und vertikalen Stufen.[40]

Während der FIFA Fußball-WM 2006™ in Deutschland wurde die FIFA bei der Distribution von der Deutschen Bahn, einem Nationalen Förderer, und von deren Tochterunternehmen, DB Schenker, logistisch unterstützt. Die Tickets wurden über die Internetplattform des Offiziellen Sponsors Yahoo! bestellt und die Bezahlung erfolgte teilweise über den Offiziellen Sponsor MasterCard.

Kommunikationspolitik

Die Aufgabe der Kommunikationspolitik[41] besteht darin, die vom Unternehmen angebotene Leistung oder das Leistungspaket gegenüber seiner Zielgruppe darzustellen.[42] Im Rahmen der Kommunikationspolitik werden also Maßnahmen eingesetzt, um Meinungen, Einstellungen, Erwartungen und Verhaltensweisen der angestrebten Zielgruppe zu beeinflussen und zu steuern.

Konsumenten sind im Laufe der Jahre anspruchsvoller geworden. Wenn sie ein Produkt oder eine Leistung erwerben, wollen sie nicht nur ihre Grundbedürfnisse befriedigen, sondern streben erweiterte Bedürfnisse an. Deshalb ist die „Story" um ein Produkt oftmals mindestens genauso wichtig wie das Produkt selbst. Die FIFA verkauft den Fußballfans nicht einfach nur ein Fußball-Event, sondern sie versucht, die Fans emotional zu „packen", so dass diese später von dem Erlebnis „Fußball" sprechen können.

Die Instrumente der Kommunikationspolitik haben sich gewandelt und ergänzt. Dementsprechend existieren heute neben der klassischen Werbung viele weitere Instrumente, mit deren Einsatz man die Menschen erreichen kann. Das können z.B. Verkaufsförderung, Public Relations, Merchandising, Event-Marketing[43], Multimedia-Kommunikation, Messen und Ausstellungen oder das Sponsoring sein. Auf ausgewählte Instrumente wird in den Kapiteln vier und acht eingegangen.

1.3   Sponsoring im Fokus von Unternehmen

Das Sponsoring hat sich heute längst als ein eigenständiges Kommunikationsinstrument etabliert. Im Vergleich zu den Sponsoring-Anfängen ist dieses Tool aber weitaus professioneller geworden. In der Studie „Sponsoring Trends 2006" von PLEON, einer Agentur für Public Relations und Public Affairs, geben 75% der befragten deutschen Unternehmen an, dass sie ihre Sponsoring-Planung inzwischen schriftlich fixieren, wobei eine stärkere Verzahnung mit anderen Kommunikationsinstrumenten angestrebt wird. Außerdem führen 82% der Unternehmen Erfolgskontrollen, in erster Linie über Medienauswertungen, durch.[44]

In den vergangenen Jahren haben die fest gebundenen Aufwendungen für das Sponsoring allerdings abgenommen. Diese Entwicklung wird in der Abbildung 5 visualisiert.

Die durchschnittlichen Sponsoring-Aufwendungen beliefen sich laut Krüger/Bacher im Jahr 2007 auf insgesamt 3,0 Milliarden Euro. Davon brachten die Unternehmen 1,0 Milliarden Euro für regionales Sponsoring, 1,5 Milliarden Euro für nationales Sponsoring und 0,5 Milliarden Euro für internationales Sponsoring auf.[45]

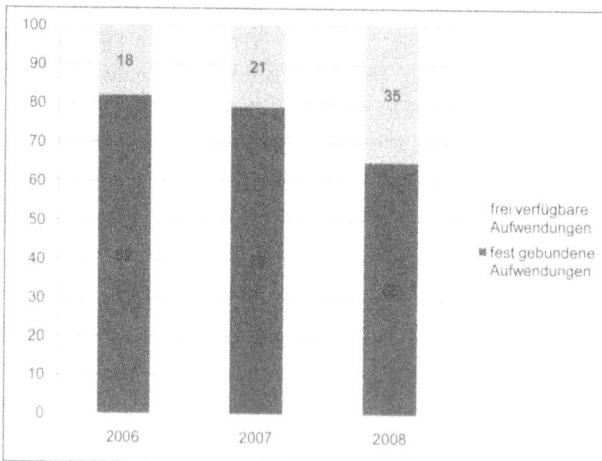

Abb. 5: Durchschnittliche Sponsoring-Aufwendungen 2006–2008[46]

1.4   Formen des Sponsorings

Sponsoring als Kommunikationsinstrument berücksichtigt die Freizeitinteressen der Bevölkerung, die heutzutage weit gestreut sind. Dadurch gliedert sich das Sponsoring in verschiedene Formen, wie z.B. Sport-Sponsoring, Kultur-Sponsoring, Sozial-Sponsoring, Umwelt-Sponsoring, Medizin-Sponsoring oder auch Wissenschafts-Sponsoring. Die Abbildung 6 gibt einen Überblick über die Verteilung der Budgets verschiedener Sponsoring-Arten.

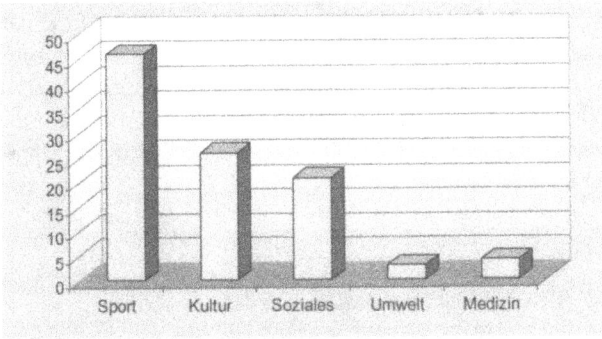

Abb. 6: Sponsoring-Arten und Verteilung der Budgets (Anteil in %)[47]

Das Sport-Sponsoring stellt bei Unternehmen die beliebteste Form des Sponsorings dar. Die Abbildung 7 bestätigt die Bedeutung des Sports für das Sponsoring. Zudem ist zu erkennen, dass die Aufwendungen im Öko- und Sozial-Sponsoring tendenziell zunehmen.

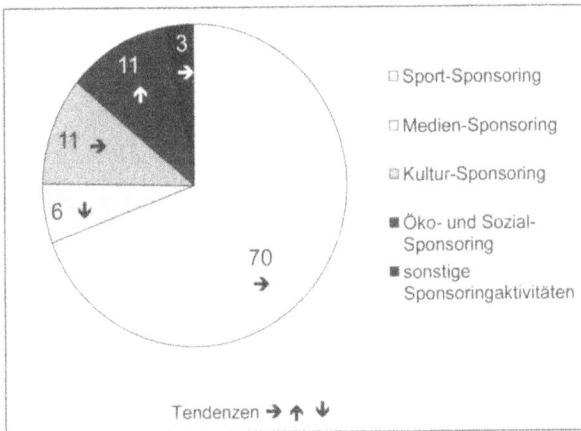

Abb. 7: Sponsoring-Aufwendungen 2007 nach Einsatzfeldern[48]

Kultur-Sponsoring[49], gekoppelt mit Medienauftritten, wird zunehmend als neuer Weg eines wirkungsvollen Sponsorings angesehen, da das Interesse der Öffentlichkeit für Kultur wächst. Der kulturelle Bereich ist häufig unterfinanziert. Unternehmen, die sich hier engagieren, können damit ihre Bekanntheit und ihre gesellschaftliche Akzeptanz stärken. Kulturelles Engagement ist bspw. in den Bereichen Klassik, Malerei, Denkmalpflege, Literatur, Schauspiel, Ballett und Musical denkbar. Zahlreiche Beispiele für Kultur-Sponsoring liefern Banken und Sparkassen. Im Zuge der Finanzkrise wurden aber gerade diese Budgets mittlerweile gekürzt. Aber auch für Einzelpersonen ist dieser Teilbereich des Sponsorings geeignet. Ein Beispiel hierfür ist die Übernahme des Sponsorings einzelner Sitzplätze im Stadttheater, wobei im Gegenzug an den Sitzplatz ein kleines Schild mit dem Namen des Sponsors angebracht wird.[50] Tabelle 1 listet einige Beispiele zum Kultur-Sponsoring auf.

Bruhn definiert Kultur-Sponsoring als „eine Form des kulturellen Engagements von Unternehmen, bei dem durch die Unterstützung von Künstlern, kulturellen Gruppen, Institutionen oder Projekten auch Wirkungen im Hinblick auf die (in- und externe) Unternehmenskommunikation erzielt werden.“[51] Demnach gehören zu den wesentlichen Maßnahmen des Kultur-Sponsorings die Förderung von Ausstellungen, die Einrichtung eigener Museen, die Unterstützung von Konzerten und Stipendien oder Tourneen.

Kunst- und Kulturbereiche	Ausprägungen	Gesponserte	Sponsoring-Maßnahme/ Sponsoring-Objekt
Bildende Kunst	• Malerei • Bildhauerei • Plastik • Grafikdesign • Architektur • Fotografie	• Maler • Bildhauer • Galerie • Museum etc.	• Förderung von Einzelkünstlern • eigenes Museum und Stiftung • Ausstellungen • Wettbewerbe
Darstellende Kunst	• Oper • Operette • Musical • Kabarett • Ballett • Schauspiel	• Darsteller • Theatergruppen • Ballettgruppen • Festivals	• Aufführungen • Veranstaltungen • Tourneen • Benefizveranstaltung
Musik	• Klassische Musik • Unterhaltungsmusik • Volksmusik	• Sänger • Musiker • Gruppen • Festivals	• Einzelkonzerte • Tourneen • Festivals
Literatur	• Bücher • Zeitschriften	• Autoren • Literaturhäuser	• Lesungen • Wettbewerbe
Medien	• Kinofilme • Video • Fernsehproduktionen • Multimedia	• Filme • Filmemacher • Festivals • Museen	• Einzelkünstler • Veranstaltungen • Produktionen • Ausstellungen • Wettbewerbe
Architektur	• Denkmalpflege • Baudenkmäler	• Objekte	• Einzelpersonen • Ausstellungen
Design	• Objektdesign • Grafikdesign	• Designer • Designerschulen	• Wettbewerbe • Ausstellungen
Freizeitkultur	• Volksfeste • Erlebnisparks	• Veranstalter	• Gesamtveranstaltung • Einzelevents • Programmpunkte

Tab. 1: Möglichkeiten von Kultur-Sponsoring[52]

Beim Sozial-Sponsoring werden Bildungseinrichtungen wie Schulen und Hochschulen oder karitative Organisationen unterstützt. Ein bekanntes Beispiel ist z.B. die Einrichtung von Stiftungslehrstühlen an Hochschulen. Manche Sponsoren fördern auch Krankenhäuser mit Finanz- und/oder Sachmitteln oder initiieren eigene Projekte. Soziales Engagement in der Öffentlichkeit wird heute vor allem von großen Unternehmen erwartet. In den USA kann es sich ein Unternehmen kaum noch leisten, in diesem Bereich nicht tätig zu sein. Im Sozial-Sponsoring werden nicht Millionen TV-Kontakte wie im Sport erreicht und es bieten sich, anders als beim Kultur-Sponsoring, kaum attraktive Aufhänger für PR-Aktionen. Der soziale Einsatz bietet den Unternehmen jedoch die Chance, sich als besonders glaubwürdig darzustellen.

Sozial-Sponsoring hat in Deutschland allerdings immer noch starke gesellschaftliche Grenzen, vor allem, was Schulen und Hochschulen betrifft. Gerne würden manche Unternehmen Hochschulen unterstützen und sich im Gegenzug dort präsentieren, doch in Deutschland ist dies auf absehbare Zeit in großem Stile kaum möglich. Im Augenblick scheint es auch undenkbar zu sein, dass eine Vorlesung an einer Hochschule mit den Worten „Diese Vorlesung wird Ihnen präsentiert von ..." eingeleitet wird. Je mehr Autonomie den Schulen und den Hochschulen zugestanden wird, gepaart mit einer chronischen Finanzknappheit, desto eher wird sich jedoch in diesem Bereich ein Wandel vollziehen.

Weiterhin kommt es beim Sozial-Sponsoring verstärkt darauf an, die jeweiligen Partner mit Fingerspitzengefühl auszuwählen, da Hilfsorganisationen, Bildungseinrichtungen und anderweitig sozial tätige Institutionen neutral bleiben müssen und in der Öffentlichkeit keinesfalls den Eindruck der Einflussnahme durch Sponsoren erwecken dürfen. In solchen Fällen würde das Sponsoring-Engagement dem Unternehmen eher schaden als zum positiven Auftreten in der Öffentlichkeit beitragen.

Für Unternehmen, die sich im Umweltschutz engagieren und gesellschaftliche Verantwortung übernehmen, kann der Imagegewinn besonders hoch sein. Allerdings wirkt ein Unternehmen, das im Öko-Sponsoring aktiv ist, aber eigene ungelöste Umweltprobleme hat, unglaubwürdig.

Bruhn definiert Sozial- und Umweltsponsoring als „die Verbesserung der Aufgabenerfüllung im sozialen bzw. ökologischen Bereich durch die Bereitstellung von Finanz-/Sachmitteln oder Dienstleistungen durch Unternehmen, die damit auch (direkt oder indirekt) Wirkungen für ihre Unternehmenskultur und -kommunikation anstreben."[53]

Tabelle 2 gibt Beispiele zu Sponsoring-Aktionen im Sozial-Sponsoring.

Maßnahme	Beispiel
Hilfestellung gemeinnütziger Organisationen	Telefonseelsorge
Unterstützung von religiösen Veranstaltungen	evangelischer Kirchentag
Unterstützung von Ausbildungsstätten	Jacobs University of Bremen

Tab. 2: Sponsoring-Aktionen im Sozial-Sponsoring[54]

Manche Autoren verwenden neuerdings den Begriff Wissenschafts-Sponsoring oder Bildungs-Sponsoring als eigenständige Form des Sponsorings. Nach Mayer umfasst Wissenschafts- bzw. Bildungs-Sponsoring „das Sponsoring von Kindertagesstätten (inkl. Kindergärten), allgemeinbildenden, berufsorientierten und weiterführenden Schulen, wie z.B. Grund-, Haupt-, Berufs- und (Volks-)Hochschulen, sowie privaten Bildungsinstitutionen und Akademien.“[55] Viele Autoren ordnen diese Art des Sponsorings weiterhin dem Sozial-Sponsoring zu.

Mediensponsoring ist eine relativ junge Form des Sponsorings und steht als Oberbegriff über den verschiedenen Medien, die gesponsert werden können. Zu nennen sind das Internet-Sponsoring, PC- und Videospiele-Sponsoring, Print-Sponsoring, Kino-Sponsoring sowie Rundfunk-Sponsoring.

Programmsponsoring, dem Rundfunk-Sponsoring zuordenbar, ist die wichtigste Form des Medien-Sponsorings. Der Markt, der das Sponsoring von bestimmten Sendungen ermöglichte, wurde erst 1992 durch das Inkrafttreten des Rundfunkstaatsvertrages geöffnet. Es treten Unternehmen als Sponsoren von bestimmten Sendungen auf, ohne in diese mit einbezogen zu sein. Programmsponsoring ist die systematisch geplante Verbindung eines unternehmensspezifischen Zeichens oder eines Marken-, bzw. Produktnamens mit einer Sendung.[56] Als bekannte Beispiele sind hier die Wettervorhersage (z.B. beim ZDF zurzeit durch die Commerzbank, bei Sat.1 zurzeit durch Nutella gesponsert) oder das Aktuelle Sportstudio (zurzeit durch Volkswagen gesponsert) zu nennen, die von einem Unternehmen präsentiert werden. Sehr häufig wird diese Sponsoringart auch mit dem Sport-Sponsoring gekoppelt.

Eine noch sehr junge Ausprägung des Medien-Sponsorings ist das PC- und Videospiele-Sponsoring. Gerade mit der neuen Generation der Konsolen werden Videospiele vor allem für die junge Altersgruppe immer interessanter. Einige Unternehmen haben die Möglichkeit erkannt und platzieren verschiedene Marken in Spielen der verschiedensten Hersteller. Ein Beispiel für diese Art von Werbung ist das Konsolenspiel „Testdrive Unlimited“. In diesem „Game“ können die Spieler Fahrzeuge diverser Automobilmarken auf der Insel Maui testen.

Auch die FIFA hat eigens ein Konsolenspiel herausgebracht, in dem die „Gamer“ den Profi-Fußball live nachempfinden können. Der Titel der aktuellsten Version lautet „FIFA 10“ und wurde von EA (Electronic Arts) Games produziert. Nebenbei wird Markenbewerbung z.B. in Form von Werbebannern platziert, wie dies auch im Stadion praktiziert wird. Neuerdings werden diese Werbebotschaften sogar in Zusammenhang mit einer Onlineverbindung auf den jeweiligen Konsumenten und dessen Vorlieben bzw. Verhalten genau zugeschnitten, wodurch die Werbebotschaften noch effektiver gestaltet werden können.

Mittlerweile können Konsumenten sogar virtuelle Welten, z.B. Second Life, über einen einfachen Internetzugang besuchen. In diesen virtuellen Umgebungen sind reale Welten abgebildet, die die Besucher begehen oder „durchleben“ können. So haben sich hier auch schon etliche Markenunternehmen etabliert. Das Besondere dabei ist, dass die User die Marken nicht nur sehen können, wenn sie sich in dieser virtuellen Welt bewegen, sondern diese auch sozusagen „anfassen“ können. Die Produkte können, ähnlich wie im realen Leben, käuflich erworben und auch benutzt werden. Demzufolge ist es bspw. möglich, einen adidas-Store in dieser digitalen Landschaft zu besuchen, und sich ein Paar adidas-Sportschuhe zu kaufen. Zudem kann der „User“ diese auch benutzen und seinem digitalen „Charakter“ anziehen. Diese jüngeren Entwicklungen sind durch das Web 2.0 überhaupt erst möglich geworden.

1.5   Förderung im Bereich Sport

Im vorangegangenen Abschnitt wurde bereits auf verschiedene Formen des Sponsorings eingegangen. Dabei wurde das Sport-Sponsoring[57] bisher bewusst weitgehend ausgeklammert.

Im Bereich Fußball-Sponsoring kann zwischen vier Ebenen unterschieden werden: Trikotwerbung, Ausrüsterwerbung, Stadionwerbung sowie das so genannte „League- bzw. Game-Sponsoring". Beim League- bzw. Game-Sponsoring treten einzelne Sponsoren als Werbepartner einer Liga oder einzelner Spiele auf.[58] So treten z.B. der Pay-TV-Sender Sky (früher Premiere) und die Bierbrauerei Krombacher als Sponsoren der DFL auf.

Laut der Sponsoring-Studie 2009 von TNS Infranet werden die Sponsoren 2,6 Milliarden Euro in das Sport-Sponsoring investieren. Der Bereich Sport liegt somit mit Abstand an erster Stelle, gefolgt vom Medien-Sponsoring mit 0,9 Milliarden Euro, dem Public-Sponsoring mit 0,4 Milliarden Euro und dem Kultur-Sponsoring mit 0,3 Milliarden Euro.[59]

Abbildung 8 gibt einen Überblick zur Entwicklung der Sponsoring-Volumen in den vergangenen Jahren. Im Vergleichszeitraum von 2002 bis 2008 ist das Sport-Sponsoring von einem hohen Niveau ausgehend nochmals angestiegen.

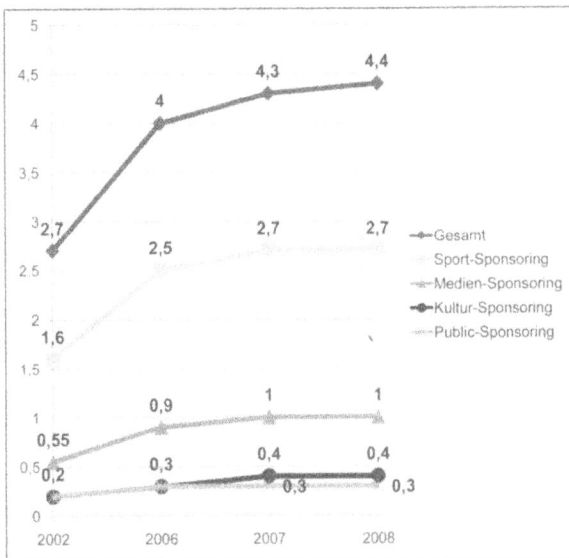

Abb. 8: Entwicklung des Sponsoring-Volumens 2002–2008[60]

Sport-Sponsoring ist die älteste und geläufigste Form des Sponsorings. Es bietet Unternehmen eine breite Palette an Betätigungsfeldern. Sport gilt als jung, dynamisch und leistungsbezogen – so sehen sich viele Unternehmen auch selbst. Sie möchten diese Eigenschaften kommunizieren und bedienen sich des Mediums Sport als Zugang zum Konsumenten. Sport ist zudem in allen Bevölkerungsschichten populär. Ein Unternehmen kann z.B. die Sportler mit den eigenen Produkten ausstatten, um in der Öffentlichkeit präsent zu sein. adidas sponsert bspw. die deutsche Fußballnationalmannschaft und stattet diese seit Jahren mit Trikots aus. Neben der Trikotwerbung bieten sich weitere Möglichkeiten aus der klassischen Werbung, wie bspw. Bandenwerbung, Lautsprecherdurchsagen, Eintrittskarten, Ankündigungsplakate etc., an.

Sport-Sponsoring besteht, wie die anderen Sponsoring-Formen auch, aus Sponsoren und Gesponserten. Allerdings kommt beim Sponsorship neben diesen beiden Partnern auch den Medien eine wichtige Rolle zu. Gleichsam einer symbiotischen Beziehung nutzen diese das Interesse an Sportveranstaltungen zur Steigerung der Auflage oder Einschaltquote und fungieren dabei zugleich als Übermittler der Botschaften. Der Gesponserte wiederum profitiert von Übertragungsgeldern und von den Zuwendungen des Sponsors. Diese „magische" Beziehung zwischen dem Sport, der Wirtschaft und den Medien wird in Abbildung 9 dargestellt.

Das Sport-Sponsoring hat sich in den vergangenen Jahren dynamisch entwickelt und gehört heute zum festen Repertoire des Marketing-Konzeptes fast aller namhaften Unternehmen. Aus der modernen Sportwelt ist es nicht mehr wegzudenken. „Internationale Sportereignisse wie die Olympischen Spiele, Autorennen, Fußballweltmeisterschaften und Leichtathletikmeisterschaften sind heute ohne Sponsorenschaft nicht mehr zu finanzieren."[61]

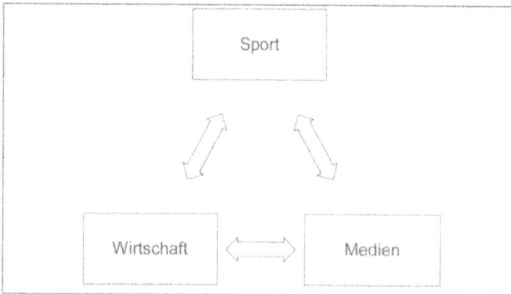

Abb. 9: Magisches Dreieck des Sport-Sponsorings

So wurde in der Saison 2006/2007 sogar ein Arbeitskreis Sponsoring innerhalb des Ligaverbandes gegründet. „Er setzt sich aus sechs Vertretern der Bundesliga und 2. Bundesliga sowie aus zwei Vertretern der DFL zusammen. Die Zielsetzungen des Arbeitskreises sind sehr komplex. Unter anderem sollen gemeinsame Interessen der Clubs gegenüber Rechteinhabern oder Lizenzgebern (z.B. die Rechte an den 3-D-Teppichen) vertreten und optimiert werden. Insbesondere geht es um die Erschließung von Wachstumspotenzialen im Bereich Vermarktung sowie die Stärkung der Marke Bundesliga im In- und Ausland. Zu berücksichtigen ist dabei immer, dass das individuelle Markenprofil aller Clubs und auch der Liga durch neue Konzepte gestärkt wird. Vor allem in diesem Punkt unterscheidet sich der Arbeitskreis Sponsoring von bereits bestehenden Arbeitskreisen der DFL. Denn im Sponsoring gibt es keine oder wenige Vorschriften über Art und Umfang der Marketing- und Kommunikationsleistungen, die die Clubs ihren Sponsoren anbieten. Lediglich die Umsetzung bei den Spielen ist reglementiert. Somit müssen zunächst die „common interest" aller Clubs erarbeitet werden. Aber auch neue, innovative Marketingtools, wie LED-Bandenwerbung oder virtuelle Werbung, werden analysiert und Machbarkeitsprüfungen unterzogen."[62]

Die beiden Erfolgsgrößen „Wirtschaft" und „Sport" wirken im Zusammenspiel, indem der Erfolg im Sport vom wirtschaftlichen Erfolg abhängt und umgekehrt (siehe Abbildung 9).[63]

Im Beziehungssystem des Sport-Sponsorings in Abbildung 10 wird nochmals verdeutlicht, dass sowohl Sponsor als auch Gesponserter vom wechselseitigen Verhältnis profitieren. Es entsteht somit eine win-win-Situation für beide Partner. Neben dem Sponsor und dem Gesponserten sind weitere Parteien mit in das Beziehungssystem eingebunden. So hat z.B. die Agentur die Aufgabe, die Ziele der beiden Interessensgruppen zu vermitteln.[64] Agenturen, wie z.B. Sportfive, verfügen über das notwendige Wissen im Sponsoring-Geschäft sowie über die nötigen Kontakte, um erfolgreiche Partnerschaften herstellen zu können. Die Medien spielen ebenfalls eine sehr wichtige Rolle. Sie finanzieren den Sport, indem sie die Übertragungsrechte erwerben und gleichzeitig die Werbebotschaften der Sponsoren verbreiten, die erst auf diesem Wege die angestrebte Multiplikatorwirkung erzielen.[65]

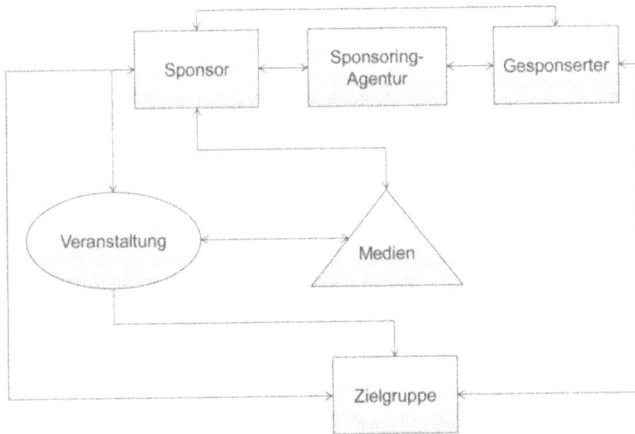

Abb. 10: Beziehungssystem des Sport-Sponsorings[66]

Die Anziehungskraft des Sports bleibt ungebrochen. Während sich die Unternehmen bei der klassischen Werbung in Form von Printanzeigen oder Fernsehspots in den vergangenen Jahren eher zurückgehalten haben, blieben die Umsätze beim Sport-Sponsoring zumindest auf hohem Niveau konstant. Nach einer Studie der Hamburger Agentur Pilot Checkpoint „Sponsors Vision 2005", die auf einer Befragung unter Top-Sponsoren und -Agenturen basiert, wird das Sport-Sponsoring auch in den nächsten Jahren einen Anteil von etwa 60% des Gesamtvolumens an Sponsorengeldern einnehmen.[67] Für das Jahr 2006 wurde, bedingt durch die FIFA Fußball-WM™, ein Gesamtvolumen von 4,3 Milliarden Euro gegenüber 3,6 Milliarden Euro im Jahr 2005 erzielt. In den Bereichen Kultur sowie Umwelt, Bildung oder Gesundheit (Public-Sponsoring) rechnete man mit einem stagnierenden Anteil von unter 8% des

Gesamtvolumens. Auch wenn die empirischen Studien oftmals unterschiedliche Zahlen aus-
weisen, so lässt sich doch die Dominanz des Sports im Sponsoring-Portfolio der Unternehmen festhalten.

Drees nennt als Hauptkriterien der Auswahlentscheidung beim Sport-Sponsoring die Sponso-
ring-Ziele, die Zielgruppen, die Reichweite, die Affinität zum Sport sowie das vorhandene
Budget.[68] Die genannten Faktoren entscheiden darüber, wie und in welchem Umfang das
Sponsoring später umgesetzt wird.

In Abbildung 11 wird die Akzeptanz der verschiedenen Werbeformen bei den Fans aufgezeigt. Die Werbeformen, die von den Fans eindeutig am meisten akzeptiert werden, sind
neben der Trikotwerbung, die Bandenwerbung sowie die Plakatwerbung. Dies lässt sich
damit erklären, dass sich die Fans von aggressiveren Formen, wie dem Telefonmarketing,
eher belästigt fühlen. Auch das Sponsoring von TV-Sendungen wird deutlich häufiger akzeptiert als TV-Werbespots zwischen den Sendungen. Sicherlich spielt an dieser Stelle auch die
generelle Akzeptanz der Sponsoren eine Rolle, da diese schließlich die Vereine unterstützen
und somit ein positives Image bei den Fans vermitteln.

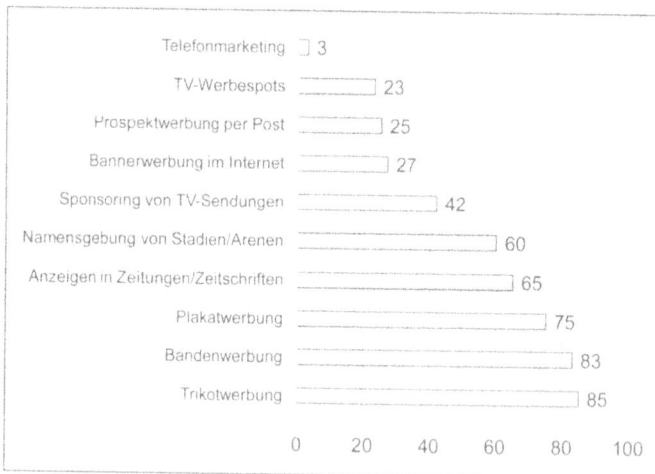

Abb. 11: Akzeptanz von Werbeformen und ausgewählten Werbemitteln von Sponsoren[69]

Zwei ganz unterschiedliche Formen der Sponsorenwerbung werden in den beiden nachfolgenden Abbildungen dargestellt. In Abbildung 12 findet sich eine eher „unkonventionelle"
Art der Sponsoren-Werbung im Stadion des Clubs Atlético Boca Juniors Buenos Aires auf
der Ehrentribüne, in der sogar Diego Maradona, der in früheren Jahren hier spielte, logiert.

Abb. 12: Zuschauertribüne im Stadion „La Bombonera" in Buenos Aires[7]

Abbildung 13 zeigt die traditionelle Form der Bandenwerbung während der FIFA Fußball-WM 2006[TM] in Deutschland.

Abb. 13: Werbebanden der Offiziellen Sponsoren während der FIFA Fußball-WM 2006[7]

Einige Beispiele zur Trikotwerbung werden in den Abbildungen 14 und 15 dargestellt. In Abbildung 14 sind zwei Trikots des 1. FC Kaiserslautern zu sehen, der von der Deutschen Vermögensberatung (DVAG) seit 1996 gesponsert wird. Im Nachgang zur Frage, wo die Grenze zwischen privatem Mäzenatentum und Sponsoring durch die DVAG beim FCK-

Engagement ist, bemerkt Reinfried Pohl, DVAG-Unternehmensgründer: „Also, wir bekamen in der Pfalz sicher einen etwas höheren Stellenwert. Aber wie sich unser Engagement wirtschaftlich auswirkt, das lässt sich ja ohnehin nicht genau messen. Im Fall des 1. FCK ist das Sponsoring dann in Mäzenatentum umgeschlagen."[72] Der Hauptsponsorenvertrag mit der DVAG wurde mittlerweile bis ins Jahr 2011 verlängert. Die Trikotsponsoren waren zum einen Kappa und zum anderen Nike.

Abb. 14: Trikotwerbung der DVAG beim 1. FC Kaiserslautern[73]

Abbilung 15 zeigt Sponsorenwerbung von SanCor bei Atlético Rafaela sowie Megatone bei Atlético Boca Juniors Buenos Aires. Die Trikotsponsoren waren Reusch und Nike.

Abb. 15: Trikotwerbung von SanCor bei Atlético Rafaela und Megatone bei Atlético Boca Juniors Buenos Aires[74]

Sponsoren werden, obwohl sie kommerzielle Ziele verfolgen, vom Verbraucher unterschwellig in der Fördererrolle gesehen, was dem Sponsoring als Kommunikationsinstrument einen Vorteil verschafft. Wegen der hohen Identifikation mit ihrem Verein rechnen Fußballfans das Engagement von Unternehmen, die ihren Club finanziell unterstützen, besonders hoch an. Daher stufen 45% der Fußballinteressierten Marken, die im Sponsoring aktiv sind, als sympathisch ein. 22% würden sogar bei qualitativ gleichwertigen Produkten die Produkte von Sponsoren bevorzugen. Auch die Funktion des Sponsors in anderen Vereinen akzeptieren die Fans. Lediglich 19% der Fans lehnen Sponsoren, die Vereine unterstützen, die sie als unsympathisch empfinden, ab.[75]

Viele Fans wünschen sich eine aktive Gestaltung des Verhältnisses des Sponsors zum Verein. Auch der direkte Kontakt zu den Fans würde geschätzt. 65% aller Fußballinteressierten fänden es interessant, von den Sponsoren spezielle Angebote unterbreitet zu bekommen. Dieses Ergebnis entspricht nicht der häufig diskutierten Informationsüberflutung (Informational Overload) von Werbung. Die Wahrnehmung der Fans scheint zumindest in diesem Zusammenhang eine andere zu sein.[76] Folglich bietet das Sport-Sponsoring eine ideale Plattform für werbende Unternehmen, vorausgesetzt Sponsor und Gesponserter passen hinsichtlich ihrer Zielsetzungen und Vorstellungen zusammen.

1.6   Sponsoring-Strategie

Die Sponsoring-Strategie legt einen Handlungsrahmen für die einzelnen Aktivitäten des Sponsors fest, wobei die Voraussetzung für jede Strategie die formulierten Ziele sind. Ein Unternehmen engagiert sich im Sponsoring aus verschiedenen quantitativen und/oder qualitativen Zielsetzungen. Ökonomische Ziele, wie z.B. Umsatz-, Absatz- oder Marktanteilssteigerung sind quantitativer Natur. Hingegen sind psychografische Ziele, wie z.B. Steigerung der Bekanntheit oder des Images, qualitativer Art.[77]

In einem Interview wurde Herbert Hainer, Vorstandsvorsitzender von adidas und stellvertretender Aufsichtsratsvorsitzender des FC Bayern München, gefragt, was für die Strategieentscheidung ausschlaggebend gewesen sei, Partnerschaften mit eher wenigen Vereinen einzugehen. Mit den „Topclubs" – so nennt Hainer die ausgewählten Vereine – wäre die Zusammenarbeit viel intensiver. Diese Clubs würden bspw. auf Reisen von adidas marketingmäßig begleitet werden. In diesem Zusammenhang würden vor Ort Veranstaltungen durchgeführt, wie z.B. Charity-Programme oder Jugend-Fußballturniere. Des Weiteren würde man mit den ausgewählten Clubs im gesamten Merchandising-Bereich zusammenarbeiten. Neben intensiver Marktforschung würden bspw. auch Workshops angeboten. Abschließend stellte er fest: „Dies alles erfordert heute deutlich mehr Engagement, Manpower und Zeit, so dass es – den finanziellen Aufwand inklusive – gar nicht mehr möglich ist, ein Mehr an Clubs sauber und professionell zu betreuen. Früher ging es dem Trikotsponsor nur darum, allein über sein Markenzeichen ein Produkt besser zu verkaufen. Das sieht heute ganz anders aus."[78]

Hainer wurde auch gefragt, wie er die vermehrte Zahl von Investoren bewertet: „Grundsätzlich halte ich es für gut, wenn in den Sport investiert wird. Man muss nur aufpassen, dass das Ganze nicht aus dem Ruder läuft. Ein solches Engagement darf weder zum Ersatzspielfeld persönlicher Eitelkeiten verkommen, noch die Autonomie des Sports in Frage stellen. Ebenso wenig dürfen Vereine oder Kommunen Gefahr laufen, nur auf den Lasten sitzen zu bleiben."[79] Die Abstimmung zwischen Sponsor und Gesponsertem wird also immer wichtiger. Dabei müssen die beiden Partner nicht nur thematisch zueinander passen, sondern auch strategisch ähnliche Ziele anstreben.

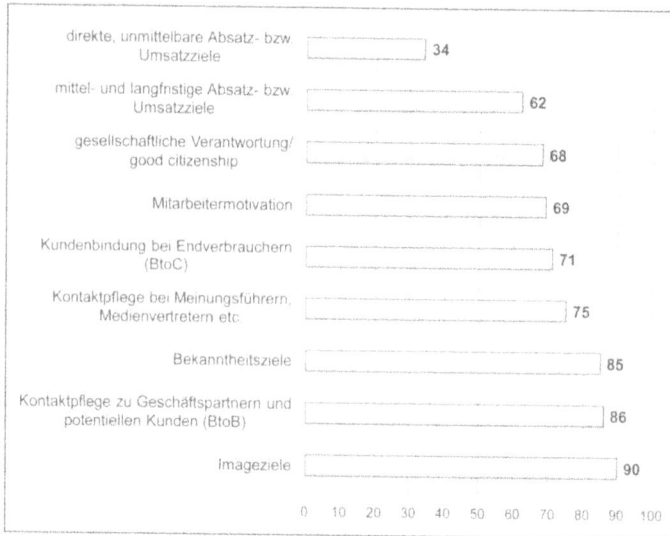

Abb. 16: Sponsoring-Zielsetzungen 2007[80]

Wie bereits erwähnt, ist beim Sponsoring die Stabilisierung und Steigerung des Bekanntheitsgrades ein zentrales Ziel. Die breite Medienresonanz beim Sponsoring bietet hierfür eine gute Grundlage. Voraussetzung ist allerdings, dass das Unternehmen schon eine gewisse Bekanntheit erlangt hat. Neben der Steigerung des Bekanntheitsgrades stellt die Imageprofilierung ein weiteres Hauptziel beim Sport-Sponsoring dar. Unter Image ist die Gesamtheit aller Einstellungen gegenüber einer Marke oder einem Unternehmen zu verstehen. Das Sport-Sponsoring kann dazu genutzt werden, die vorhandenen Einstellungen zu stabilisieren, zu steigern oder zu verändern.

In Abbildung 16 wird die Bewertung unterschiedlicher Zielsetzungen von Sponsoren gezeigt. Imageziele, die Kontaktpflege zu Geschäftspartnern und aktuellen Kunden sowie Bekanntheitsziele werden am häufigsten genannt. Die Bedeutung dieser strategischen Zielsetzungen, die mit dem Sponsoring verfolgt werden, lässt auf die Wichtigkeit des Sponsorings bei den Sponsoren schließen.

Die nachstehende Auflistung soll beispielhaft für das Sport-Sponsoring zeigen, welche Vermarktungsmöglichkeiten zur „Steigerung der Bekanntheit", der Auftritt als Sponsor bei einer FIFA Fußball-WM™, mit sich bringt:[81]

- Fußball ist weltweit die populärste Sportart und wird von rund 265 Millionen Menschen und 38 Millionen Aktiven in 1,5 Millionen Mannschaften und rund 325.000 Vereinen gespielt.
- Annähernd 5 Millionen Offizielle arbeiten direkt für diesen Sport.
- 28,8 Milliarden kumulierte Zuschauer in 213 Ländern verfolgten die Spiele bei der FIFA Fußball-WM 2006™.
- Mehr als 2,7 Millionen Zuschauer strömten zu den 64 Spielen des Turniers in die Stadien.

Als gemeinsame Zielgröße für alle Sponsoring-Felder – ob Sport, Kultur, Ökologie oder Soziales – ist der Imagegewinn zu nennen. „Der Unternehmensname soll auf eine positive Weise ins Bewusstsein der angesprochenen Zielgruppe gelangen."[82] Der Erfolg hängt davon ab, wie intensiv der Kontakt zur Zielgruppe hergestellt werden kann, und von wie vielen Personen aus dieser Zielgruppe das Unternehmen wahrgenommen wird. Was die weiteren Ziele anbelangt, wird zwischen den einzelnen Feldern des Sponsorings hinsichtlich der Prioritäten differenziert. Während beim Sport-Sponsoring in erster Linie klassische Werbeziele, wie die Steigerung des Bekanntheitsgrades oder verstärkte Kundenbindungen verfolgt werden, stehen beim Kunst- oder Kultur-Sponsoring eher die Kontaktpflege mit bestimmten Zielgruppen und die Demonstration gesellschaftlicher Verantwortung im Vordergrund. In den Bereichen Soziales und Ökologie geht es in erster Linie darum, das eigene Unternehmen als verantwortungsbewusstes Mitglied des Gemeinwesens darzustellen.[83] Allen Sponsoring-Aktivitäten gemeinsam ist jedoch der Grundsatz, dass erfolgreiche Sponsoring-Konzepte schlüssig in die Unternehmensstrategie und -ziele eingebunden sein müssen. Die herausragende Stärke des Sport-Sponsorings liegt in der hohen Multiplikatorwirkung durch die Massenmedien, vor allem der des Fernsehens. Kein anderer Sponsoring-Bereich verfügt über derartige Möglichkeiten zur Präsenz in den Medien. Die große Popularität des Sports bietet den Unternehmen ein attraktives Instrument, um ein positives Image zu kommunizieren oder gezielt ein Produkt zu fördern. In den vergangenen Jahren haben ebenso aber auch interne mitarbeiterbezogene Ziele immer mehr an Bedeutung gewonnen. Das Sponsoring bietet wirksame Ansätze, um die Mitarbeitermotivation und die Identifikation mit dem Unternehmen zu steigern.

Die Ziele der Sponsoren können mit verschiedenen Strategien angegangen und verfolgt werden. Als mögliche Strategien können angeführt werden:[84]

- **Zielgruppenerschließungsstrategie:** Die gezielte Ansprache einzelner Zielgruppen, z.B. Jugendliche aus aller Welt, die bisher nicht erreicht werden konnten, und die zu den potentiellen Kunden eines Unternehmens gehören.
- **Profilierungsstrategie:** Der Transfer bestimmter sportspezifischer Imagedimensionen, wie bspw. im Fußball Dynamik und Emotionen als Mannschaftssport. Das heißt, die Leistung des Einzelnen ist immer Teil der Mannschaft, und Siege werden vom ganzen Team errungen.
- **Bekanntmachungsstrategie:** Sie zielt auf die Erhöhung der Bekanntheit und Akzeptanz von Marken durch Konsumenten und Händler ab. Hierbei ist es wichtig, den Produktnamen in Kombination mit näheren Produktinformationen zu vermitteln.

Der Sponsor stellt dem Gesponserten finanzielle, personelle oder Sachmittel und/oder Dienstleistungen zur Verfügung. Im Bereich des Sport-Sponsorings engagieren sich Unternehmen aus sehr unterschiedlichen Branchen. Die Deutsche Bahn unterstützte bspw. die FIFA über ihre Tochtergesellschaft Schenker bei der Lösung logistischer Probleme, während der Sportartikelhersteller adidas als offizieller Ausstatter der FIFA Fußball-WM 2006™ auftrat.

Die verschiedenen Branchen haben eine unterschiedliche Affinität zum Sport. Eine Kategori-
sierung der Unternehmen kann, gemessen an der Nähe ihrer Produkte zum Sport, vorgenommen werden. Die Einteilung erfolgt in vier Kategorien:[85]

- Sportartikelhersteller wie z.B. adidas mit Sportausstattung
- Hersteller von sportnahen Produkten wie z.B. Gerolsteiner mit Erfrischungsgetränken
- Hersteller von sportfernen Produkten wie z.B. Deutsche Bahn im Logistikbereich
- Hersteller von sportfremden Produkten wie z.B. EnBw

Eine interessante Aussage tätigte Axel Dahm, Geschäftsführer von Gerolsteiner zum bisheri-
gen Engagement im Radsport: „Andererseits ist Aufmerksamkeit alleine auch nicht alles. Es
gibt heute sehr viele Menschen, die Gerolsteiner schlicht und ergreifend mit Sport oder
Radsport verbinden. Und das Wichtigste wäre ja eigentlich, dass sie es damit verbinden, was
Gerolsteiner ist: das beste Wasser. Gerade eine kleinere Marke, wie wir es sind, muss aufpassen, dass erfolgreiche Sponsoring-Engagements nicht dazu führen, dass die Markenkommunikation überlagert und überfrachtet wird. Diese Gefahr ist für Marken wie Coke oder
Telekom mit gigantischem Kommunikationsbudget viel geringer."[86]

Da das Spektrum des Sport-Sponsorings von lokal bis international breit gefächert ist, kann
die Größe des Sponsors vom kleinsten Unternehmen bis zum Global Player variieren. Die
Reichweite des Sponsorings ist davon abhängig, welche Zielgruppen in welchen geografischen Gebieten, erreicht werden sollen. Während bspw. die örtlichen Stadtwerke eine regionale Zielgruppe ansprechen, will McDonald's seine Kunden weltweit erreichen.

Abhängig von der Zielsetzung des Marketings und der Zielgruppen, die ein Unternehmen
ansprechen will, werden die Sportarten unterschiedlich bewertet. Deshalb ist im Zuge der
Sponsoring-Planung eine Strukturierung der möglichen Sponsoring-Objekte nach verschie-
denen Gesichtspunkten notwendig. Außerdem wird anhand der Sponsoring-Objekte das
Ausmaß des Sponsoring-Gegenstandes festgelegt. Zu den Sponsoring-Objekten zählen die
Imagedimension einer Sportart, die Leistungsebenen sowie die Sponsoring-Einheiten, die im
Folgenden näher erläutert werden.

Das Unternehmen will eine Botschaft übermitteln, deshalb ist das Image der Sportart zu
beachten, weil dieses zur Corporate Identity des Unternehmens passen muss. Image bedeutet
im übertragenen Sinne so viel wie das Bild, das sich jemand von einem Gegenstand macht,
und gibt somit die subjektiven Ansichten und Vorstellungen von einem Gegenstand wieder.
Aus zahlreichen Bedeutungsanalysen zum Image-Begriff geht hervor, dass zu den subjektiven Ansichten sowohl das subjektive Wissen über den Gegenstand als auch (gefühlsmäßige)
Wertungen gehören.[87]

Einen intersessanten Ansatz verfolgt der FC Seoul, der in der „Stadion-U-Bahn-Station"
flächendeckend mit Bildern von Spielern der eigenen Mannschaft in Originalgröße wirbt
(siehe Abbildung 17).

Abb. 17: U-Bahn Station in Seoul – Werbung mit der Heimmannschaft des FC Seoul

Abhängig von der Zielgruppe, mit der man über den Sport kommunizieren möchte, ist dieses Image von entscheidender Bedeutung. Mit jeder Sportart werden unterschiedliche soziale Werte und Begriffe verbunden, die auf die Segmentierung der Konsumentengruppen schließen lassen. Sportarten lassen sich somit einzelnen Konsumentengruppen zuordnen. Eine Schichtung nach Bildung und Einkommen wird dabei berücksichtigt. Tabelle 3 zeigt die bevorzugten Sportarten bezogen auf Schulbildung/Einkommen.

Sportart	Schulbildung			Einkommen		
	Hauptschule	Realschule	Abitur	<1500 €	1500 bis 2500 €	>2500 €
Basketball	19	31	38	27	30	25
Fußball	58	55	59	56	63	54
Leichtathletik	49	57	61	51	47	60
Motorsport	52	48	49	52	55	49
Handball	29	31	39	36	36	26
Tennis	56	60	57	53	60	64
Radsport	39	41	47	44	48	37
Schwimmen	37	43	49	44	43	42
Boxen	43	32	35	47	40	31

Tab. 3: Bevorzugte Sportarten bezogen auf Schulbildung/Einkommen[89]

Die Auswahl der passenden Sportart kann mittels verschiedener Bewertungsmodelle erfol-
gen, die mehrstufig aufgebaut sind. Diese so genannten Scoring-Modelle bewerten die
Merkmale einer Sportart, je nach Ausprägung, mit Punkten.

Abb. 18: Porsche Tennis Grand Prix in Stuttgartt[90]

Es zeigt sich, dass Tennis immer noch, insbesondere in den höheren Einkommensklassen, die bevorzugte Sportart ist. Deshalb engagieren sich viele Sponsoren nach wie vor im Tennis (siehe Abbildung 18), auch wenn einige Tunierveranstalter im Tennis gerade in Deutschland Probleme bei der Sponsorensuche haben.

Als Beispiel für ein gelungenes Sponsoring sei an dieser Stelle der Porsche Tennis Grand Prix angeführt, der von einer Vielzahl namhafter Unternehmen unterstützt wird (siehe Abbildung 19).

Abb. 19: Sponsoren-Pool beim Porsche Tennis Grand Prix in Stuttgart[i]

Die verschiedenen Leistungsebenen des Sports können in Breiten- und Freizeitsport, Leistungssport und in Spitzen- und Hochleistungssport unterteilt werden. Für den Sponsor ist diese Einteilung in Bezug auf seine Kommunikationsziele, sich regional oder international zu platzieren, von Bedeutung. Breiten- und Freizeitsport wird eher Sponsoren ansprechen, die auf regionaler Ebene als Sponsor auftreten wollen. Spitzensport dagegen findet auf internationaler Ebene statt und ist medienwirksam, aber auch sehr kostspielig.

Durch die Gliederung in Einheiten kann die strategische Entscheidung getroffen werden, ob man die Bekanntheit eines Einzelsportlers, einer Mannschaft oder auch nur eines einzelnen Events nutzen möchte. Diese Entscheidung spielt auch zum Abstecken eines zeitlichen Rahmens für das Engagement als Sponsor eine wichtige Rolle. Der Sport kann in die Sponsoring-Einheiten Einzelsportler, Mannschaften, Verbände und Events eingeteilt werden.

2 Fußball als Sponsoring-Plattform

Beim Trend-Ranking der Sportarten in der Sponsoring-Studie von TNS Infratest wird dem Fußball das höchste Wachstumspotenzial zugeschrieben, gefolgt von Golf und Biathlon. Weitere Disziplinen mit sehr guten Zukunftsprognosen sind Triathlon, Handball und Marathon. Im Gegensatz dazu fallen die zukünftigen Potenziale bei den Sportarten Schwimmen, Tennis, Reiten, Volleyball und Radsport eher gering aus. Dabei fließen zur Beurteilung des Potenzials einer Sportart Kriterien wie der gesellschaftliche Stellenwert und das Image, die Struktur der Zielgruppe, das Interesse von Zuschauern und Medien, die Anzahl der Stars mit Vermarktungspotenzial sowie die Strukturen innerhalb der Dachverbände mit ein.[92]

In Deutschland interessieren sich 61 Millionen Menschen (ca. 94%) für Sport.[93] Allein für Fußball liegt das Interesse bei 76%, was ca. 50 Millionen Deutschen entspricht. Mit 58% bewertet mehr als die Hälfte der Befragten den Fußball als den wichtigsten Sport im TV. Andere Sportarten wie Leichtathletik (20%) und Formel 1 (15%) folgen erst mit weitem Abstand. Als besonderer Event stößt die WM-Endrunde mit 96% auf das höchste Interesse, so dass der Schwerpunkt in der weiteren Betrachtung hierauf gelegt wird.[94] In einem ersten Schritt beschäftigen wir uns zunächst mit dem Fußball und der besonderen Wirkung dieser Sportart auf eine weltweite Fangemeinde. Danach wird erläutert, was dieses Megaevent letztendlich ausmacht. Außerdem werden die Veranstalter vorgestellt, bevor abschließend das Sponsoring bei der Fußball-WM[TM] behandelt wird.

Die Abbildung 20 zeigt die Eröffnungszeremonie des Spiels Italien gegen USA bei der FIFA-Fußball-WM 2006[TM] in Deutschland.

Abb. 20: Eröffnungszeremonie des Spiels Italien gegen USA bei der FIFA-Fußball-WM 2006^{TM} in Deutschland[95]

2.1   Wachsende Bedeutung und Kommerzialisierung des Fußballs

Fußball ist ein Massenphänomen.[96] Im Vergleich zu vielen anderen Sportarten kann Fußball mit minimalem Mitteleinsatz betrieben werden. Außerdem wird heute weltweit nach dem gleichen Regelwerk gespielt. Jeder Spieler wird auf dem Spielfeld ausschließlich nach seiner Leistung beurteilt und nicht nach seiner sozialen Herkunft. Weltweit sind die gleichen Reaktionen der Fans zu beobachten. Der emotionale Höhenflug, der entsteht, wenn die eigene Mannschaft erfolgreich spielt, lässt die Fanherzen höher schlagen. In der Abbildung 21 sind Fanreaktionen schon vor dem Spiel des populärsten südamerikanischen Clubs Atlético Boca Juniors aus Buenos Aires zu sehen.

Abb. 21: La Bombonera - Stadion vom Club Atlético Boca Juniors Buenos Aires[97]

Heute ist Fußball die beliebteste und am weitesten verbreitete Sportart auf der Welt.[98] Im Jahr 2006 spielten über 265 Millionen Menschen in über 200 Ländern aktiven Fußball. Davon sind, nach Angaben der FIFA, über 38 Millionen Spieler in weltweit über 325.000 Vereinen organisiert.[99]

Abb. 22: Im World Cup Stadion in Seoul[100]

Allerdings „punktet" der Fußball nicht nur auf dem Spielfeld. Auch in andere Bereiche des täglichen Lebens, wie Gesellschaft, Wirtschaft und Politik, dringt er ein und zieht ganze Regionen, Völker und Nationen in seinen Bann. Neben Millionen von Menschen, die aktiven Fußballsport betreiben, gibt es eine weltweite Fangemeinde, die selbst nicht im Fußballsport aktiv ist. Somit ist der Fußball für einen großen Bereich in der Freizeitindustrie verantwortlich. Gerade in Nordamerika und Asien ist das Potenzial dieses Sports allerdings noch lange nicht ausgeschöpft. Nicht zuletzt aus wirtschaftlichen Gründen, fand die FIFA Fußball-WM 2002™, zum ersten Mal in der Fußballgeschichte in zwei Ländern, Südkorea und Japan, statt (siehe Abbildung 22). Der Wachstumsmarkt Asien[101] sollte so erschlossen werden.

2007, ein Jahr nach der FIFA Fußball-WM™ in Deutschland, wurde die FIFA Fußball-Frauen-WM™ in China ausgetragen. Millionen Chinesen begeisterten sich für diesen Sport. Das zeigt, dass sich durch die Globalisierung in Verbindung mit Fußball neue Märkte eröffnen.[102]

Die Abbildung 23 zeigt die WM-Plakate der einzelnen Spielstätten der FIFA Fußball-WM 2002™ in Japan und Südkorea.

Abb. 23: Plakate der FIFA Fußball-WM-Städte in Japan und Südkorea 2002[103]

Die Abbildung 24 zeigt das World Cup Stadium in Seoul.

Abb. 24: World Cup Stadion in Seoul[104]

Der Sport birgt große ökonomische Potenziale.[105] Aber gerade die Kommerzialisierung des Fußballs schreitet in einem atemberaubenden Tempo voran. Spieler- und Trainergehälter. Ablösesummen und Provisionen für die Berater sowie Manager sind insbesondere nach dem Bosman-Urteil[106] und der Zerschlagung des alten Transfersystems durch den Europäischen Gerichtshof im Jahre 1995 überproportional angestiegen. Darüber hinaus profitieren Vereine insbesondere in Spanien, Italien und England von sehr hohen Fernseheinnahmen[107], unterschiedlichen Steuergesetzgebungen und Investoren aus den unterschiedlichsten Ländern.

So wurde z.B. das Engagement von Roman Abramowitsch schon häufig kritisiert, nachdem er im Juli 2003 für 210 Millionen Euro Eigentümer des Londoner Vorstadtclubs Chelsea London wurde.[108] Der russische Oligarch investierte seit dem Erwerb mehr als 100 Millionen Euro jährlich, um Spieler wie z.B. Ballack,[109] Drogba, Céch, Schewtschenko unter Vertrag zu nehmen. Während Abramowitsch mit sehr vielen kritischen öffentlichen Äußerungen im Bezug auf Sport und Geld konfrontiert wurde, verteidigte Michele Platini, der UEFA-Generalsekretär, Abramowitsch, indem er ihn als eine Person hervorhob, die „den Fußball liebe und sein Geld nicht investiert habe, um Rendite zu erwirtschaften."[110]

Einige Jahre, nachdem Chelsea London einen russischen Eigentümer erhalten hatte, startete der FC Schalke 04 eine Kooperation mit dem russischen Energiegiganten Gazprom zu Beginn des Jahres 2007 (siehe Abbildung 25). Der Konzern ist nun bis 2012 der Hauptsponsor des Fußballbundesligisten. Wegen des wirtschaftlichen Ausmaßes gab es zahlreiche kritische Stimmen, dass der Verein „Londoner Dimensionen" annehme, und die Entscheidungen im Verein zukünftig bei den Investoren liegen würden.

Allerdings ist der „mehrheitliche Verkauf von Gesellschaftsanleihen von Fußballunternehmen in Deutschland [...] nicht möglich. Nach den Statuten der Deutschen Fußball Liga müssen mindestens 50 Prozent der Anteile plus eine Stimme („50 Prozent + 1-Regel) bei der Muttergesellschaft des Fußball-Unternehmens verbleiben, so dass der Verein nach wie vor die Kontrolle über das Fußball-Unternehmen behält."[111]

Abb. 25: Werbebanner von Gazprom[112]

Im Juni 2009 bot Spaniens Rekordmeister Real Madrid 94 Millionen Euro für den Spieler Cristiano Ronaldo. Manchester United nahm das Angebot an und damit wurde der bis dahin teuerste Transfer in der Geschichte des Fußballs vollzogen. Davor lag der Rekord bei 71,6 Millionen Euro, die Real Madrid für den Franzosen Zinédine Zidane im Jahr 2001 an Juventus Turin bezahlt hatte. Schon vor dem Ronaldo-Kauf hatte Real Madrid den brasilianischen Spieler Kaká für 65 Millionen Euro vom AC Mailand transferiert. Jaume Ferrer, Vizepräsident und Marketingexperte des Champions-League-Siegers FC Barcelona äußerte sich zu dieser Summe: „Kein Spieler der Welt ist 94 Millionen Euro wert. Das liegt völlig außerhalb des Marktes."[113]

Mittlerweile hat Real Madrid noch nachgelegt und mit der Verpflichtung der Spieler Benzema für 35 Millionen Euro und Xabi Alonso für 30 Millionen Euro seine Transferaufwendungen auf nahezu 250 Millionen Euro gesteigert. Der Vollständigkeit halber sei angemerkt, dass dem natürlich auch Transfereinnahmen, allerdings in wesentlich geringerer Höhe, entgegenstehen.

Gerade die spanischen Clubs haben im Konkurrenzkampf mit den anderen europäischen Fußballclubs steuerliche Vorteile.[114] Die spanische Steuerpolitik ermöglicht es den Fußballclubs in Spanien netto wesentlich mehr zu zahlen, weil sie brutto weniger aufwenden müssen. Dabei gibt es zwei wesentliche Regelungen, aus denen sich die steuerlichen Vorteile ergeben. Zum einen werden seit 2004 ausländische Spitzenkräfte steuerlich begünstigt, wenn sie von spanischen Unternehmen angeworben werden und sich anschließend zum ersten Mal in Spanien niederlassen. Zum anderen wird in Spanien ausschließlich das Gehalt besteuert, während etwaige Besitztümer oder Verträge im Ausland von der Versteuerung verschont bleiben.[115]

Die Tatsache, dass die Kommerzialisierung den Sport im Generellen und den Fußball im Besonderen im Laufe der Jahre wesentlich veränderte, bleibt unbestritten. Wie das wirtschaftliche Potenzial der Ware „Sport" genutzt werden kann, hat die FIFA in den vergangenen Jahren deutlich gezeigt. Millionenschwere Spieler(ver)käufe, Schiedsrichter-, Doping- und Korruptionsskandale[116] entfachen aber in der Öffentlichkeit immer wieder heftige Diskussionen. Erst im Herbst 2009 wurde Chelsea London im Falle der Verpflichtung des jetzt 18-jährigen Gael Kakuta vom RC Lens durch die FIFA verurteilt. Chelsea London, das den Spieler wohl zum Vertragsbruch angehalten hat, darf in den nächsten zwei Transferperioden und damit bis Januar 2011 keine neuen Spieler verpflichten. Kakuta wurde für vier Monate gesperrt und muss zusammen mit dem FC Chelsea 780.000 Euro Entschädigung an seinen französischen Heimatclub zahlen. Zudem muss Chelsea London eine Ausbildungsentschädigung von 130.000 Euro an den RC Lens entrichten.[117] Bedenklich und umstritten bleiben vor allem moralische und ethische Gesichtspunkte in Bezug auf die Kommerzialisierung, die allerdings an dieser Stelle nicht behandelt werden können.

In der Tabelle 4 werden verschiedene Ursachen und Auswirkungen für die Kommerzialisierung des Sports in einer Übersicht zusammengefasst:

Gründe		Veränderungstrends	Auswirkungen
Intern	• steigende Kosten für das Wettkampfsystem • steigende Kosten der Ausbildung von Leistungssportlern • gestiegene Anforderungen an Trainingsgeräte, Sportstätten und Umfeld • geringere Kostendeckung durch öffentliche Mittel und Beiträge	• Sportmarkt • übertriebene Ansprüche (Sättigung) • Angebotsüberfluss	• Professionalisierungsdruck • mediengerechte Präsentation des Sports • Wandel vom Anbieter zum Nachfragermarkt • Zunahme von begleitenden Dienstleistungen im Sport • Verwendung des Sports für andere kommerziell organisierte Wirtschaftszweige (z.B. Reiseveranstalter)
Extern	• Zunahme der aktiven Sportler (1967: 21%, 1997: 67%) • Zunahme des passiven Sportkonsums (Besucher von Sportveranstaltungen, Ausweitung der Sportberichterstattung) • wachsendes frei verfügbares Einkommen (bis 1995) • steigender Anteil an Freizeit, Flexibilisierung der Arbeitszeit • Anstieg der Lebenserwartung • Zunahme an Mobilität • Wandel der Familien- und Haushaltsstrukturen (dienstleistungs- und gesundheitsorientierte Ältere und Singles) • höhere Bildung • Abnahme von Bewegungsmöglichkeiten im Alltag (Arbeit, Urbanisierung) • Lebens- und Statusentwürfe mit Elementen wie Fitness, Gesundheit, aktive Reisen gewinnen an Bedeutung • Zunahme differenzierter Lebensstile und Formen der Selbstwahrnehmung	• zunehmendes Wissen (Forschungsfortschritt) • Wirtschaftskrisen (Rezession) • Medienkonzentration (Hyperwettbewerb der Medien) •	• Zunahme von Sportevents • Regeländerungen im Sport • Erschließung zusätzlicher Sporträume (Hallenabfahrtslauf, Surfen mit Ventilatoren) • Entwicklung der Vereine zu Wirtschaftsunternehmen • tiefgreifende Arbeitsteilung • Entwicklung neuer Dienstleistungs- und Handelsformen (Sportlervermittler, Rechtehändler) • Verlust von Autonomie im Sport • materielle Konzentration auf wenige Sportarten • Optimierung von Wettkampfsystemen

Tab. 4: Ursachen und Folgen für die Kommerzialisierung des Sports[118]

2.2   Fußball als Event

Das Event-Marketing hat in den vergangenen Jahren an Bedeutung gewonnen und wird von Unternehmen verstärkt als ein eigenständiges Kommunikationsinstrument eingesetzt.[119] Der Begriff Event[120] ist nicht einheitlich definiert. In der deutschen Literatur zum Thema Event-Marketing hat sich eine begriffliche Trennung der beiden Begriffe Event und Event-Marketing durchgesetzt.[121]

Bruhn versteht unter einem Event „eine besondere Veranstaltung oder ein spezielles Ereignis, das multisensitiv vor Ort von ausgewählten Rezipienten erlebt und als Plattform zur Unternehmenskommunikation genutzt wird."[122] Nickel stützt sich bei seiner Definition auf diese Formulierung und definiert Marketing-Events als „im Auftrag inszenierte Ereignisse [...], die im Hinblick auf Unternehmen oder Marken das zentrale Ziel haben, den Teilnehmern Erlebnisse zu vermitteln, beziehungsweise bei diesen Emotionen auszulösen, und die gleichzeitig geeignet sind, zur Durchsetzung der Marketingstrategie, d.h. zum Aufbau von Unternehmens- und Markenwerten, einen positiven Beitrag zu leisten."[123]

Der Deutsche Kommunikationsverband BDW versteht unter Events „inszenierte Ereignisse sowie deren Planung und Organisation im Rahmen der Unternehmenskommunikation [...], die durch erlebnisorientierte, firmen- oder produktbezogene Veranstaltungen emotionale oder physische Reize darbieten und einen starken Aktivierungsprozess auslösen."[124] Die Definition des BDW schließt den Prozess der Planung, Durchführung und Kontrolle der Events mit ein. Im Folgenden soll der Definition von Bruhn gefolgt werden.[125]

Unter dem zusammengesetzten Begriff Event-Marketing versteht Nickel „die systematische Planung, Organisation, Durchführung und Kontrolle von Events innerhalb der Kommunikationsinstrumente Werbung, Verkaufsförderung, Public Relations oder interner Kommunikation."[126]

Ähnlich beschreibt auch Bruhn den Begriff Event-Marketing umfassend als „zielgerichtete, systematische Planung, Organisation, Inszenierung und Kontrolle von Events als Plattform einer erlebnis- und dialogorientierten Präsentation eines Produktes, einer Dienstleistung oder eines Unternehmens [...]." Nachstehend wird der Begriff des Event-Marketings gemäß dieser Definition verwendet.[127]

Eine Klassifizierung von Events kann anhand verschiedener Event-Typen vorgenommen werden.[128] Die gewählte Klassifizierung wird in dieser Form auch vom Forum Marketing-Eventagenturen (FME) verwendet und beinhaltet die nahe liegende Unterscheidung in unternehmensinterne und unternehmensexterne Events.

Events werden demnach in

- Public Events
- Corporate Events und
- Exhibition Events

unterteilt.[129] Fußball ist national und international die Sportart mit dem größten Zuschauerpotenzial und der am weitesten fortgeschrittenen Kommerzialisierung. Die FIFA Fußball-WM™ kann als Public Event und Exhibition Event bezeichnet werden, da sie das Besondere aus der sportlichen Bedeutung, dem Zuschauerinteresse und der Exklusivität des nur alle vier Jahre stattfindenden Ereignisses bezieht.[130]

Die Begriffe Sportevent und Sportveranstaltung können synonym verwendet werden. Ein Sportevent ist „ein vom Menschen organisiertes Ereignis, an dem Sport ausgeübt wird."[131]

In Sportevents wird der Inhalt eines oder mehrerer Sportereignisse in einer abgeschlossenen Einheit zusammengefasst. Dabei werden verschiedene Gruppen von Nachfragern berücksichtigt. Folglich werden Sportveranstaltungen von Anfang an nachfrageorientiert geplant, organisiert und durchgeführt.[132]

Das besondere Ansehen bezieht eine FIFA Fußball-WM™ zweifellos aus der sportlichen Bedeutung, dem Zuschauerinteresse und der Exklusivität des alle vier Jahre stattfindenden Ereignisses. Emotionales Erleben bezeichnet den Wunsch im Stadion, öffentlich vor der Leinwand oder am Fernseher an dem besonderen Ereignis teilzuhaben.[133] Darüber hinaus bietet die FIFA Fußball-WM™ eine begehrte Plattform für die Kommunikation von Unternehmen mit Kunden, Lieferanten oder Mitarbeitern.[134]

Bandenwerbung am Spielfeldrand, die auch eine Form der Kommerzialisierung darstellen, sind beim Fußball mittlerweile zum Standard geworden (siehe Abbildung 26).

Abb. 26: Bandenwerbung während der FIFA Fußball-WM 2006ᵀᴹ in Deutschland[135]

2.3   FIFA Fußball-WM™

Nachdem die Besonderheiten von Fußball-Events geklärt wurden, wird sich der folgende Abschnitt zunächst mit der FIFA Fußball-WM™ beschäftigen, dem Event mit dem höchsten Zuschauerinteresse und der größten Bedeutung für Sponsoring.[136] Dabei wird insbesondere das Sponsoring bei diesem WM-Turnier im Fokus der Betrachtungen stehen. Zum besseren Verständnis wird aber zunächst der geschichtliche Hintergrund beleuchtet. Die Abbildung 27 zeigt eindrucksvoll die Dimensionen dieses Mega-Events auf.

Abb. 27: Plakat   Blick ins volle Stadion während der Eröffnungsfeier der FIFA Fußball-WM 2002™ in Seoul

2.3.1   FIFA als Veranstalter

Die Fédération Internationale de Football Association (FIFA) ist ein Verein Schweizer Rechts mit Sitz in Zürich. Die FIFA wurde am 21. Mai 1904 gegründet und vereint als Dachorganisation alle Fußballverbände weltweit. Sie ist in kontinentale Konföderationen (für Europa die Union of European Football Association (UEFA)) untergliedert, deren Regularien der FIFA zur Genehmigung vorgelegt werden müssen. Mitglieder der FIFA sind die nationalen Verbände. Seit Juni 1998 amtiert der Schweizer Joseph S. Blatter als hauptamtlicher Präsident der FIFA.[138]

Zur FIFA gehören unter anderem das Unternehmen FIFA Marketing & TV, das für die Akquisition und Betreuung von Sponsoren und Lizenznehmern zuständig ist sowie das Unternehmen Goal, mit dem die FIFA Fußballstützpunkte in der ganzen Welt errichtet und Unterstützung in Form von Trainern, Verwaltung oder Sportmedizin gewährt.[139]

Durch die professionelle Vermarktung des Fußballs hat die FIFA die Entwicklung vom Weltverbund hin zu einem „Weltunternehmen" mit Milliardenumsätzen vollzogen.[140] Den wesentlichen Umsatz erzielt sie dabei durch die Verwertung der Fernseh-, Marketing- und Lizenzrechte.[141] In Abbildung 28 ist eine „Merchandising-Tasche" von der FIFA Fußball-WM 2002™ in Japan und Südkorea zu sehen.

Abb. 28: Merchandising-Tasche zur FIFA Fußball-WM 2002[TM] in Südkorea/Japan[142]

Die FIFA fungiert offiziell als Veranstalter der Fußball-Weltmeisterschaften[TM], während das Gastgeberland dem Reglement nach als Ausrichter der Endrunde einer WM bezeichnet wird. Ein separater Veranstaltungsvertrag regelt die Zuständigkeiten sowie Rechte und Pflichten des ausrichtenden Verbandes.[143]

2.3.2   Sponsoring-Programm

Die FIFA Fußball-WM[TM] bietet eine wirkungsvolle Marketingplattform auf internationaler Ebene. Die Weltmeisterschaften im Fußball werden in über 200 Ländern übertragen. Bei einer solchen kostenintensiven Veranstaltung ist zur Unterstützung die Hilfe von Sponsoren nicht mehr wegzudenken. Die FIFA charakterisiert ihre Offiziellen Partner als integralen Bestandteil der Marketingphilosophie.[144]

Die Wurzeln der innovativen Marketingstrategie der FIFA liegen in den späten 1970er Jahren. In den 1980er und 1990er Jahren entwickelte die FIFA diese Sponsoring-Politik weiter.[145] Nach der Insolvenz der International Sports Media & Marketing (ISMM) im Mai 2001 nahm die FIFA als neue Eignerin der Marketingrechte für die FIFA Fußball-WM 2002™ und die weiteren Wettbewerbe mit der FIFA Marketing ihre Tätigkeit in diesem Bereich auf. Die FIFA Marketing ist ein zu 100% von der FIFA kontrolliertes Unternehmen. Es betreut und koordiniert die Gruppe der Unternehmen, die vor allem die FIFA Fußball-WM[TM] finanziell und logistisch unterstützen, sich aber auch weiterer Veranstaltungen und Projekte der FIFA annahmen und annehmen. Die Kontinuität der Sponsorengruppe wurde dadurch verstärkt, dass die FIFA jeglichen Einfluss auf die Integrität des Sports, auf die technische Organisation oder auf die Wettbewerbe selbst ablehnt.

In der Tabelle 5 sind die Offiziellen FIFA-Partner der Fußball-WM[TM] seit 1982 zusammengefasst. Es wird deutlich, dass es sich zumeist um langjährige Partnerschaften handelt.

World Cup	2006	2002	1998	1994	1990	1986	1982
Adidas	x	x	x	x			
Avaya	x	x					
Budweiser	x	x	x		x	x	
Coca-Cola	x	x	x	x	x	x	x
Continental	x						
Deutsche Telekom	x						
Emirates	x						
Fujifilm	x	x	x	x	x	x	x
Fuji Xerox		x					
Gillette	x	x	x	x	x	x	x
Hyundai	x	x					
JVC		x	x	x	x	x	x
Korea Telekom/NTT				x			
MasterCard	x	x	x	x			
McDonald's	x	x	x	x			
Philips	x	x	x	x	x	x	
Toshiba	x	x					
Yahoo!	x	x					
Canon			x	x	x	x	x
Snickers*			x	x	x		
Opel			x	x		x	
Energizer				x			
Alfa Romeo					x		
Vini d'Italia					x		
Bata						x	
Cinzano						x	
R.J. Reynolds**						x	x
Seiko						x	x
Iveco							x
Metaxa							x

* 1990: Mars / m&m's

** 1986: Camel / 1982: Winston

Tab. 5: Offizielle Partner der FIFA 1982–2006[146]

Die Marketingphilosophie der FIFA schlägt sich auch in den Einnahmen für Sponsoring-Pakete nieder. Im Zeitraum von 1994 bis 2006 haben sich diese auf fast 700 Millionen Euro verdoppelt.[147]

Noch bei der WM in Deutschland im Jahre 2006 arbeitete die FIFA mit einer zweigleisigen Marketingstrategie. Neben den 15 Offiziellen Partnern gab es sechs Nationale Förderer. Die Offiziellen Partner erhielten weltweite Marketingrechte. Die Nationalen Förderer erhielten diese Rechte auch, allerdings auf das Gastgeberland beschränkt.[148]

Das Sponsoring-Programm der FIFA für den Zeitraum 2007–2014 folgt einer neuen Ausrichtung der Sponsoring-Strategie auf drei Kategorien von Marketingpartnern. Diese sind:

- die FIFA-Partner,
- die Sponsoren der FIFA Fußball-WM™ und
- die Nationalen Förderer.

Die FIFA-Partner erwerben Rechte im Zusammenhang mit den verschiedensten FIFA-Aktivitäten wie bspw. Sportwettbewerbe, Sonderveranstaltungen sowie Entwicklungsprogramme. Zusätzlich erhalten die sie die exklusiven Vermarktungsrechte. Die Rechte der Sponsoren der FIFA Fußball-WM™ sind etwas eingeschränkter. Sie beziehen sich nur jeweils auf ein bestimmtes WM-Turnier. Die Sponsoren erhalten das weltweite Exklusivrecht innerhalb der jeweiligen Produktkategorie, ausgewählte Marketingrechte, das Recht auf Verwendung der Marke in Zusammenhang mit der Veranstaltung sowie das Recht auf sekundäre Medienpräsenz. Die Nationalen Förderer können innerhalb des Gastgeberlandes mit der WM werben.

Die Neugestaltung des Sponsoring-Programms verfolgt drei Hauptziele. Zum einen sucht die FIFA eine enge Partnerschaft mit Unternehmen, die nicht nur die Weltmeisterschaften unterstützen wollen, sondern sich darüber hinaus auch für den Fußball insgesamt engagieren möchten. Des Weiteren wurden die Partnervereinbarungen in Bezug auf den Umfang und den Vertragswert vereinheitlicht. Letztlich soll aber eine Differenzierung zwischen den unterschiedlichen Bedürfnissen und Ansprüchen der einzelnen Unternehmen und/oder Kategorien gewährleistet werden, um auch auf die individuellen Bedürfnisse eingehen zu können.[149]

3 Planung und Organisation der FIFA Fußball-WM 2006^{TM}

Als Exportweltmeister war Deutschland bisher für seine Technologien und Innovationen, bekannt, aber auch dafür Veranstaltungen perfekt zu organisieren. Allerdings eilte Deutschland bisher nicht der Ruf voraus, besonders gastfreundlich zu sein und ausgelassen Feste feiern zu können. Deshalb wurde für die FIFA Fußball-WM 2006^{TM} der Slogan propagiert „Die Welt zu Gast bei Freunden!". Deutschland präsentierte sich gegenüber dem Ausland als ein überaus freundlicher Gastgeber. Wegen der großen Komplexität dieses Megaevents wird in diesem Kapitel die Planung und Organisation dieses Events mit seinem Bezug zum Sport-Sponsoring erläutert.[150]

3.1 Deutschland als Gastgeberland

Sport ist in Deutschland in Verbänden und Vereinen organisiert. Das vom Grundgesetz gestützte Verbandsrecht bestimmt die rechtlichen und organisatorischen Grundlagen für den Sport.[151] Mit geschätzten 40 Millionen gelegentlich oder häufig Sporttreibenden ist Deutschland ein sportbegeistertes Land. Bei ca. 82 Millionen Bundesbürgern treibt also fast jeder Zweite Sport. Davon sind rund 27 Millionen Bürger in 88.000 Sportvereinen organisiert.

Fußball erzielt seine wirtschaftliche Bedeutung aus dem weltweit großen Interesse an dieser Sportart. Die Popularität einer Sportart in einem Land lässt sich unter anderem auf den internationalen Erfolg einzelner Sportler oder Mannschaften zurückführen. Die deutsche Fußball-Nationalmannschaft der Herren gehört als dreimaliger Welt- und Europameister zu den erfolgreichsten Teams der Fußballgeschichte. Die deutsche Frauen-Fußballnationalmannschaft wurde 2003 Weltmeister in den USA und gewann die Silbermedaille bei den Olympischen Spielen 2004 in Athen. Auch im Finale der FIFA Fußball-WM^{TM} 2007 in China besiegte die deutsche Nationalmannschaft der Frauen das Team aus Brasilien und verteidigte damit ihren Titel. Darüber hinaus ist sie aktueller und vielfacher Europameister.

Vor der FIFA Fußball-WM 2006™ lag der deutsche Herrenfußball im internationalen sportlichen Vergleich nicht mehr unter den führenden Nationen, behauptete sich aber dennoch in der Beliebtheitsskala konstant an der Spitze. Dagegen schafften es andere Sportarten in Deutschland nicht, ein langfristig vergleichbares Interesse zu erzeugen.

Abbildung 29 gibt einen Überblick über die Interessen- und Sympathieverteilung der Sportarten in Deutschland. In den Kriterien Sympathie und Interesse konnte sich Fußball in der

Studie von Sportfive vor allen anderen Sportarten behaupten. Fußball ist die Sportart mit dem höchsten Interesse (67%) und wird zudem von 49% der Bevölkerung als sympathisch empfunden.

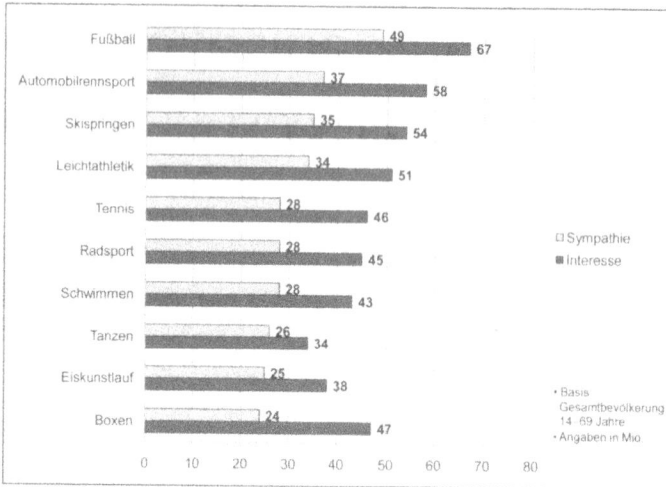

Abb. 29: Interesse und Sympathie für Sportarten[152]

3.2   Organisationsstruktur der FIFA Fußball-WM 2006™

Die Organisation[153] der FIFA Fußball-WM 2006™ stellte das Organisationskomitee vor eine große Herausforderung. Wie sich nicht nur an den wirtschaftlichen Ergebnissen zeigt, wurde diese Aufgabe mit Bravour gemeistert. Aber auch das soziale Miteinander der Gastgeber und der Gäste trug zum Gelingen dieses Megaevents bei.

Im Folgenden werden verschiedene organisatorische Aspekte kurz erläutert. Anschließend werden die Finanzierungsquellen dargestellt, die notwendig waren, um die Planungen umsetzen zu können.

Zu Beginn des Jahres 2001 nahm das „FIFA Fußball-WM 2006™ Organisationskomitee Deutschland (OK)" seine Arbeit auf. Rechtlich war das OK eine Abteilung des DFB. Abbildung 30 gibt einen Überblick zur Aufgabenverteilung der Mitglieder. Franz Beckenbauer als OK-Präsident stellte durch seine hervorragenden Kontakte Verbindungen zu Sport, Wirtschaft und Politik her und war für größere Projekte sowie Repräsentationen verantwortlich. Die drei Vizepräsidenten verfügten jeweils über langjährige Erfahrungen aus Tätigkeiten bei der FIFA und dem DFB.

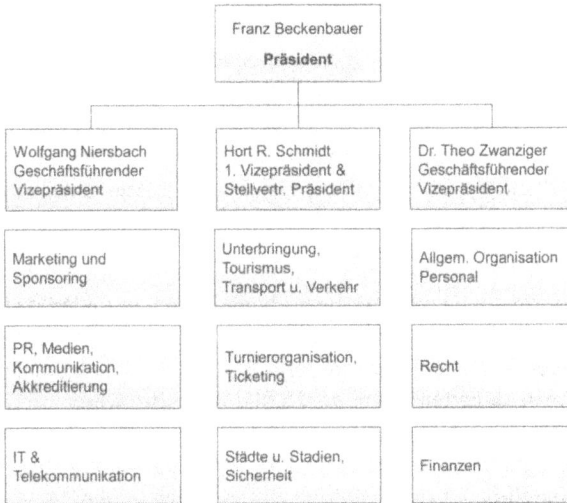

Abb. 30: Organisationskomitee der FIFA Fußball-WM 2006™[154]

Nachdem bereits im April 2004 die ehrenamtlichen Vorsitzenden der OK-Außenstellen (siehe Tabelle 6) nominiert worden waren, starteten alle hauptamtlichen Geschäftsführer in den zwölf Spielorten. Die zwölf Außenstellen des OK FIFA Fußball-WM 2006™ nahmen ebenfalls ihre Arbeit auf. Die Geschäftsführer übernahmen die operative Leitung der OK-Außenstellen. Dazu gehörte laut Pflichtenheft der FIFA die enge Kooperation mit den Fachbereichen in der OK-Zentrale genauso, wie die Schaffung einer WM-gerechten Stadion-Infrastruktur sowie die Betreuung der teilnehmenden Mannschaften und Schiedsrichter beim Turnier selbst.

Fifa WM-Stadt	Vorsitzender	Geschäftsführer
Berlin	Bernd Schiphorst	Reiner Gentz
Dortmund	Dr. Gerd Niebaum	Dr. Christian Hockenjos
Frankfurt	Rolf Hocke	Winfried Naß
Gelsenkirchen	Hermann Korfmacher	Peter Peters
Hamburg	Dr. Friedel Gütt	Kurt Krägel
Hannover	Martin Kind	Karl Rothmund
Kaiserslautern	Hans-Peter Schössler	René C. Jäggi
Köln	Karl-Josef Tanas	Thomas Polte
Leipzig	Klaus Reichenbach	Ulrich Wolter
München	Heinrich Schmidhuber	Thomas Aschauer
Nürnberg	Willy Prölß	Brigitte Berner
Stuttgart	Dr. h.c. Alfred Sengle	Thomas Weyhing

Tab. 6: Die Fußball-WM-OK-Außenstellen im Überblick[155]

Mitte Oktober 2004 startete das Volunteer-Programm. Insgesamt wurden 15.000 freiwillige Helfer gesucht, mindestens 1.000 in jeder der zwölf FIFA-WM-Städte. Hierbei kümmerten sich fast 30 Personen im OK hauptamtlich um das Volunteer-Management. Unterstützt wurde das Programm durch ODDSET, einen der Nationalen Förderer der FIFA Fußball-WM 2006™. In 26.000 Lotto-Annahmestellen wurden Informationsbroschüren verteilt und das Volunteer-Programm intensiv beworben. Bewerben konnten sich alle Interessenten allerdings ausschließlich im Internet.

Auf der offiziellen Homepage www.fifaworldcup.com wurde ein spezieller Volunteer-Bereich eingerichtet, auf dem alle Informationen und ein Bewerbungsbogen zu finden waren. Zum Vergleich: Bei den Olympischen Spielen in Athen waren 60.000 freiwillige Helfer im Einsatz. In Frankreich wurden bei der WM-Endrunde in zehn Stadien 12.000 Volunteers eingesetzt, wobei sich ca. 60.000 beworben hatten. Mehr als 25.000 Anwärter waren offiziell registriert, als am 31. Dezember 2004 die erste Bewerbungsphase im Volunteer-Programm für die FIFA Fußball-WM 2006™ endete. Eine zweite Anmeldeperiode gab es von Juni bis September 2005 und im Januar/Februar 2006 wurde eine dritte Runde durchgeführt.[156]

Auf der Abbildung 31 ist das offizielle Volunteer-Programm sowie ein Muster für ein Teilnehmerzertifikat bei der FIFA Fußball-WM 2002™ zu sehen. Alle freiwilligen Helfer, die damals am Volunteer-Programm teilgenommen hatten, bekamen eine solche Urkunde ausgestellt.

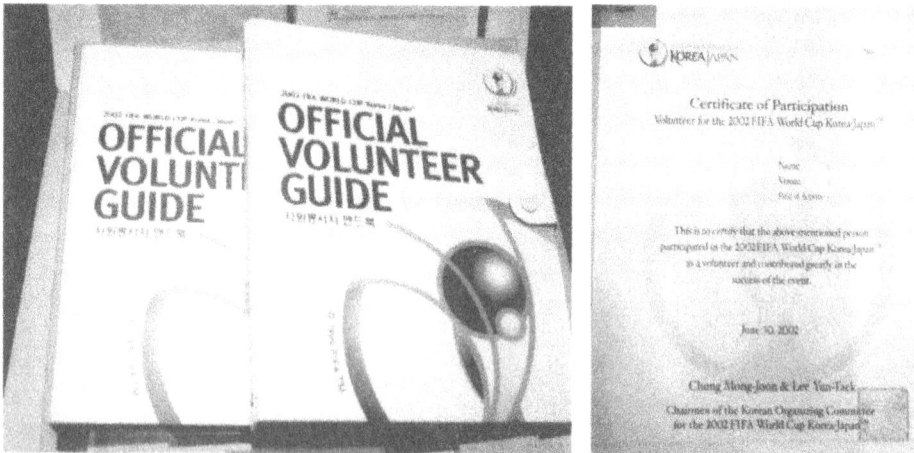

Abb. 31: Offizielles Volunteerprogramm und Teilnehmerzertifikat bei der FIFA Fußball-WM 2002™[157]

Einsatzfelder der Volunteers

Die in Abbildung 32 angeführten Einsatzfelder der Volunteers geben einen Eindruck von der Organisationsvielfalt der FIFA Fußball-WM 2006™.

Die Abteilung Akkreditierung sorgte dafür, dass alle Offiziellen Sponsoren, Teams, Medienvertreter, Dienstleister und die lokalen Mitarbeiter mit einem personalisierten Ausweis ausgestattet wurden. Dieser autorisierte die verschiedenen Personengruppen zum Zugang in die für sie vorgesehenen, abgegrenzten Bereiche im Stadion sowie zu definierten Außenbereichen.

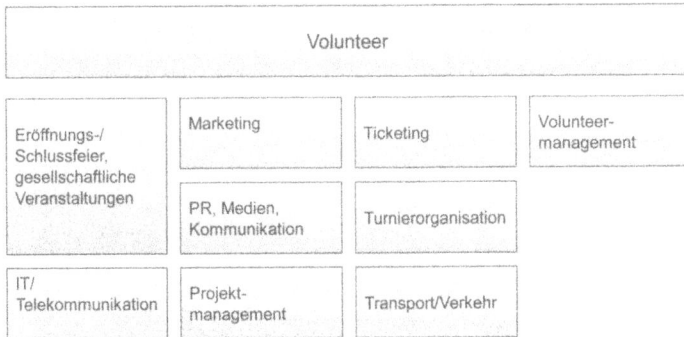

Abb. 32: Verschiedene Einsatzfelder der Volunteers[158]

Die Abteilung Eröffnungs-/Schlussfeier, gesellschaftliche Veranstaltungen war für die Planung, Organisation und Durchführung von offiziellen Veranstaltungen im Rahmen der FIFA Fußball-WM 2006™ zuständig. Hierzu zählten der FIFA-Kongress 2006 in München sowie die Auftaktveranstaltung in Berlin, die Eröffnungsfeier in München und die Schlussfeier in Berlin.

Tausende von Journalisten berichteten täglich per TV, E-Mail, Telefon oder Fax über das WM-Turnier in die ganze Welt. Um die Übertragung der Datenmengen zu bewerkstelligen, wurde ein stabiles IT- und Telekommunikationsnetzwerk benötigt. So wurden allein im Presse- und Medienbereich ca. 500 PC-Arbeitsplätze betrieben. In Abbildung 33 sind Arbeitsplätze für Medienvertreter im WM-Stadion von Seoul zu sehen. Zur Unterstützung bei der Lösung von PC-, Netzwerk- und Telekommunikationsproblemen wurden Volunteers mit entsprechenden Fachkenntnissen benötigt, die an unterschiedlichen Orten eingesetzt wurden.

Abb. 33: Arbeitsplätze für die Medienvertreter im FIFA Fußball-WM™ Stadion in Seoul[159]

Der Transport, die Anlieferung, Lagerung und Distribution aller Materialien und die sich daraus ergebenden logistischen Prozesse wurden in der Abteilung Transport und Verkehr geplant, umgesetzt und kontrolliert. Zu den logistischen Herausforderungen zählten sowohl die Organisation, die Koordination und die Kontrolle des Auf- und Abbaus zahlreicher temporärer Einrichtungen als auch die Koordination von Transport- und Anlieferungswegen im Stadion. Volunteers wurden in alle logistischen Prozesse eingebunden und halfen z.B. bei Be- und Entladungen oder den Unterhalt der Läger bei notwendigen Zwischeneinlagerungen. Die Volunteers verblieben über den gesamten Turnierverlauf in einer WM-Stadt und mussten mit flexiblen Arbeitszeiten rechnen.

Im Bereich Marketing galt es, die Werberechte der insgesamt 15 Offiziellen Partner und der sechs Nationalen Förderer durch die Volunteers umzusetzen und zu schützen. Um die Stadien wurde z.B. eine werbefreie Zone geschaffen, in der sich nur diese FIFA-Sponsoren werblich darstellen durften. Zu den Hauptaufgaben der Volunteers im Marketing gehörten die Kontrolle der Darstellung der Offiziellen Partner und der Nationalen Förderer bzw. die Sicherstellung der sonstigen Werbefreiheit im kontrollierten Gelände.

Insgesamt waren mehr als 12.000 Journalisten aus der ganzen Welt in Deutschland vertreten. In jedem der zwölf Stadien wurden lokale Stadionmedienzentren (SMC) eingerichtet. Das Internationale Medienzentrum (IMC) – und damit der Dreh- und Angelpunkt insbesondere für die Fernsehstationen aus aller Welt – wurde in der Messe München untergebracht.

In Abbildung 34 wird der Medienhype eindrucksvoll illustriert. Die Medien tragen zur Darstellung der Sponsoren bei und helfen somit bei der Vermarktung der Marken der Sponsoren.

Abb. 34: Pressefotografen vor dem Spielfeld während der FIFA Fußball-WM 2006[TM160]

Die Volunteers waren für die Medienvertreter in den Medienzentren die Hauptansprechpartner für Fragen aller Art. Sie verteilten aktuelle Informationen, wiesen die Wege in die einzelnen Medienbereiche (Tribüne, Pressekonferenz, Fotografen-Arbeitsbereiche, TV-Studios), gaben technische Instruktionen (z.B. hinsichtlich der Nutzung von ISDN-Leitungen und Internetstationen) und halfen, Spieler-Statements in alle relevanten Sprachen zu übersetzen. Da die Medienzentren schon einige Tage vor Beginn und jeden Tag während des Turniers geöffnet waren, erstreckte sich der Einsatz der Volunteers über mehrere Wochen.

Der Bereich Sicherheit war für die Schaffung einheitlicher Sicherheitsstandards an allen zwölf Spielorten verantwortlich. Getreu dem Motto „So viel Sicherheit wie nötig bei so wenig Einschränkungen wie möglich" sollte unter anderem durch umfangreiche Fanbetreuungsangebote eine friedliche und besucherfreundliche Atmosphäre gefördert werden. Volunteers unterstützten die Sicherheits- sowie die Ordnungskräfte und standen den Zuschauern als informelle Ansprechpartner zur Verfügung. Die Volunteers kamen daher in der Regel in den Stadien und Innenstädten zum Einsatz.

Im Ticketing wurden sämtliche Prozesse des Ticket-Managements, von der Sitzplatzverwaltung über die Bestellung und Ausgabe der Tickets bis hin zum Einlass der Zuschauer, koordiniert. Bis Juni 2006 wurden in allen WM-Stadien sämtliche Stadioneingänge mit elektronischen Zugangskontrollsystemen ausgestattet. Volunteers wurden sowohl mit der Ticketausgabe und -kontrolle als auch mit der Bedienung des Ticketsystems betraut.

Von der Abteilung Transport und Verkehr wurde die Beförderung der teilnehmenden Mannschaften, Offiziellen, Schiedsrichter, Medienvertreter etc. koordiniert und durchgeführt. So musste z.B. der Transport der Mannschaften und ihrer Funktionsteams von den Mannschaftsquartieren zu den Spielorten geplant und aufeinander abgestimmt werden. Volunteers in dieser Abteilung wurden vor, während und nach der Turnierphase als Fahrer der Shuttle-Fahrzeuge, als Reisebegleiter z.B. bei Busfahrten und zur administrativen Unterstützung in den regionalen bzw. örtlichen Leitzentralen eingesetzt.

Im Bereich Transport und Verkehr engagierte sich bei der FIFA Fußball-WM 2006™ in Deutschland der Offizielle Sponsor Hyundai (siehe Abbildung 35).

Abb. 35: Hyundai sponserte den Transport der WM-Gäste[^]

Die Tunierorganisation war verantwortlich für alle Aktivitäten, die im direkten Zusammen-hang mit dem Spielbetrieb standen. Dies galt für die Betreuung der Mannschaften von der Ankunft bis zur Abreise, die Koordination der Mannschaftsquartiere, einen den Regeln ent-sprechenden Ablauf der Spiele, den ordnungsgemäßen Aufbau der Trainingsplätze und Spielfelder, die Sicherstellung der medizinischen Versorgung für Teams, Offizielle und Zu-schauer sowie für die Dopingkontrollen und das Management des Schiedsrichterteams.

Eine zentrale Aufgabe der Abteilung Unterbringung und Tourismus war es, die Vorausset-zungen zu schaffen, um das Motto „Die Welt zu Gast bei Freunden" spürbar und erlebbar zu machen. Über die „2006 FIFA World Cup Accommodation Services" war allen Gästegrup-pen in ausreichender Menge eine geeignete und zielgruppengerechte Unterbringung zu fairen Preisen zur Verfügung gestellt worden. In den Hotels der FIFA und des OK, der Mannschaf-ten und Team-Delegationen wurden z.B. Volunteers als persönliche Ansprechpartner einge-setzt, die sich um alle anfallenden organisatorischen Belange von der Ankunft bis zur Abrei-se der Gruppen kümmerten.

Alle Aktivitäten, die im Zusammenhang mit dem Einsatz von Volunteers während der FIFA Fußball-WM 2006™ standen, wurden im Volunteer-Programm geplant und umgesetzt. So-wohl die Durchführung der Volunteer-Schulungen im Vorfeld der WM als auch die Einklei-dung und die Verpflegung im Volunteer-Center während der Turnierphase mussten koordi-niert werden. Die Hauptaufgabe dieser Volunteers war es, die ca. 1.000–1.200 Volunteers eines WM-Standortes zu betreuen und die Volunteer-Manager beim reibungslosen Betrieb der Volunteer-Center zu unterstützen.

3.3   Infrastruktur

Deutschland verfügte bereits vor der FIFA Fußball-WM™ über eine sehr gut ausgebaute und funktionierende Infrastruktur, die auch in der Lage war, erhöhte Verkehrsaufkommen aufzu-nehmen bzw. abzudecken.

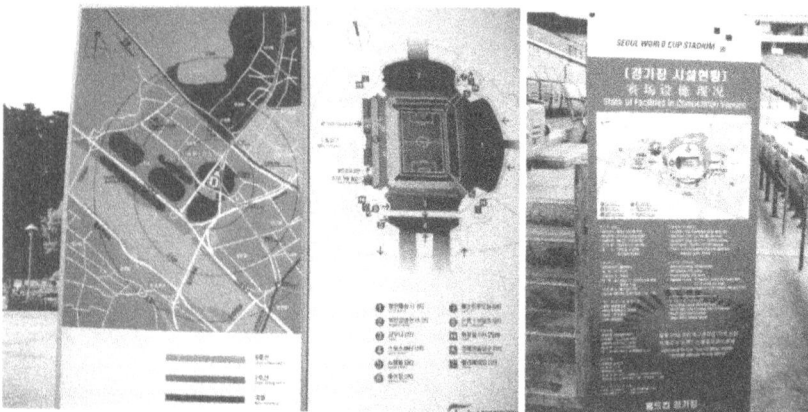

Abb. 36: Übersichtspläne des FIFA Fußball-WM™ Stadions in Seoul[162]

Die Abbildung 36 zeigt Übersichtspläne zur Orientierung der Gäste bei der FIFA Fußball-WM[TM] in Seoul.

3.3.1   Transport und Verkehr

Alle zwölf WM-Städte sind durch Autobahnen und Hochgeschwindigkeitsstrecken der Bahn verbunden. Um Staus und Engpässe zu vermeiden, wurde extra für die FIFA Fußball-WM 2006[TM] eine spezielle Wegeleitung eingerichtet. Sie wurde in einem einheitlichen Design und mit einheitlichen Piktogrammen gestaltet, um für die WM-Besucher einen hohen Wiedererkennungswert zu haben. Damit sollte der Verkehrsfluss gewährleistet werden.[163] Die Transportmittel wurden vom Offiziellen Sponsor Hyundai bereitgestellt. Allerdings handelte es sich bei den Bussen um Fahrzeuge des Konkurrenten Mercedes, da Hyundai selbst keine Busse anbietet. Die Mercedes-Busse wurden lediglich mit den Logos des Sponsors Hyundai beschriftet.

Abb. 37: Infotafel und Shuttle-Bus[164]

Die großen Bahnhöfe Köln, Frankfurt am Main, Hannover und Leipzig waren bereits vor der WM modernisiert worden. In anderen Städten, wie in Berlin, wurden die Nord-Süd-Verbindung und die Bahnhöfe Papestraße, Potsdamer Platz und der Hauptbahnhof im Rahmen der WM-Vorbereitungen auf den neuesten Stand gebracht. In den Austragungsstätten baute die Deutsche Bahn auch ihr Angebot im Nahverkehr sowie die Verbindungen zu Bussen und Straßen aus. Um den öffentlichen Personennahverkehr für die FIFA Fußball-WM[TM] zu stärken, engagierten sich die einzelnen Bundesländer finanziell, indem sie in vielen Fällen mit Finanzspritzen Finanzierungslücken schlossen.[165] Neben den Parkplätzen an den Stadien wurden für den Pkw-Verkehr auch P+R-Plätze eingerichtet. Ein Parkleitsystem führte die WM-Gäste auf unterschiedlichen Routen zu und von den Stadien und entlastete so den Verkehr. Zehn der zwölf WM-Städte erreichten die Gäste auch über den Flughafen der jeweiligen Stadt. Die Stadt Gelsenkirchen verfügt zwar über keinen eigenen Flughafen, die Gäste

konnten aber den Flughafen in Düsseldorf nutzen. Er ist innerhalb einer 30-minütigen Fahrt-
zeit zu erreichen. Wer in die WM-Stadt Kaiserslautern mit dem Flugzeug anreisen wollte,
konnte z.B. in Saarbrücken oder Zweibrücken landen.[166]

Abbildung 38 zeigt eine Infotafel zur Orientierung der Besucher in der Stadt Kaiserslautern.
Auf dem rechten Bild ist eine Shuttle-Station zu sehen. Der Sponsor Hyundai hatte dazu
extra Kleinbusse gesponsert. So konnten die offiziellen WM-Gäste bequem vom Flughafen
in die Stadien gelangen.

Abb. 38: Infotafel Verkehrswege und Transportstation[167]

Alles in allem stellte Deutschland bei der FIFA Fußball-WM 2006™ eine sehr leistungsfähi-
ge Verkehrsinfrastruktur bereit.

3.3.2   IT und Telekommunikation

Eine zentrale Rolle im Bereich der Telekommunikation spielte die Deutsche Telekom, die
gleichzeitig auch Offizieller Sponsor der FIFA Fußball-WM™ war. Sie verantwortete die
Bereitstellung aller Glasfaserkabel von den Stadien in das Fernsehzentrum in München. Von
München aus wurden die Daten, über bereits ständig eingerichtete Kabelwege, weltweit
übertragen. Neben der Bereitstellung der Verbindungswege sorgte das Unternehmen auch für
die technische Ausstattung in den Stadien. Im Vergleich zu gewöhnlichen Bundesligaspielen,
musste die Medienbühne erweitert werden. Dies bedeutete für die Deutsche Telekom, dass
sie bis zu 300 Kommentatorenpositionen auszustatten hatte. Außerdem musste das Unternehmen für die schreibende Presse bis zu 2000 Plätze mit Telefonleitungen und Internetan-
schlüssen versorgen.[168]

Die FIFA übergab dem Offiziellen Sponsor Avaya die Verantwortung, die richtigen Verbindungen während der WM-Veranstaltungen zu schaffen. Das Unternehmen baute eine Kom-
munikationslösung auf, um ein sicheres und zuverlässiges Netzwerk bereitzustellen. Das
Netzwerk diente an allen Standorten als Kommunikationsdrehscheibe für die Akkreditierung
und Logistik. Avaya ermöglichte es außerdem an allen WM-Standorten zusätzliche Informa-

tionen zu erhalten. Mit dieser Funktion unterstützte das Unternehmen Fernseh- und Radio-
kommentatoren sowie die Logistik. So konnten bspw. Hotelbuchungsbestätigungen schnell
abgerufen werden. Die Lösung von Avaya sollte alle Anforderungen erfüllen. Avaya baute
ein konvergentes weltweites Hochleistungskommunikationsnetz auf, das auf die Unterstützung zahlreicher missionskritischer Anwendungen mit höchster Sicherheit und Zuverlässig-
keit ausgelegt wurde. Fachleute betreuten das Netzwerk. Für den Endanwender konnte so
eine Netzwerkverfügbarkeit von 99,99% gewährleistet werden.[169]

Das offizielle Medienzentrum der FIFA Fußball-WM 2006[TM], mit der Bezeichnung International Broadcast Center (IBC), war die technische Zentrale für Fernsehen, Rundfunk und die
Neuen Medien. München wurde vor den weiteren Bewerberstädten Berlin, Düsseldorf,
Frankfurt am Main sowie Leipzig als Standort des IBC ausgewählt und stellte eine Fläche
von 40.000 Quadratmetern zur Verfügung. Das IBC wurde auf dem Gelände der neuen Messe, aufgeteilt in drei Hallen, eingerichtet. Die Fernsehbilder aus allen zwölf WM-Stadien
wurden zunächst in das IBC gesandt und von dort aus weltweit weitergeschickt. Wegen der
Informations- und Größenvorteile errichteten viele Fernsehanstalten auf diesem Gelände
auch ihre Studios. Vor dem Eröffnungsspiel fand auf dem neuen Messegelände in München
der FIFA-Kongress statt. Im Zeitraum von zwei Monaten konnte keine Panne größeren
Ausmaßes festgestellt werden. Die Produktionsfirma Hostbroadcast-Services (HBS), die eine
hundertprozentige Tochtergesellschaft der Infront ist, betreute das IBC. Die Infront war auch
im Besitz der TV-Rechte der FIFA Fußball-WM 2006[TM].[170]

Neben dem IBC wurde an jedem WM-Standort ein eigenes Medienzentrum eingerichtet. Die
FIFA schrieb eine Fläche von mindestens 30.000 Quadratmetern vor. In den Städten Frankfurt am Main, Hamburg, Kaiserslautern und München wurde das Medienzentrum in das
jeweilige Stadion integriert, während an den Standorten Berlin, Gelsenkirchen, Köln und
Stuttgart Zelte dafür errichtet wurden. In den WM-Städten Dortmund, Hannover, Leipzig
und Nürnberg mietete die FIFA angrenzende Gebäude und funktionierte diese als Medienzentrum um.[171]

3.3.3   Energieversorgung

Der Nationale Förderer EnBW engagierte sich während der FIFA Fußball-WM 2006[TM] im
Bereich Energie. Das Unternehmen belieferte einzelne WM-Stadien mit regenerativ erzeug-
ter Elektrizität und beriet das WM-Organisationskomitee hinsichtlich der Energieeinsparung.
Außerdem unterstützte EnBW das WM-Organisationskomitee bei der Verbreitung der Ziele
des WM-Umweltkonzeptes „Green Goal".[172]

3.3.4   Unterbringung und Tourismus

Zwei Jahre vor der WM in Deutschland wurde die Broschüre von der Deutschen Zentrale für
Tourismus (DZT) „Für alle eine runde Sache – Städte und Regionen der FIFA Fußball-
Weltmeisterschaft 2006[TM]" herausgegeben. Diese Broschüre wurde in die für den Deutsch-
landtourismus wichtigsten „Basissprachen" übersetzt und bereits vor der WM als Werbemit-
tel eingesetzt. Zusätzlich gab es auch in verschiedenen Sprachen eine komprimierte E-Book-
Version dieser Informationsbroschüre. Die DZT hatte auf ihrer Webseite www.deutschland-

tourismus.de und www.germany-tourismus.de einen eigenen Bereich zur FIFA Fußball-WM 2006™ eingerichtet. Hier erhielten die Gäste und Fans schon seit März 2004 touristische Informationen und allgemeine Tipps zum Reiseland Deutschland.[173]

3.3.5   Medizinische Versorgung

In allen Stadien und offiziellen Hotels wurden Behandlungsräume zur medizinischen Versorgung eingerichtet. An allen WM-Standorten wurden Kliniken für 24-Stunden-Notfalldienste festgelegt, um Spieler, Betreuer, Schiedsrichter, Offizielle, Ehrengäste, Medienvertreter und Zuschauer in Notfällen versorgen zu können. Die Versorgung der Zuschauer in den Stadien deckten die Helfer des Deutschen Roten Kreuzes (DRK) ab. Die FIFA hatte zuvor einen Generalvertrag mit dem DRK abgeschlossen. In 64 Spielen setzten das DRK sowie deren Kooperationspartner 8.000 Sanitäter ein. Insgesamt 200 Ärzte arbeiteten sowohl für die Versorgung in den Stadien als auch in den so genannten Team Base Camps. Für die Durchführung der Dopingkontrollen wurden nur die FIFA-Ärzte zugelassen. Institute in Köln und Kreischa werteten die Proben aus. Das Unternehmen TNT transportierte die Proben in die Institute.[174]

3.4   Städte und Stadien der FIFA Fußball-WM 2006™

Seit Vergabe der FIFA Fußball-WM 2006™ an Deutschland im Juli 2000 wurde mit Hochdruck an der Modernisierung oder sogar der Neuerrichtung der zwölf Stadien an den ausgewählten Spielorten gearbeitet. Die zumeist veralteten Fußballstadien wurden den internationalen Standards angepasst, um den von der FIFA vorgeschriebenen Pflichtenkatalog zu erfüllen.

3.4.1   Auswahl und Modernisierung der Stadien der FIFA Fußball-WM 2006™

Für die Austragung der Spiele hatten sich 16 Städte beworben. Wegen des Überangebotes an Bewerbern im Norden und Westen wurden Bremen, Düsseldorf, Leverkusen und Mönchengladbach nicht berücksichtigt. Es wurden zwölf anstatt der technisch und logistisch ausreichenden zehn Standorte ausgewählt, nicht zuletzt um eine ausgewogene Verteilung über das gesamte Bundesgebiet zu gewährleisten.[175] Die Auswahl der Spielorte ist als wesentliches Kriterium für den wirtschaftlichen Erfolg einer WM anzusehen.[176] Die Nutzung der WM-Stadien sollte nach dem Turnierende betriebswirtschaftlich gewährleistet sein, um hohe Folgekosten zu vermeiden. Als sich bspw. 2001 die Stadt Leipzig als Ausrichter für die Olympischen Spiele 2012 bewarb, war der Folgebetrieb nicht absehbar und eine weitere Finanzierung nicht gewährleistet. Nach wie vor finden in Leipzig allerdings keine Spiele der ersten oder der zweiten Fußball-Bundesliga statt.

Falls eine Nachnutzung ehemaliger FIFA Fußball-WM™ Stadien im Sportbereich wirtschaftlich nicht tragbar ist, gibt es verschiedene Möglichkeiten, um die Gebäude weiterhin sinnvoll zu nutzen. Nach der WM 2002 wurde in Seoul ein Teilbereich des ehemaligen WM-Stadions zum Shoppingcenter umfunktioniert (siehe Abbildung 39). Außerdem kann man an der ehemaligen WM-Stätte heiraten (siehe Abbildung 40). Zudem wurde im WM-Stadion ein eigenes Museum zur FIFA Fußball-WM™ eingerichtet.

Abb. 39: Shoppingcenter im WM-Stadion in Seoul[177]

Die Stadien in den deutschen Austragungsorten wurden für die FIFA Fußball-WM 2006™ umfassend modernisiert oder teilweise neu gebaut. Die FIFA schrieb in dem rund 150 Seiten umfassenden Pflichtenheft „Stadion 2006" entsprechende Standards vor.[178] Das Pflichtenheft umfasste insgesamt zehn Kriterien:[179]

1. Fassungsvermögen
2. Zuschauerkomfort
3. technische Einrichtung
4. Funktionsräume
5. Zutrittskontrolle
6. Medien
7. Außenbereich
8. Umwelt
9. Marketing
10. regionale Aspekte.

Abb. 40: World Cup Convention Center Wedding und FIFA Worldcup Museum im WM-Stadion in Seoul[80]

In der Tabelle 7 sind die zwölf Austragungsorte für die 64 Spiele der WM-Endrunde zusammengestellt:

Stadt und Stadion	Sitzplätze	WM-Spiele z.B.		
		Spiel	Gegner	Ergebnis
Berliner Olympiastadium	76.000	Finale	ITA : FRA	1:1 n.V. 5:3 i.E.
Dortmund Westfalenstadion	67.000	Halbfinale	GER : ITA	0:2 n.V.
München Allianz Arena	66.000	Halbfinale	POR : FRA	0:1
Stuttgart Gottlieb-Daimler-Stadion	54.500	Spiel um den dritten Platz	GER : POR	3:1
Gelsenkirchen Arena Auf Schalke	51.000	Viertelfinale	ENG : POR	0:0 n.V. 1:3 i.E.
Hamburg AOL Arena	50.000	Viertelfinale	ITA : UKR	3:0
Kaiserslautern Fritz-Walter-Stadion	48.500	Achtelfinale	ITA : AUS	1:0
Frankfurt Waldstadion	48.500	Viertelfinale	BRA : FRA	0:1
Nürnberg Frankenstadion	45.500	Achtelfinale	POR : NED	1:0
Köln RheinEnergieStadion	45.000	Achtelfinale	SUI : UKR	0:0 n.V. 0:3 i.E.
Hannover AWD-Arena	45.000	Achtelfinale	ESP : FRA	1:3
Leipzig Zentralstadion	44.000	Achtelfinale	ARG : MEX	2:1 n.V.

Tab. 7: Stadien der FIFA Fußball-WM 2006™ im Überblick[81]

Die Investitionen in die zwölf WM-Stadien beliefen sich auf ca. 1,4 Milliarden Euro, wobei ein Großteil dieser Investitionen auch ohne die FIFA Fußball-WM 2006™ erfolgt wäre. Allerdings wurden die Entscheidungsprozesse im Hinblick auf die notwendigen Maßnahmen beschleunigt.

Die Vergabe des Fußball-Events nach Deutschland war der wichtigste Auslöser für einige Stadionprojekte. Viele Städte waren daran interessiert, WM-Spielstandort zu werden. Dazu bedurfte es eines internationalen Maßstäben entsprechenden reinen Sitzplatzstadions. Während die Kommunen vor der Vergabe der FIFA Fußball-WM 2006™ selten bereit waren, öffentliche Gelder für die Stadionprojekte zur Verfügung zu stellen, änderte sich dies mit dem Zuschlag, das WM-Turniers in Deutschland auszutragen.[182] Dies belegen auch Neubauten von Stadien, die nicht Austragungsorte von WM-Spielen waren, z.B. in Rostock, Wolfsburg und Mönchengladbach. Die Modernisierungen erfüllen die Anforderungen an ein zeitgemäßes Fußballstadion. Diese drücken sich in vier wesentlichen Kriterien aus:

- komplette Überdachung des Stadions
- unmittelbare Nähe zum Spielfeldrand
- vielfältiges Angebot an Stadiongastronomie
- komfortable Sitzplätze

Bezüglich der Sitzplätze war in Deutschland der Wunsch der Fußballfans nach einem Erhalt der „Fankurve" (Stehplatzbereich) ausgeprägter als in anderen Ländern. Als Folge tödlicher Stadionunfälle insbesondere in den 1980er Jahren sind bei Spielen der internationalen Fußballverbände FIFA und UEFA ausschließlich Sitzplätze in den Stadien zugelassen.[183] In Deutschland wurden daher die bei Bundesligaspielen erlaubten Stehplätze bei internationalen Spielen in Sitzplatzbereiche umfunktioniert, zumeist mit umklappbaren Sitzen, die in die Geländer integriert sind. Unter Berücksichtigung dieser umfunktionierbaren Bereiche waren alle zwölf Stadien der FIFA Fußball-WM 2006™ nach Abschluss der Umbau- und Modernisierungsarbeiten reine Sitzplatz-Arenen und komplett überdacht. Zum Vergleich: Bei der WM 1974 waren 900.000 von 1,7 Millionen Stadionbesuchern auf nicht überdachten Plätzen untergebracht.

Neun der zwölf Spielstätten sind so genannte „echte Fußballstadien", das heißt das Spielfeld ist nicht von einer Laufbahn umgeben. Zur WM 1974 war das Dortmunder Westfalenstadion noch das einzige „echte Fußballstadion". Die Zuschauer sitzen dadurch näher am Spielfeld. Lediglich die WM-Stadien in Nürnberg, Stuttgart und Berlin haben noch eine Laufbahn. Im Berliner Olympiastadion konnten deshalb die Leichtathletik-Weltmeisterschaften vom 15. bis zum 23. August 2009 stattfinden.

Das Fehlen einer Laufbahn um das Spielfeld beeinträchtigt nicht eine multifunktionale Nutzung der Stadien. Die Multifunktionalität ergibt sich daraus, dass ein Stadion auch für Musikkonzerte oder andere Veranstaltungen genutzt werden kann. Diese Möglichkeiten wurden bei den neuen Stadien zumeist bewusst berücksichtigt. Deshalb wird bei der Namensvergabe neuerdings zumeist der Begriff „Arena" anstelle von „Stadion" verwendet. So werden z.B. in der Veltins Arena auf Schalke Musikkonzerte, Boxkämpfe und sogar Biathlon-Wettbewerbe veranstaltet.

Tabelle 8 zeigt die Mittelherkunft für die Investitionen in die WM-Stadien.

Stadt und Stadion	Kosten in Mio. Euro	Finanziert mit öffentl. Geldern	EK und mit Fremdkapital	Kapital-markt
Berliner Olympiastadium	242,0	x	x	
Dortmund Westfalenstadion*	36,0		x	x
München Allianz Arena	285,8		x	
Stuttgart Gottlieb-Daimler-Stadion	51,5	x	x	
Gelsenkirchen Arena Auf Schalke	192,0	x	x	
Hamburg AOL Arena	97,0	x	x	
Kaiserslautern Fritz-Walter-Stadion	48,0	x	x	
Frankfurt Waldstadion	126,0	x	x	
Nürnberg Frankenstadion	56,0	x	x	
Köln RheinEnergieStadion	110,0	x	x	
Hannover AWD-Arena	66,0	x	x	
Leipzig Zentralstadion	90,6	x	x	

* 3. Ausbaustufe

Tab. 8: Investitionen in die zwölf WM-Stadien[184]

3.4.2   WM-Stadien bei der FIFA Fußball-WM 2006™

Um einen Überblick über die zwölf WM-Austragungsorte und auch die erweiterten Möglichkeiten des Sponsorings (z.B. im Bereich Hospitality) zu erhalten, werden die wichtigsten Eckdaten zu jedem Stadion angegeben. Unter Sitzplätze werden alle bei der FIFA Fußball-WM 2006™ verfügbaren Sitzplätze verstanden, die sich aus der Brutto-Kapazität abzüglich der nicht verwendbaren Sitze (insbesondere durch Sichtbehinderungen und Sicherheitsreserven) berechnen. Die Angaben zu den Stadien entstammen der Tabelle 7. Für einige Vereine und Städte stellt der Verkauf von Stadion-Namensrechten mittlerweile eine weitere Einnahmequelle aus dem Sport-Sponsoring dar, z.B.:

- VfL Wolfsburg: Volkswagen-Arena
- Bayern München: Allianz-Arena
- VfB Stuttgart: Mercedes-Benz-Arena
- Hamburger SV: HSH-Nordbank-Arena (früher AOL-Arena)
- Borussia Dortmund: Signal Iduna Park
- Bayer Leverkusen: Bay Arena

- Hannover 96: AWD-Arena
- 1. FC Köln: Rhein-Energie Stadion
- Eintracht Frankfurt: Commerzbank-Arena
- VFL Bochum: rewirpowerStadion
- SC Freiburg: Badenova-Stadion
- 1. FC Nürnberg: easyCredit-Stadion

Abbildung 41 zeigt das von Veltins gesponserte Stadion in Gelsenkirchen, die Veltins-Arena, und Abbildung 42 zeigt das Fußballstadion in Köln, das von Rhein-Energie gesponsert wird.

Abb. 41: Veltins-Arena *in Gelsenkirchen*[185]

Abb. 42: Rhein-EnergieStadion in Köln[186]

Während der FIFA-Fußball-WM 2006™ durften die eigentlichen Sponsoren der Bundesliga-stadien nicht werben. Die Schriftzüge der Namensgeber der Stadien mussten deshalb verdeckt werden, damit die Exklusiv-Verträge zwischen den Sponsoren und der FIFA eingehalten werden konnten.[187] Allerdings werden nicht nur die Namensrechte von Fußballstadien von Unternehmen erworben, sondern es werden auch große Hallen nach namenhaften Sponsoren benannt, wie z.B. die Porsche-Arena in Stuttgart (siehe Abbildung 43).

Abb. 43: Porsche-Arena in Stuttgart[188]

Die Abbildungen 44, 45, 46, 49, 50 und 51 zeigen WM-Plakate der FIFA Fußball-WM 2006™. Jede der zwölf WM-Städte hatte ihr eigenes WM-Plakat gestaltet.

Berlin – Berliner Olympiastadion

Mit einer Brutto-Kapazität von 76.000 (66.000 Sitzplätze) war das Berliner Olympiastadion die größte WM-Spielstätte. Das in den Jahren 1934 bis 1936 erbaute Olympiastadion wurde bereits im Rahmen der WM 1974 für drei Spiele genutzt.[189] Im Rahmen einer Totalsanierung wurde das Olympiastadion renoviert und umgebaut. Der Umbau erfolgte in mehreren Abschnitten. Zwischen Ober- und Unterring wurden Gastronomie, Business-Bereiche und VIP-Logen eingebaut. Die Ehrentribüne wurde völlig neu strukturiert. Das gesamte Stadion wurde überdacht und mit einer weltweit einzigartigen Flutlichtanlage, einer hochkomplexen Beschallungsanlage und zwei Großbild-Videodisplays ausgestattet. Das Stadion verfügt über einen VIP-Vorfahrtsbereich und zwei Tiefgaragen. Die Kosten dieser Maßnahmen beliefen sich auf insgesamt 242 Millionen Euro. Davon wurden 196 Millionen Euro durch Bund und Land sowie 46 Millionen Euro durch die Betreibergesellschaft bereitgestellt.

München – Allianz Arena

Nach langen Diskussionen über einen Umbau des Münchener Olympiastadions stimmten die Einwohner der Stadt München im Jahre 2001 per Bürgerentscheid für den Neubau eines reinen Fußballstadions, das im Norden von München errichtet wurde.[190] Insbesondere die nicht überdachten Sitzplätze im Münchener Olympiastadion und der Abstand zum Spielgeschehen durch die Tartanbahn waren nicht mehr zeitgemäß. Die Allianz-Arena hat eine Brutto-Kapazität von 66.000 (59.000 Sitzplätze). Damit die Arena nicht sämtliche Veranstaltungen aus dem Olympiastadion in den Münchner Norden lockt, wurde mit der Landeshauptstadt München vereinbart, dass in der Allianz Arena nur Fußballspiele ausgetragen werden.

Das Namensrecht an der neuen Arena erwarb die Allianz für die Zeit von 2005–2020 zuzüglich einer Option über weitere fünf Jahre. Von den insgesamt 92 Millionen Euro wurden Vorauszahlungen im Rahmen der Finanzierung der Allianz Arena eingesetzt. Die Gesamtkosten der neuen Spielstätte in Höhe von 285,8 Millionen Euro wurden seinerzeit je zur Hälfte von den beiden Münchner Vereinen getragen.[191] Aufgrund der finanziellen Probleme des TSV 1860 München haben sich die „Beteiligungsverhältnisse" jedoch grundlegend verschoben, zugunsten des FC Bayern München. Erst jüngst hat die britische Zeitung Times die Allianz-Arena zum fünftschönsten Stadion der Welt gewählt, noch vor dem Estadio Santiago-Bernabeu-Stadion in Madrid.[192]

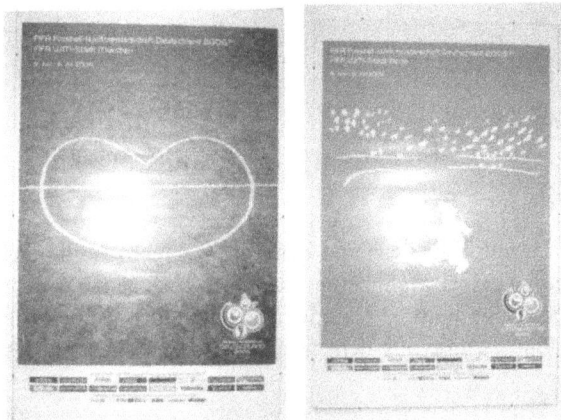

Abb. 44: WM-Plakate der Städte München und Berlin[193]

Dortmund – Westfalenstadion

Das Dortmunder Westfalenstadion wurde ursprünglich für die WM 1974 gebaut. Neben dem Ausbau der Kapazitäten (Brutto-Kapazität 67.000, Sitzplätze 60.000) wurden weitere Modernisierungen vorgenommen. Das Beschallungssystem wurde erneuert, die Pressetribüne wurde umgerüstet, VIP-Logen wurden eingerichtet, der Ehrengastbereich wurde mit modernen Sitzen ausgestattet und für Rollstuhlfahrer wurden spezielle Flächen errichtet.[194] Weiterhin wurde ein Medienzentrum gebaut und die Umkleidekabinen sowie Schiedsrichterräume wurden modernisiert. Der Umbau begann Mitte des Jahres 2002. Mit den Plänen dieser dritten Ausbaustufe im Rücken bewarb sich Dortmund als WM-Spielort. Die Kosten dieser dritten Umbaumaßnahme beliefen sich auf 36 Millionen Euro. Eine „Fondslösung" stellte die Finanzierung sicher.[195] Die Times hat das Dortmunder Stadion zum schönsten der Welt gekürt. Auf Platz 2 folgen das Giuseppe-Meazza-Stadion (San Siro) in Mailand vor der Anfield Road des FC Liverpool. In der Begründung heißt es: „Gewaltige Ränge, die die Geräusche mit einer ohrenbetäubenden Intensität auf den Rasen zurückwerfen. Dieser Platz wurde für den Fußball und für die Fans erbaut. Jedes Endspiel im Europacup sollte in Dortmund veranstaltet werden. Die beste Atmosphäre auf dem Kontinent."[196]

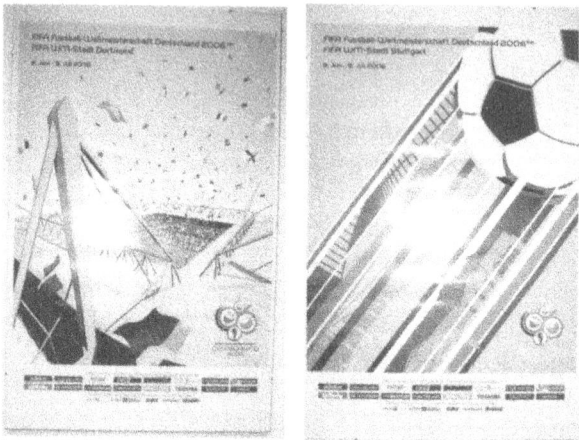

Abb. 45: WM-Plakate der Städte Dortmund und Stuttgart[197]

Stuttgart – Gottlieb-Daimler-Stadion

Zur Leichtathletik-WM 1993 in Stuttgart wurde im Rahmen des ersten Bauabschnitts das Neckar-Stadion überdacht. Zur Finanzierung dieser Maßnahme wurde das erste Namensrecht für ein Stadion in Deutschland von der Stadt Stuttgart an Daimler Benz verkauft. Gegen eine einmalige Zahlung von 3,58 Millionen Euro wurde aus dem Neckar-Stadion seinerzeit das Gottlieb-Daimler-Stadion.[198]

Das Neckar-Stadion wurde bereits 1933 gebaut. Anschließend wurden in regelmäßigen Abständen Aus- und Umbauten vorgenommen. Insbesondere im zweiten Bauabschnitt in den Jahren 1999 bis 2001 wurde auf Betreiben des VfB Stuttgart als Hauptmieter des Stadions in ein neues Business Center mit 44 Logen und 1.500 Business Seats investiert (Brutto-Kapazität 54.500, Sitzplätze 48.000). Weiterhin wurden ein Parkhaus für Businessgäste errichtet und die Räumlichkeiten für Besucher, Sportler und Medienvertreter erneuert. Die Kosten von ca. 50 Millionen Euro trug zu 80% der VfB Stuttgart. Seit Anfang 2004 wurde das Stadion in einem 3. Bauabschnitt weiter modernisiert. Sämtliche Sanitäranlagen wurden erneuert. Das Angebot an gastronomischen Einrichtungen wurde vergrößert und die Verkehrsanbindung wurde ausgebaut. Zwei neue Videowände und eine neue Beschallungsanlage waren bereits eingebaut. Die Sicherheitstechnik wurde auf den neuesten Stand gebracht und zusätzliche Kassen- und Zugangsbereiche eingerichtet. Die Kosten beliefen sich auf insgesamt 51,5 Millionen Euro. Daran beteiligte sich das Land Baden-Württemberg mit 15,3 Millionen Euro. Die restlichen 36,2 Millionen Euro trug im Wesentlichen die Stadt Stuttgart. Der VfB Stuttgart beteiligte sich mit einem geringen Anteil.[199]

Gelsenkirchen – Arena Auf Schalke

In Gelsenkirchen hatten sich die Entscheidungsträger schon frühzeitig für den Bau einer neuen Arena entschieden. Als Ersatz für das Parkstadion wurde ein reines Fußballstadion errichtet. Die Arena Auf Schalke setzte neue Maßstäbe und erfüllte bereits 2001 die Kriterien für WM-Spiele (Brutto-Kapazität 51.000, Sitzplätze 48.000). Die Arena galt als das modernste Stadion Europas. Insbesondere die technische Ausstattung war herausragend: ein Videowürfel mit vier Ansichtsflächen von je 36 m², mit verschließbarem Dach, herausfahrbarem Rasen und einer hochmodernen Lautsprecheranlage.[200]

Die Kosten für den Bau des Stadions beliefen sich insgesamt auf 192 Millionen Euro. Ein Bankenkonsortium stellte 115 Millionen Euro als langfristiges Darlehen zur Verfügung. Der Generalübernehmer beteiligte sich mit einem Darlehen in Höhe von 12,8 Millionen Euro. Die Stadion-Beteiligungs- und Immobilienverwaltungsgesellschaft (75% FC Schalke 04 e.V., 15% SPORTFIVE und 10% DSM) steuerte 33,8 Millionen Euro bei. Durch die Stadt Gelsenkirchen, die Fans, Tochtergesellschaften des FC Schalke 04 e.V. und eine Nachfinanzierung konnten 30,4 Millionen Euro bereitgestellt werden.[201]

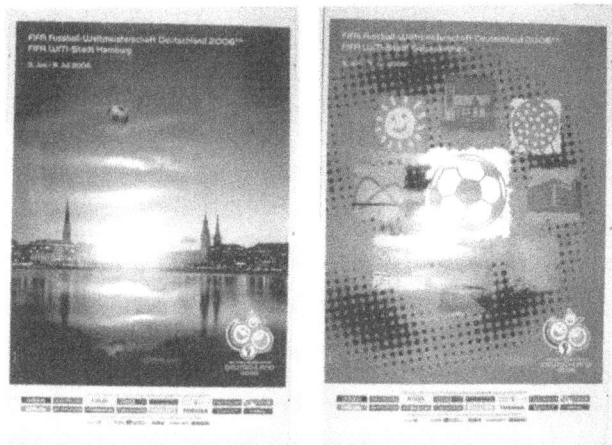

Abb. 46: WM-Plakate der Städte Hamburg und Gelsenkirchen[202]

Hamburg – AOL Arena

Bereits seit der Spielzeit 2000/01 bestreitet der Hamburger SV seine Heimspiele in der damaligen AOL Arena. Der Neubau der Arena startete 1998 mit dem Abriss des alten Volksparkstadions in vier Abschnitten. Das Spielfeld wurde gedreht und zunächst wurden die Tribünenseiten neu aufgebaut (Brutto-Kapazität 50.000, Sitzplätze 45.000). Die gesamten gastronomischen Einrichtungen, Business Seats, Logen und der Medienbereich entsprechen modernsten Standards.[203] Im Hinblick auf die Bewerbung für WM-Spiele wurden 2001 weitere 400 VIP-Plätze eingerichtet. Vor der Spielzeit 2004/05 erweiterte der HSV sein VIP-Logen-Kontingent erneut um über 800 Plätze. Auf der Westtribüne wurde für 1,9 Millionen Euro eine Großraumloge errichtet. Die Kosten für den Neubau der AOL-Arena beliefen sich auf insgesamt 97 Millionen Euro. Davon wurden 70 Millionen Euro über Fremdkapital finanziert. Die Stadt Hamburg beteiligte sich mit 11 Millionen Euro und die HSV-UFA Stadionmanagement und Verwaltungsgesellschaft (25% SPORTFIVE und 75% HSV) steuerte 16 Millionen Euro bei. Bereits während der Bauphase konnten die Namensrechte an der Arena an AOL für den Zeitraum 2001–2006 für 15,3 Millionen Euro verkauft werden.[204]

Kaiserslautern – Fritz-Walter-Stadion

In Kaiserslautern[205] gab man dem Betzenberg am 31. Oktober 1985 den Namen Fritz-Walter-Stadion.[206] Abbildung 47 zeigt eine Innenansicht des ausverkauften Fritz-Walter-Stadions während der FIFA Fußball-WM 2006™.

Abb. 47: Ausverkauftes Fritz-Walter-Stadion – Innenansicht[207]

Das Stadion wurde 1920 gebaut, ist seit Jahren der Anziehungspunkt für viele Fußballfans und zählt seit jeher zu den schönsten Fußballstadien Deutschlands. Für die Rolle als WM-Gastgeber bei der FIFA Fußball-WM 2006™ wurde eine Erweiterung der Brutto-Kapazität auf 48.500 (41.000 Sitzplätze) vorgenommen. Dazu wurden die Ost- und Westkurve ausgebaut.[208] Neben der Erweiterung wurden auch Modernisierungen vorgenommen, z.B. an der

Flutlichtanlage. Die Beschallungsanlage wurde ergänzt und ein neues Medienzentrum wurde in der Nordtribüne eingerichtet.

Abb. 48: Fritz-Walter-Stadion -- Außenansicht[209]

Auf Abbildung 48 ist ein Bild des Fritz-Walter-Stadions in Kaiserslautern in der Außenansicht während der Fußball-WM in Deutschland zu sehen.

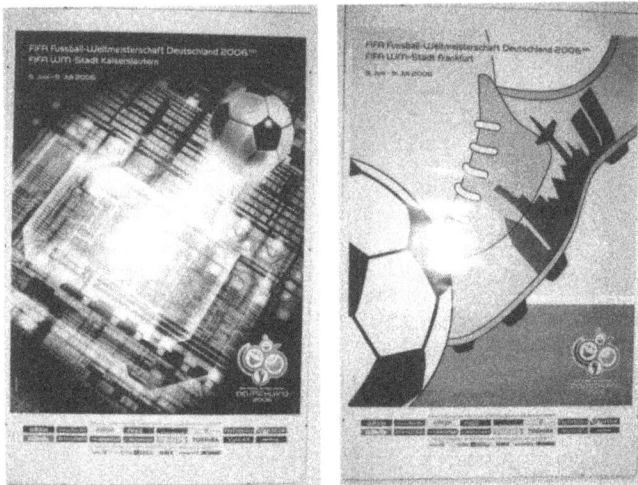

Abb. 49: WM-Plakate der Städte Kaiserslautern und Frankfurt am Main[210]

Frankfurt am Main – Waldstadion

Auch in Frankfurt am Main entschied man sich für den Neubau eines reinen Fußballstadions an der Stelle des alten Waldstadions.[211] Das Waldstadion wurde in den 1920er Jahren errichtet und stand schon zur WM 1974 und zur EM 1988 nach vorheriger Modernisierung als Spielstätte zur Verfügung. Von den Kosten des Neubaus übernahm die Stadt Frankfurt am Main 64 Millionen Euro und das Land Hessen beteiligte sich mit 20,5 Millionen Euro. Der Rest der Baukosten sollte durch den Betrieb und die Nutzung des Stadions erwirtschaftet werden. Nutzer der Spielstätte wurde neben Eintracht Frankfurt auch das NFL Europe Team der Frankfurt Galaxy. Mithin liegt die Refinanzierungslast bei diesen beiden Hauptnutzern. Insgesamt verfügt das neue Stadion über 76 VIP-Logen, die hauptsächlich in der Haupttribüne untergebracht sind. Darüber hinaus stehen ca. 1.800 Parkplätze unter den Tribünen des Stadions den VIP-Gästen zur Verfügung (Brutto-Kapazität 48.500, Sitzplätze 43.000). Das neue Stadion wurde am 31. Mai 2005 fertiggestellt. Markenzeichen der Commerzbank-Arena ist sicherlich der riesige Videowürfel, der 25 m über der Spielfeldmitte hängt. Dieser Würfel ist an der Seilkonstruktion des Daches befestigt.[212]

Nürnberg – Frankenstadion

Für 56 Millionen Euro wurde das 1991 eingeweihte Frankenstadion in Nürnberg umgebaut. Die Kosten teilten sich der Freistaat Bayern und die Stadt mit regionalen Partnern.[213] Im Rahmen der Baumaßnahmen wurde das Spielfeld abgesenkt, um Zusatztribünen einbauen zu können. Der vorhandene Medienbereich wurde vergrößert und eine Pressezentrale errichtet. Für VIP-Gäste wurden weitere Räumlichkeiten eingerichtet und es entstanden 160 zusätzliche Logenplätze. Neue Besprechungsräume, Büros für die FIFA und das Organisationskomitee entstanden hinter der Haupttribüne. Im Umfeld des Stadions wurden zusätzliche Parkplätze errichtet (Brutto-Kapazität 45.500, Sitzplätze 37.000).

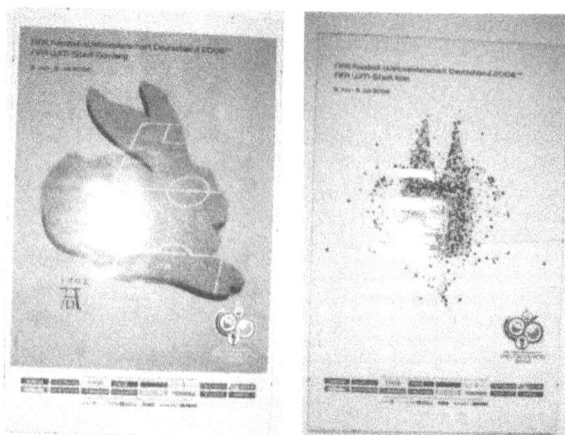

Abb. 50: WM-Plakate der Städte Nürnberg und Köln[214]

Köln – RheinEnergie Stadion

Im Sommer 2000 beschloss die Stadt Köln, vor dem Hintergrund der WM-Vergabe, das damalige Müngersdorfer Stadion in eine moderne Fußballarena umzubauen (Brutto-Kapazität 45.000, Sitzplätze 41.000). Bauherr war die Sportstätten GmbH, eine 100%ige Tochter der Stadt Köln. Die Kosten dieses Projektes beliefen sich auf insgesamt 110 Millionen Euro und wurden zum größten Teil über Fremdkapital finanziert. Für die Namensrechte an der neuen Arena konnte man das Unternehmen RheinEnergie gewinnen. RheinEnergie zahlt bis zur Spielzeit 2009/10 jährlich ca. 2 Millionen Euro.[215]

Hannover – AWD-Arena

Für insgesamt 66 Millionen Euro wurde aus dem ehemaligen Niedersachsen-Stadion die multifunktionale Fußball- und Veranstaltungs-Arena AWD-Arena.[216] Das Niedersachsenstadion wurde 1954 gebaut. Bereits bei der WM 1974 und der EM 1988 fanden im Niedersachsenstadion Spiele statt. Seit der Spielzeit 2002/03 heißt das Niedersachsenstadion AWD-Arena. Der Betreiber der AWD-Arena ist die Niedersachsenstadion Projekt- und Betriebsgesellschaft, eine Tochter der Hannover 96 Sales & Services. Bei der Finanzierung der AWD-Arena handelte es sich um ein Public-Private-Partnership-Modell. Dabei wurden ca. 60% durch private Investoren aufgebracht, während die übrigen ca. 40% durch öffentliche Mittel bereitgestellt wurden. Für VIP-Gäste stehen 29 Logen und rund 1.220 Business-Seats zur Verfügung (Brutto-Kapazität 45.000, Sitzplätze 39.000).[217]

Leipzig – Zentralstadion

Das neue Zentralstadion wurde als reines Fußballstadion innerhalb des Stadionwalls des alten 1956 eingeweihten Zentralstadions gebaut.[218] Um in den neuen Bundesländern zumindest mit einem WM-Spielstandort vertreten zu sein, war die Einrichtung dieser neuen Arena auch politisch motiviert. Von Ende 2000 bis Anfang 2004 wurden 90,6 Millionen Euro in den Neubau des Stadions investiert. Von diesen Mitteln stellten die Stadt Leipzig und der Bund 63,2 Millionen Euro zur Verfügung. Die EMKA Immobilien Beteiligungsgesellschaft steuerte die restlichen 27,4 Millionen Euro bei. Die offizielle Eröffnung fand im Sommer 2004 statt. Das Stadion verfügt über eine großzügige VIP-Lounge mit insgesamt 18 Logen, die Platz bieten für 15 bis 18 Personen. Zusätzlich gibt es einen Businessbereich für bis zu 1.200 Gäste. Dieser Bereich befindet sich sowohl im Stadion als auch im Hauptgebäude. Die beiden Bereiche sind mit einem verglasten Übergang miteinander verbunden. Die Konstruktion des Daches ist auf die Erweiterbarkeit durch ein fahrbares Spielfelddach abgestimmt. Damit kann aus dem offenen Stadion eine geschlossene Multifunktionsarena werden (Brutto-Kapazität 44.000 Sitzplätze).[219]

Das runderneuerte Zentralstadion in Leipzig wird seit der WM 2006 nur wenig genutzt. Die Traditionsvereine FC Sachsen Leipzig und 1. FC Lokomotive Leipzig spielen derzeit nur in unterklassigen Ligen, dadurch fehlt es dem Leipziger Fußballsport an Sponsorengeldern. Im März 2009 wurde das WM-Qualifikationsspiel der deutschen Fußball-Nationalmannschaft gegen Liechtenstein im Zentralstadion durchgeführt. Dennoch bleibt weiter abzuwarten, wie das Zentralstadion weiter genutzt wird.[220] Im Rahmen der Diskussionen um die organisatorischen Probleme der UEFA Fußball-EM 2012™ in Polen und der Ukraine wurde immer wieder das Leipziger Zentralstadion als alternative Spielstätte zur Sprache gebracht.

Abb. 51: WM-Plakate der Städte Hannover und Leipzig[221]

3.5   Finanzierung[222] der FIFA Fußball-WM 2006™

Das Gesamtbudget der FIFA Fußball-WM 2006™ betrug rund 450 Millionen Euro. Es setzte sich aus einem FIFA-Zuschuss, Eintrittskartenerlösen[223] sowie Sponsoring-Einnahmen durch so genannte „Nationale Förderer" zusammen[224] (siehe Abbildung 52).

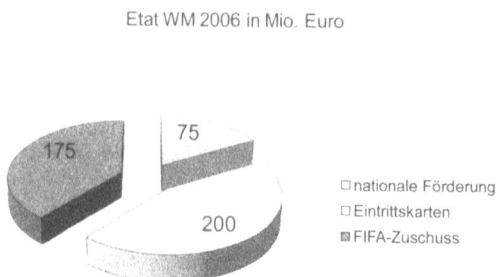

Etat WM 2006 in Mio. Euro

- nationale Förderung
- Eintrittskarten
- FIFA-Zuschuss

Abb. 52: Etat der FIFA Fußball-WM 2006™[225]

Von der FIFA erhielt das Organisationskomitee für die Ausrichtung einen finanziellen Zuschuss in Höhe von 175 Millionen Euro. Sie refinanzierte diesen Betrag über folgende Einnahmen, die sie ihrerseits aus der WM generierte:[226]

* Verkauf der Fernsehrechte (1,7 Mrd. Euro für die WM 2002 und die WM 2006)
* Verkauf der VIP-Karten (Hospitality-Vermarktung) für 175 Millionen Euro[227]
* Verkauf der weltweiten Marketing- und Lizenzrechte an 15 exklusive Sponsoren der FIFA, die jeweils 45 Millionen Euro für vier Jahre bezahlten.[228]

Den zweiten Teil des Etats refinanzierte das Organisationskomitee durch die Akquisition von bis zu sechs Unternehmen, die nationale exklusive Sponsoring-Rechte an der FIFA Fußball-WM 2006™ erwarben. Von diesen so genannten „Nationalen Förderern" erhielt das OK jeweils rund 13 Millionen Euro.[229]

Der Bereich Eintrittskarten gehörte zu den sensibelsten Aufgaben für das Organisationskomitee. Dies haben die Diskussionen um zu hohe Preise und Probleme bei der Kartenverteilung während der WM 2002 gezeigt. Für die WM-Endrunde 2006 sah sich das Organisationskomitee mit der Problematik konfrontiert, dass die Fußball-Eintrittspreise in Deutschland generell niedriger sind als im internationalen Durchschnitt.[230]

Jahr	Land	F	M	P	S
1930	Uruguay	13	18	-	434.000
1934	Italy	16	17	32	395.000
1938	France	15	18	37	483.000
1950	Brazil	13	22	34	1.337.000
1954	Switzerland	16	26	45	943.000
1958	Sweden	16	35	55	868.000
1962	Chile	16	32	56	776.000
1966	England	16	32	74	1.614.677
1970	Mexico	16	32	75	1.673.975
1974	West Germany	16	38	99	1.774.022
1978	Argentina	16	38	107	1.610.215
1982	Spain	24	52	109	1.856.227
1986	Mexico	24	52	121	2.407.431
1990	Italy	24	52	116	2.517.348
1994	USA	24	52	147	3.587.538
1998	France	32	64	171	2.785.100
2002	Korea/Japan	32	64	199	2.705.197

F = Anzahl Mannschaften in der Endrunde
M = Anzahl Spiele in der Endrunde
P = Anzahl Mannschaften in der Vorrunde
S = Zuschauer total in der Endrunde

Tab. 9: FIFA Fußball-Weltmeisterschaften[TM] und Zuschauerkapazitäten[231]

Um einen Vergleich der Zuschauerentwicklungen vornehmen zu können, sind der Tabelle 9 unter anderem die Zahlen aller vergangenen Fußball-Weltmeisterschaften zu entnehmen.

Die Universität Hohenheim führte eine Studie zum Thema „Zahlungsbereitschaft für WM-Tickets" mit dem Ergebnis durch, dass die Einführung einer zusätzlichen günstigen Preiskategorie zu einer deutlichen Akzeptanzsteigerung bei potenziellen Kartenkäufern führen würde.[232] Das Organisationskomitee hatte vier Preiskategorien festgesetzt. Die günstigsten Tickets kosteten demnach 35 Euro, gegenüber 51 Euro bei der FIFA Fußball-WM 2002™.

Spiel	Kat.1	Kat.2	Kat.3	Kat.4
Eröffnungsspiel	300	180	115	65
Gruppenspiele	100	60	45	35
Achtelfinale	120	75	60	45
Viertelfinale	180	110	85	55
Halbfinale	400	240	150	90
Spiel um den 3. Platz	120	75	60	45
Finale	600	360	220	120

- Sitze der Kategorie 1 befinden sich in der Regel in den Geraden entlang des Spielfeldes
- Sitze der Kategorie 2 grenzen in der Regel an Kategorie 1.
- Sitze der Kategorie 3 befinden sich in der Regel hinter den Toren oder in den Ecken.
- Sitze der Kategorie 4 befinden sich in der Regel hinter den Toren oder in den Ecken.

Tab. 10: Preiskategorien für Tickets bei der FIFA Fußball-WM 2006™ (in Euro)[233]

Beim Kartenverkauf schlug das Organisationskomitee mit personalisierten Eintrittskarten und einem elektronischen Einlass-Kontroll-System neue Wege ein. Ziel war es hierbei zum einen, Ticketfälschungen und den Schwarzhandel zu unterbinden, und zum anderen, die Sicherheit zu erhöhen, indem bestimmte Personen durch personenbezogene Eintrittskarten vom Ticketerwerb ausgeschlossen werden konnten. Kernpunkte bei der Kartenverteilung waren der überwiegende Vertrieb über die Internetplattform des Offiziellen Sponsors Yahoo!, die Bezahlung mit Kreditkarte über den Offiziellen Sponsor MasterCard sowie nicht übertragbare Tickets. Das innovative Konzept sollte nach der WM von den Stadionbetreibern für Bundesligaspiele und andere Großveranstaltungen genutzt werden können.[234]

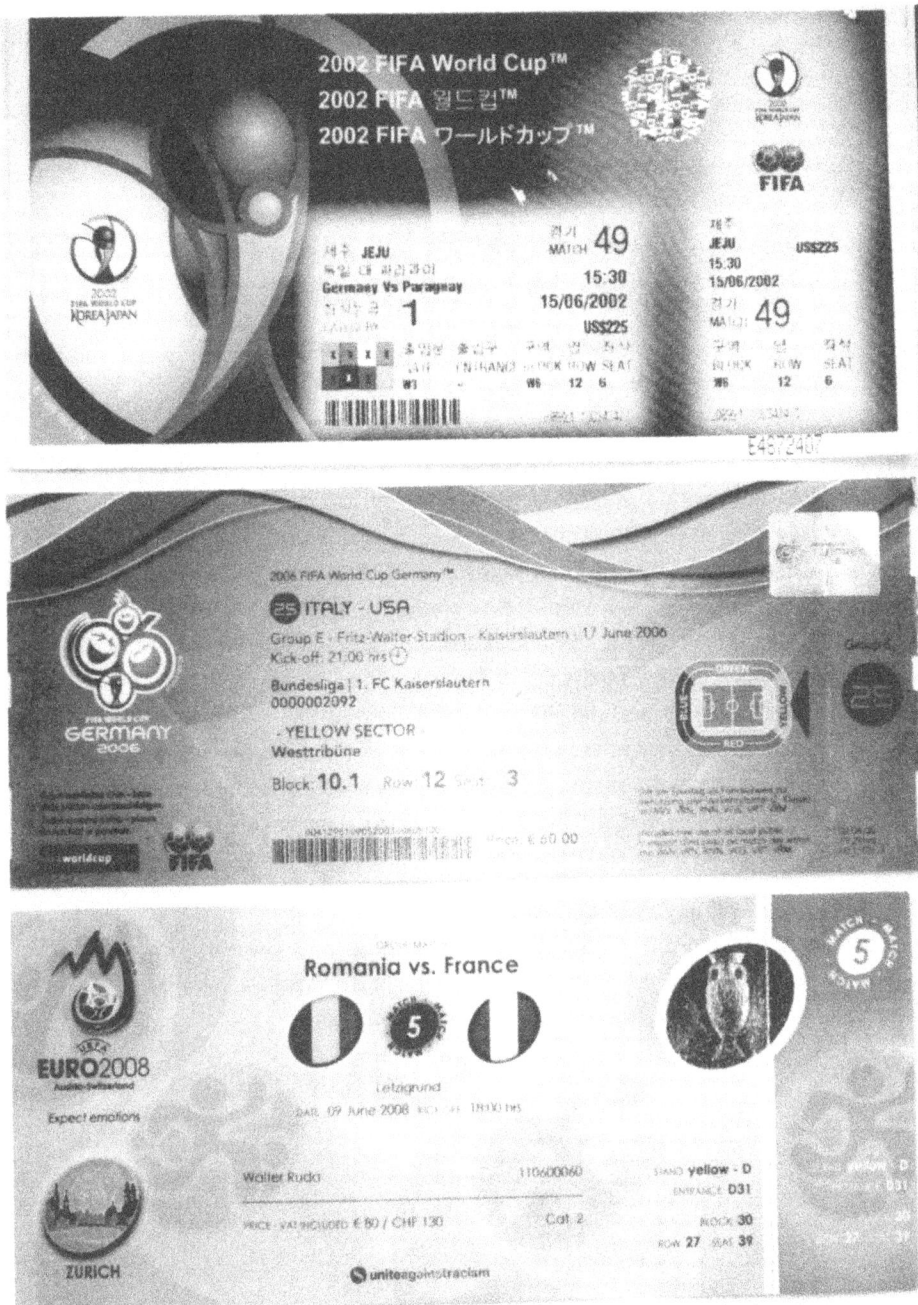

Abb. 53: Tickets der WM 2002 und 2006 sowie Tickets der EM 2008[35]

Nach der Fußball-WM in Deutschland konnte die FIFA auch in finanzieller Hinsicht eine positive Bilanz ziehen und schaffte eine solide Kapitalbasis für die Zukunft. Dabei ist anzumerken, dass die Bildung ausreichend finanzieller Rücklagen für die FIFA auch eine große strategische Bedeutung hat. Das WM-Turnier ist ein „Star"-Produkt, von dem die FIFA in wirtschaftlicher Hinsicht abhängig ist, denn die Fußball-Weltmeisterschaften stellen ihre größte Einnahmequelle dar. Außerdem lässt sich dieses Mega-Event kaum noch gegen Ausfälle versichern. Schon alleine deswegen ist die Bildung ausreichender Rücklagen notwendig.[236]

Die Finanzierung der FIFA Fußball-WM 2006™ kann als Erfolg gewertet werden. Die FIFA verkaufte rund 100% der Eintrittskarten und somit weitaus mehr, als kalkuliert. Mehr als 3,3 Millionen Zuschauer besuchten die Spiele in den zwölf WM-Stadien. Die Fernsehanstalten verzeichneten Quotenrekorde. Millionen von Zuschauern schauten sich die Spiele und Ereignisse zudem auf Großleinwänden an und feierten auf offiziellen Fanfesten und Public Viewing-Veranstaltungen.[237]

Das Organisationskomitee erwirtschaftete mit der WM 2006 in Deutschland einen Überschuss von 135 Millionen Euro. Nach Abzug der Körperschafts- und Gewerbesteuer sowie der Rückerstattung für den Organisationszuschuss an die FIFA verblieb ein Gewinn von 56,6 Millionen Euro, der jeweils hälftig an den Deutschen Fußball-Bund (DFB) und die Deutsche Fußball Liga (DFL) verteilt wurde. Der DFB überwies 20 Millionen Euro der 28,25 Millionen Euro an die Landesverbände, damit diese den Schulfußball, den Mädchenfußball sowie die Ausländerintegration in den Fußballsport fördern können. Außerdem flossen 18 Millionen Euro an die Stadionbetreiber und 3,6 Millionen Euro an die Austragungsstädte, wobei diese Zahlen bereits im Etat enthalten waren und nicht aus dem Überschuss finanziert wurden. Alle Überschussanteile, die sowohl an den DFB als auch an die DFL flossen, waren an gemeinnützige Zwecke gebunden. Letztendlich wurden die Überschussanteile in erster Linie dafür eingesetzt, die Infrastruktur des Fußballs zu stärken.[238]

Laut der Bundesagentur für Arbeit wurden durch die FIFA Fußball-WM™ kurzfristig etwa 50.000 zusätzliche Stellen, vor allem im Hotel- und Gaststättengewerbe sowie im Sicherheitssektor, geschaffen. Nach einer Studie der Universität Hohenheim hat das WM-Turnier ein „Zusatzeinkommen" von 4,7 Milliarden Euro erwirtschaftet.[239]

4 Marketing bei der FIFA Fußball-WM 2006[TM]

Gerade das Marketing spielt bei den FIFA Fußball-Weltmeisterschaften[TM] eine wichtige und entscheidende Rolle. Zum einen lebt ein solches Event vom Öffentlichkeitsinteresse und zum anderen wird mittlerweile ein Großteil der Finanzierung über Sponsoring abgedeckt. Sponsoren erwarten für ihre finanzielle Unterstützung auch eine entsprechende Gegenleistung. Ihre obersten Ziele sind dabei zumeist die Steigerung des Bekanntheitsgrads und die Verbesserung des Images.

4.1 Marketingprogramm der FIFA Fußball-WM 2006[TM]

Für die zwölf WM-Städte hatte die FIFA ein eigenes Marketingprogramm mit der Bezeichnung „Host City Programms" entwickelt, das den Städten bestimmte Marketingrechte gewährte, um damit Refinanzierungsmöglichkeiten zu erhalten. Die Marketingrechte der Städte umfassten:[240]

- Werbebanner im Stadion
- Darstellungsrechte im Stadion
- Städteplakate
- Städtemedaillen

- FIFA Fußball-WM 2006[TM]-Werbegeschenke mit Städtelogo
- Internet
- Host City Events

Die Struktur dieses Marketingprogramms wird in Abbildung 54 dargestellt.

Infront:
weltweite TV-Rechte

FIFA Veranstaltungsorganisation

FIFA Marketing & TV
weltweite Marketingrechte

OK FIFA WM 2006[TM]

15 offizielle Partner

Ca. 300 Lizenznehmer

6 nationale Förderer

Ab 2004/2005 zwölf Zweigstellen des Lokalen Organisationskomitees in allen Spielorten der FIFA Fußball-Weltmeisterschaft 2006[TM]

12 Spielorte/Stadien für die FIFA WM 2006[TM]

Abb. 54: Marketingstruktur der FIFA WM 2006[TM][241]

4.2   Public Viewing-Veranstaltungen

Ein unvergessliches Ereignis für jeden Fußballfan ist sicherlich das Feiern vor, während und
nach den Spielen zusammen mit anderen Fußballanhängern oder seiner eigenen Fangemeinde. Gerade das Gemeinschaftsgefühl verzaubert die Fanfeste mit ihrer besonderen Atmosphäre, die noch lange in den Köpfen der Beteiligten haften bleibt. Diese Langzeitwirkung
verdeutlicht die große Bedeutung von Public Viewing-Veranstaltungen. Beim Public Viewing sehen sich viele Zuschauer gemeinsam live eine Übertragung eines medialen Großer-
eignisses an, das an öffentlichen Standorten wie Stadtplätzen, Straßenzügen, Flughäfen,
Einkaufszentren oder Gaststätten übertragen wird. Schon bei der FIFA Fußball-WM 2002™
in Südkorea und Japan waren die Public Viewing-Veranstaltungen ein großer Erfolg. Auf
den beiden Abbildungen 55 und 56 ist einerseits der überfüllte „Seoul Plaza" während der
WM zu sehen und andererseits zu veranstaltungsfreien Zeiten. Der „Seoul Plaza" liegt direkt
gegenüber der City Hall und bietet Platz für 100.000 Personen auf ca. 130.000 m².

Abb. 55: Public Viewing während der FIFA Fußball-WM 2002™ in Seoul[242]

Gemeinsam mit der FIFA und dem OK erarbeiteten die zwölf WM-Städte das Konzept zum Fanfest. Dabei finanzierte die FIFA in jeder dieser Städte eine Großleinwand inklusive der dazugehörigen Technik sowie den Fernsehbildern mit maximal 700.000 Euro pro WM-Stadt. Die restlichen Kosten übernahmen die einzelnen Städte.

In Frankfurt wurde eine Leinwand sogar mitten auf dem Main aufgestellt. Getragen wurde das Konstrukt von 22 m langen Hydraulikstelzen. Fußballfans verfolgten die WM-Geschehnisse von beiden Seiten des Mainufers mit. Die Stadt Hamburg installierte eine Großleinwand auf dem Heiligengeistfels neben dem Millerntor-Stadion. Dortmund stellte den Friedensplatz zur Verfügung. Auf dem Schlossplatz in Stuttgart waren sogar gleich fünf Leinwände aufgebaut. In Berlin konnten die Fans Live-Übertragungen vom Sony Center, von der Waldbühne sowie der adidas-Arena aus betrachten. Düsseldorf gestaltete das Paul-Janes-Stadion zum „Stadtwerke Düsseldorf Fan Stadion" um. Gleich mehrere Großleinwände wurden in München im Olympiapark aufgebaut.

Neben Großleinwänden und vielen Fanfesten in den Städten konnten die Fans auf so genannten „Fanmeilen" ihre Mannschaften ausgelassen feiern. In Berlin wurde hierzu z.B. die Straße des 17. Juni zur Fanmeile umgestaltet.

Abb. 56: Ehemaliger Public Viewing-Platz der FIFA Fußball-WM 2002[™] in Seoul zu spielfreien Zeiten[™]

Kaiserslautern als kleinste WM-Stadt verfügte über die längste WM-Meile, auf der Gäste aus der ganzen Welt feierten. Vom Hauptbahnhof Kaiserslautern bis in die Innenstadt reihten sich Stände mit kulinarischen Genüssen und internationalen Getränken sowie Musikbühnen aneinander. Außerdem bot Kaiserslautern dem Fanpublikum mehrere Großleinwände, auf denen die Fans die Spiele außerhalb der Stadien verfolgen konnten.[244]

Abb. 57: Offizieller Fanshop bei der FIFA Fußball-WM 2006[TM245]

Die ausländischen Gäste in Kaiserslautern kamen vor allem aus den Ländern, deren Spiele im Fritz-Walter-Stadion ausgetragen wurden: Japan, Italien, USA, Paraguay, Trinidad/Tobago, Saudi Arabien und Australien. Außerordentlich viele Fans reisten aus „Down Under" an, um ihre Mannschaft im Achtelfinale gegen Italien leidenschaftlich zu unterstützen.[246] Die Abbildungen 57–60 zeigen mehrere Fotos zum Thema Fans, Fanmeile und Public Viewing. Neben einem offiziellen Fanshop ist eine vom Offiziellen Sponsor Coca-Cola errichtete Bühne zu sehen, auf der Fußballfans ausgelassen feierten. In den Straßen entlang der Fanmeile in Kaiserslautern begeisterten sich die Fans aus den verschiedensten Nationen.

Abb. 58: Coca-Cola Bühne bei einem Fanfest während der FIFA Fußball-WM 2006[TM247]

In der Mehrzahl der Fälle liefen diese multikulturellen Begegnungen sehr friedlich ab und Deutschland konnte sich als Gastgeberland mit dem Slogan „Die Welt zu Gast bei Freunden" profilieren.

Abb. 59: Fans vor einem Spiel in Frankfurt am Main und auf der Fanmeile in Kaiserslautern[248]

Zum Public Viewing gab es im Vorfeld eine Diskussion über die Erlaubnis und den Umgang des so genannten Public Viewings zwischen der FIFA und dem DFB. Als Ergebnis wurden die Public Viewing-Marketingrichtlinien der Schweizer Rechteagentur Infront und Media erlassen, die die FIFA mit der Übertragung der Fernsehrechte beauftragt hatte. Die Richtlinien sahen vor, dass der Veranstalter eines Public Viewing-Events eine Lizenz von Infront zu erwerben hatte. Grundsätzlich musste der Veranstalter das genehmigte Spiel live oder in voller Länge zeigen. Sponsoren durften bei diesem Lizenzvertrag nicht oder nur in sehr eingeschränkter Form eingebunden werden.

Für Public Viewing-Veranstaltungen, bei denen der Zutritt ohne direkte oder indirekte Eintrittsgelder möglich war, wurde keine Lizenzgebühr erhoben und diese mußten auch nicht bei Infront angemeldet werden.[249]

Abb. 60: Auf der Fanmeile in Kaiserslautern nach dem Spiel Australien gegen Japan[250]

4.3   Hospitality

„Hospitality ist ein populäres Tool, um als Gastgeber ausgewählter Veranstaltungen aufzutreten und sich seinen Gästen in exklusiver Umgebung einmal abseits des Business zu prä-

sentieren. Für die Veranstalter bieten sich hier Einnahmequellen mit Entwicklungspotenzia-
len, denn rein quantitativ steht dem Angebot in vielen Fällen eine noch größere Nachfrage
gegenüber."[251]

Abbildung 61 zeigt eine Orientierungstafel für verschiedene Hopitality-Bereiche während
der WM in Deutschland.

Abb. 61: Hospitality während der FIFA-Fußball-WM 2006[TM252]

Im Rahmen des Hospitality-Pakets erhielten die Offiziellen Partner und Nationalen Förderer
der FIFA Fußball-WM™ für ihre Gäste die besten Plätze im Stadion. Hinzu kam ein den
individuellen Bedürfnissen angepasster Empfang in ansprechend dekorierten Bereichen innerhalb des Stadions oder in unmittelbarer Nähe der Sitzplätze. Die Offiziellen Partner und
Nationalen Förderer konnten die Art des Empfangs bestimmen, der ihren Gästen geboten
wurde. Vom Cocktailempfang mit Stehtischen bis hin zum umfangreichen gastronomischen
Buffet mit Sitzgelegenheit konnte gewählt werden.

Hospitality-Veranstaltungen eignen sich, um Kontakte zu knüpfen und Netzwerke zu bilden,
oder um die bestehenden Netzwerke zu erweitern. Anders ausgedrückt dient Hopitality als
Tool zur Kundenakquise, Kundenpflege und Kundenbindung.[253] Das Ambiente von Sportveranstaltungen ist für die Pflege der Geschäftskontakte und des Kundenbeziehungsmana-
gements besonders förderlich, denn es stellt ein verändertes Umfeld im Vergleich zur alltäglichen Geschäftsbeziehung dar.[254] Die Hospitality-Gastgeber können sich für feste Kontin-
gente oder aber auch einmalige Events engagieren. Neben Sportveranstaltungen genießen
exklusive Bereiche auch bei Musik- oder Kulturevents große Beliebtheit, wobei der Bedarf
der VIP-Plätze eine steigende Tendenz aufweist. Unter den Mega-Events werden die Sportarten Fußball, Tennis und Basketball am häufigsten für Hospitality-Maßnahmen genutzt.
Fußball führt hier mit 78% mit großem Abstand, gefolgt von Tennis mit 27% und Basketball
mit 16%.[255] Allein in der Fußball-Bundesliga werden an Spiel-Wochenenden zwischen
20.000 und 30.000 Gäste im VIP-Bereich empfangen. Bei Sportveranstaltungen werden auch
immer wieder die Sportler selbst nach dem Wettkampf in die „Betreuung" der Gäste in den
VIP-Lounges einbezogen.

Für die FIFA Fußball-WM 2006™ hatte das Unternehmen iSe-Hospitality, mit Sitz in Zürich, die weltweiten Exklusivrechte erworben. Sie konzipierte, plante und führte das komplette Hospitality-Programm durch. Das Schweizer Unternehmen vermarktete eigenständig
ca. 10% des gesamten Kartenkontingents für die Bewirtung von Ehrengästen in VIP-

Räumen, Logen und Business Seats.[256] Die Zielgruppe des Hospitality-Programms waren Unternehmen, die die Plattform eines Fußball-Weltmeisterschaftsspiels in exklusiver Umgebung für ihre Unternehmenskommunikation mit Geschäftspartnern oder Mitarbeitern nutzen wollten.

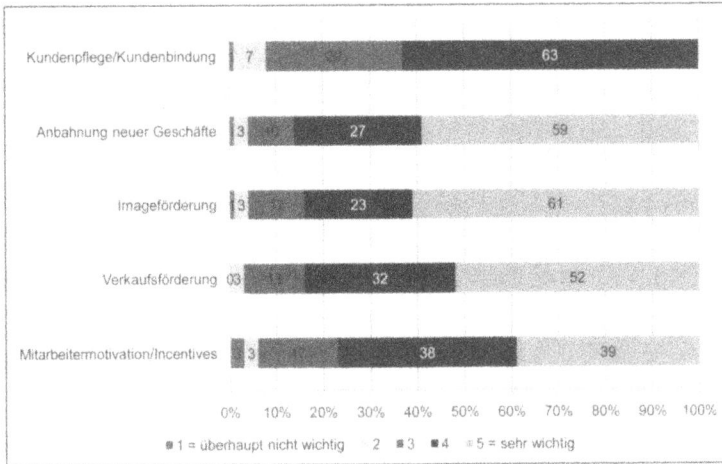

Abb. 62: Kommunikationsziele von Hospitality[257]

Auf den Gästelisten der „Hopitality"-Gastgeber stehen Kunden, Dienstleister, Zulieferer, Vertrieb- und Kooperationspartner, Mitarbeiter, Politiker, Meinungsführer, Medienvertreter, Aktionäre, aber auch Freunde und Familienangehörige. Bei 71% der Gastgeber stehen Kunden auf der Einladungsliste. Danach folgen Vertriebs- und Kooperationspartner mit 63% sowie die Mitarbeiter der Unternehmen mit 47%. Hospitality wird somit vor allem im Business-to-Business-Bereich als ein Instrument der Unternehmenskommunikation eingesetzt.[258] Mit Hospitalitiy-Maßnahmen verfolgen die „Gastgeber-Unternehmen" unterschiedliche Zielsetzungen.[259] In der Sympathie Hospitality-Grundlagenstudie 2009 von Sportfive gaben 92% der befragten Unternehmen an, dass sie die Kundenpflege und -bindung als sehr wichtig erachten. Die meisten Unternehmen sehen auch die Entwicklung von Neugeschäft sowie die Verkaufs- und Imageförderung als wichtig bzw. sehr wichtig an. Daneben nutzen 77% die Hospitality-Maßnahmen zur Motivation ihrer Mitarbeiter und verfolgen somit nicht nur nach außen gerichtete Ziele, sondern auch nach innen gerichtete Maßnahmen zur Anreizgestaltung des Personals.

Die Abbildung 62 zeigt, wie die Gastgeber-Unternehmen die Kommunikationsziele beim Hospitality bewerten.

Als die wichtigsten Bewertungsaspekte geben die Hospitality-Gäste das persönliche Interesse, den Termin des Events sowie die Beziehung zum Gastgeber an. Diesen Aspekten folgen die räumliche Nähe zum Veranstaltungsort und die Hochwertigkeit des Events.[260] Die meisten Hospitality-Einladungen werden für Sportveranstaltungen ausgesprochen. In der Sportfive Hospitality-Grundlagenstudie gaben 72% der befragten Unternehmen an, dass sie Gastgeber bei Sport-Events seien. Kultur-Events folgen mit 67% sowie Musik-Events mit 61% und sind unter den Gastgebern ebenso populär. 19% der Hospitality-Veranstalter haben sich ausschließlich auf Sportveranstaltungen beschränkt, während andere ihre Gäste zu Events aus verschiedenen Bereichen einladen.[261]

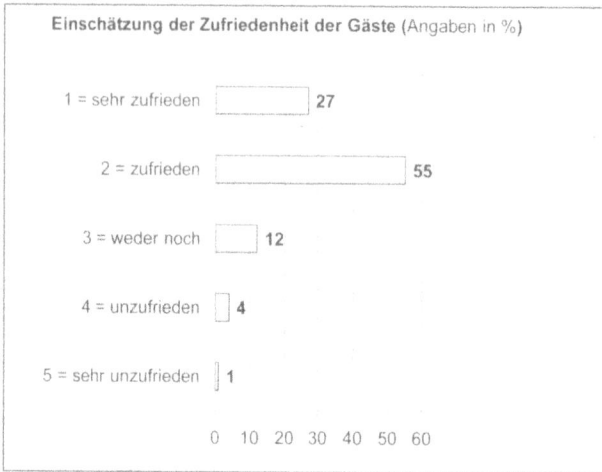

Einschätzung der Zufriedenheit der Gäste (Angaben in %)

1 = sehr zufrieden	27
2 = zufrieden	55
3 = weder noch	12
4 = unzufrieden	4
5 = sehr unzufrieden	1

0   10   20   30   40   50   60

Abb. 63: Einschätzung der Zufriedenheit der Gäste[262]

Der Großteil der Hospitality-Gäste war zufrieden bis sehr zufrieden (82%), wie der Abbildung 63 zu entnehmen ist. Der herausragende Grund für diese Zufriedenheit ist eindeutig die Atmosphäre beim Hospitality. Zu diesem Ergebnis kommt die Sportfive Hospitality-Studie 2005 (siehe Abbildung 64).

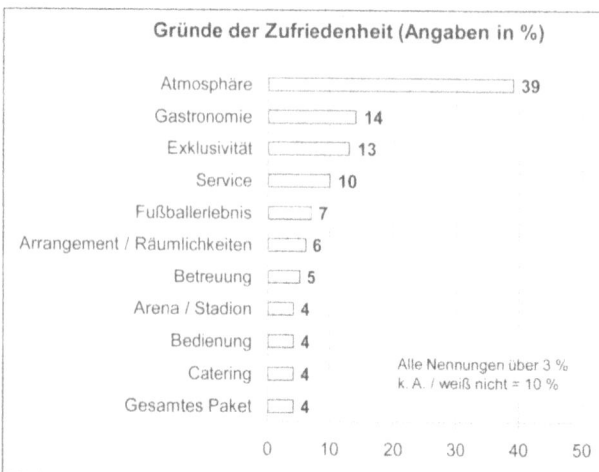

Gründe der Zufriedenheit (Angaben in %)

Atmosphäre	39
Gastronomie	14
Exklusivität	13
Service	10
Fußballerlebnis	7
Arrangement / Räumlichkeiten	6
Betreuung	5
Arena / Stadion	4
Bedienung	4
Catering	4
Gesamtes Paket	4

Alle Nennungen über 3 %
k. A. / weiß nicht = 10 %

0   10   20   30   40   50

Abb. 64: Gründe der Zufriedenheit der Gäste[263]

Die FIFA stellt hohe Anforderungen im Bereich Hospitality. Bis zu 10.000 Besucher pro Spiel wurden im Vorfeld der Veranstaltung in diesem Segment erwartet.[264] Die VIP-Bereiche der deutschen WM-Stadien waren ursprünglich für diese Größenordnung eigentlich nicht ausgerichtet. Wie in Kapitel 3.4 schon erläutert, wurden insbesondere für den Bereich Hospitality die VIP-Logen und Business-Seats in den einzelnen Stadien entweder neu errichtet oder renoviert. In der Arena Auf Schalke standen lediglich ca. 3.000 Plätze zur Bewirtung von VIP-Kunden zur Verfügung,[265] deshalb wurden die Ehrengäste bei der FIFA Fußball-WM 2006™ zusätzlich in separaten Zelten bewirtet.

Im gastronomischen Bereich gab es neben dem Hospitality-Angebot weitere Anbieter, die speziell WM-Gäste bewirteten, wie in Abbildung 65 zu sehen ist.

Abb. 65: Event-Gastronomie während der FIFA-Fußball-WM 2006™ in Kaiserslautern[266]

Das Hospitality bietet den Sponsoren viele Möglichkeiten. Allerdings existieren teilweise rechtliche Unklarheiten zum Einsatz dieses Kommunikationsinstrumentes. So wurde z.B. Utz Claassen, der damalige Vorstandsvorsitzende der EnBW, 2006 von der Staatsanwaltschaft Karlsruhe wegen Vorteilsgewährung gem. §333 StGB angeklagt. Ihm wurde vorgeworfen, Gutscheine per Weihnachtspost für den Besuch von WM-Spielen für VIP-Logen im Namen des Unternehmens EnBW verschenkt zu haben. Die Einladungen gingen unter anderem an mehrere Minister des Landes Baden-Württemberg. Letztendlich entschied das LG in Karlsruhe auf Freispruch. Diese Entscheidung konnte die Verunsicherung der Sponsoren teilweise entschärfen. Die Sponsoren können nun auf einige Anhaltspunkte zurückgreifen, die ihnen eine rechtskonforme Verhaltensweise im Zusammenhang mit Hospitality-Einladungen ermöglicht. Allerdings ist Vorsicht geboten, denn verallgemeinerungsfähige Aussagen zur Strafbarkeit von Hospitality werden vom Gesetzgeber deutlich abgelehnt.[267]

4.4   Lizenzen

Die Produktion und Distribution von Werbeartikeln, die im Zusammenhang mit den offiziellen Event-Marken der FIFA stehen, ist nur den kommerziellen Partnern der FIFA Fußball-WM™ vorbehalten. Um Dritten ein Nutzungsrecht an gewerblichen Schutzrechten (z.B. Patente, Gebrauchsmuster oder eingetragene Marken) unter definierten Bedingungen einzuräumen, werden Lizenzen vergeben. Für ausgewählte Verkaufsartikel aus unterschiedlichen Produktgruppen besteht also die Möglichkeit, so genannte „non-branded Lizenzen" zu erwerben.[268]

Die Lizenznehmer haben die Möglichkeit, die von ihnen erworbenen Lizenzen[269] als Promotion-Werkzeuge einzusetzen. Sie können so von der Bekanntheit drei starker Marken, dem offiziellen Emblem, dem WM-Pokal und dem offiziellen Maskottchen, profitieren.[270]

4.5   Sponsoring

Den wesentlichen Bereich des Marketings der FIFA Fußball-WM™ stellte das Sponsoring dar, das zum großen Teil zur Finanzierung dieses Events beitrug. Sponsoren erwarben Exklusiv-Marketingrechte, um ihre Produkte oder ihre Dienstleistungen vor und während des WM-Turniers zu präsentieren. Schon seit 1982 beteiligen sich internationale Großunternehmen durchgehend am Sponsoring der FIFA Fußball-WM™. Auf diesen Teilbereich wird im folgenden Abschnitt eingegangen.

4.5.1   Sponsoring-Konzept

Die FIFA Fußball-WM 2006™ wurde als „hochgeschätztes Produkt und globale Qualitätsmarke" von der FIFA etabliert. Durch diese gute Ausgangssituation zur Vermarktung konnten 15 „Offizielle Partner" und sechs „Nationale Förderer" gewonnen werden. Neben dem Prädikatsponsoring vermarktete die FIFA zudem Lizenzrechte zur Herstellung und zum Vertrieb von Fanartikeln und das Hospitality-Programm zur Bewirtung der Ehrengäste und VIP-Räume sowie ganze Logen.

Im Rahmen der Lizenzvergabe erteilte die FIFA die Lizenzrechte zur Herstellung und zum Vertrieb der offiziellen WM-Fanartikel an ausgewählte Unternehmen.[271] Eine besondere Rolle unter den Lizenznehmern kam hierbei der Karstadt-Quelle (heute die in Insovenz gegangene Arcandor) zu, die bundesweit ca. 300 „Offizielle Shops der FIFA Fußball-WM 2006™" betrieb, in denen die Merchandising-Artikel[272] angeboten wurden.

Sonderrechte erhielten die zwölf WM-Spielstädte im Marketingprogramm der FIFA. Die Städte durften mit dem Status als Austragungsort werben, bestimmte Lizenzrechte, wie z.B. die Herstellung von Gedenkmünzen, wahrnehmen, Teile der Bandenwerbung nutzen und eigene WM-Marken erstellen, wobei die Rechte der Offiziellen Partner und Nationalen Förderer gewahrt bleiben mussten.[273]

Im Sponsoring-Konzept[274] der FIFA Fußball-WM 2006™ kam dem Prädikatsponsoring, das im folgenden Abschnitt vorgestellt wird, die wichtigste Bedeutung zu.

4.5.2 Prädikatsponsoring

Beim Prädikatsponsoring ist zwischen den 15 „Offiziellen Partnern" und den sechs „Nationalen Förderern" zu unterscheiden.

Abbildung 66 zeigt zwei Stelltafeln, auf denen alle Offiziellen Sponsoren sowie die Nationalen Förderer der FIFA-Fußball-WM 2006™ in Deutschland aufgeführt sind. Auf dem linken Bild ist außerdem oben neben dem Logo auch „Goleo", das WM-Maskottchen, zu sehen.

Abb. 66: Offizielle Partner und Nationale Förderer der FIFA Fußball-WM 2006™[275]

Die Sponsorenverträge als „Offizielle Partner der FIFA Fußball-WM 2006™" wurden zwischen dem Veranstalter FIFA und den Unternehmen geschlossen. Die Unternehmen erwarben exklusive und weltweite Marketingrechte, z.B. das Recht, das Unternehmen und die Produkte oder Dienstleistungen mit der FIFA Fußball-WM 2006™ in Verbindung zu bringen sowie Gewinnspiele und Werbekampagnen mit Eintrittskarten durchzuführen.
Die „Nationalen Förderer" wurden vom DFB als Ausrichter akquiriert und erhielten nationale Exklusiv-Marketingrechte für Deutschland. Das zentrale Auswahlkriterium wiederum war, dass die Produktkategorien der Nationalen Förderer nicht in Konkurrenz zu denen der Offiziellen Partner stehen durften.[276]

Die 15 Offiziellen Partner der FIFA Fußball-WM 2006™

Die Offiziellen Partner sind Unternehmen, ohne deren wesentlichen Beitrag die Veranstaltungen der FIFA nicht möglich wären.[277]

Zu den Offiziellen Sponsoren der FIFA Fußball-WM 2006™ gehörten zahlreiche internationale Unternehmen, die pro Spiel zwei oder vier Banden zur Verfügung gestellt bekamen. Damit wurden Verbraucher in etwa 200 Ländern erreicht.[278]

Abb. 67: TV- Werbung und Bandenwerbung des Offiziellen Sponsors MasterCard[279]

Auf den Abbildungen 67 und 68 sind verschiedene Werbemaßnahmen des Unternehmens MasterCard, einem der Offiziellen Förderer, zu sehen. Neben TV-Spots warb MasterCard mit Banden am Spielfeldrand sowie mit Werbetafeln außerhalb der Stadien.

Abb. 68: Werbung des Offiziellen Sponsors MasterCard[280]

Zwölf der 15 Offiziellen Partner der FIFA Fußball-WM 2006™ waren bereits Sponsoren der FIFA Fußball-WM 2002™ in Südkorea und Japan: Yahoo!, Philips, MasterCard, Gillette, Avaya, adidas, Toshiba, McDonalds, Hyundai, Fujifilm, Coca-Cola und Anheuser-Busch (heute Anheuser-Busch InBev). Dies belegt eine gewisse Kontinuität beim Sport-Sponsoring der FIFA. Neue Partner waren für die FIFA Fußball-WM 2006™ die Unternehmen Continental, Deutsche Telekom und Fly Emirates. Interessant ist, dass in der jährlichen Brand-Markenwert-Studie der Marktforscher von Millward Brown, mit Coca-Cola (Markenwert: 67,6 Milliarden USD) und McDonald's (Markenwert: 66,6 Milliarden USD), immerhin zwei der Sponsoren zu den Top 5 der wertvollsten Marken der Welt gehören.[281] Nachfolgend stellt Abbildung 69 verschiedene Werbeaktionen des Automobilunternehmens Hyundai dar, ein Offizieller Sponsor der FIFA Fußball-WM 2006[TM].

Abb. 69: Verschiedene Werbebeispiele des Offiziellen Sponsors Hyundai[282]

Die sechs Nationalen Förderer der FIFA Fußball-WM 2006[TM]

Der Durchschnittsförderbeitrag aller sechs Nationalen Förderer lag bei ca. 13 Millionen Euro.[283] Die Deutsche Bahn erhielt den letzten von sechs möglichen Plätzen der Nationalen Förderer der FIFA Fußball-WM 2006[TM]. Zuvor warb das Organisationskomitee die Energiebetriebe Baden-Württemberg (EnBW), die Hamburg-Mannheimer-Versicherung, die Postbank, die Bau- und Heimwerker-Marktkette OBI sowie ODDSET, die Sportwette von Lotto, als Nationale Förderer.

Abbildung 70 zeigt einen Werbeauftritt von Oddset direkt vor dem WM-Stadion in Frankfurt am Main.

Abb. 70: Werbeaktion des Nationalen Förderers ODDSET[284]

Bei der WM-Bewerbung Deutschlands gehörten die Unternehmen adidas, Albingia-Versicherungen, Bayer, Deutsche Bahn, Deutsche Telekom, Dresdner Bank, Lufthansa und Mercedes-Benz dem Sponsorenpool an.[285] Mit adidas und der Deutschen Telekom entschieden sich zwei Unternehmen an dem Sponsorenpool für das weitergehende Engagement als „Offizielle Partner der FIFA Fußball-WM 2006™". Die Deutsche Bahn war der einzige Nationale Förderer, der sich bereits bei der WM-Bewerbung engagierte. Als Nationaler Förderer unterstützte die Deutsche Bahn auch den Medien-Service mit einer außergewöhnlichen Dienstleistung für Journalisten: Gleichzeitig mit ihrer WM-Akkreditierung erhielten rund 6.000 Medienvertreter die Berechtigung, sechs Wochen lang auf dem gesamten Nah- und Fernverkehrsnetz der Deutschen Bahn individuell und kostenfrei zu reisen. Weitere Unternehmen aus der Luftfahrt- und Automobilbranche kamen wegen des Sponsoren-Schutzes der Offiziellen Partner als Nationale Förderer nicht mehr in Frage.

Dem Hamburg-Mannheimer-Versicherungs-Konzern kam unter den Nationalen Förderern eine besondere Rolle zu, denn er fungierte gleichzeitig als „Offizieller Versicherer" der FIFA Fußball-WM 2006™. Insgesamt fielen rund 4,8 Millionen Euro an Versicherungsprämien an, unter anderem für den Schutz gegen den Ausfall oder die Verlegung des WM-Turniers sowie gegen Unfälle, Personen- und Vermögensschäden. Die große Bedeutung dieses Offiziellen Versicherers wird deutlich, wenn man berücksichtigt, dass die Versicherungsgruppe Axa die Ausfallversicherung nach den Terroranschlägen vom 11. September 2001 gekündigt hatte und die FIFA daraufhin einen neuen Versicherer nur mit deutlich höheren Prämien finden konnte.

4.6 Awareness der Sponsoren der FIFA Fußball-WM 2006™

Deutschland als Austragungsort und Gastgeberland der WM verbesserte weltweit sein Image erheblich. Zu diesem Ergebnis kommt eine Umfrage des Europäischen Tourismus Instituts (ETI) in Trier vom September 2006. Darin bestätigten 96% der Befragten, dass Deutschland ein sehr guter WM-Gastgeber war.[286]

Neben ökonomischen Faktoren wie Umsatz, Absatz oder Gewinn war der Bekanntheitsgrad (Awareness) eines Unternehmens ein weiterer entscheidender Faktor, um die Wirkung von Kommunikationsmaßnahmen zu messen. Nach einer durch die Universität Hohenheim durchgeführten Studie[287] konnten praktisch alle Offiziellen Partner den Bekanntheitsgrad ihrer WM-Sponsoring-Aktivitäten von Mai 2006 bis Juli 2006 steigern. Im Vergleich zur Umfrage vom Mai 2006 und der im unmittelbaren Anschluss an die FIFA Fußball-WM™ durchgeführten Befragung konnten Hyundai (+25%-Punkte), Avaya (+21%-Punkte) und Fly Emirates (+19%-Punkte) am stärksten von ihren Sponsoring-Tätigkeiten profitieren. Hierbei ist allerdings zu berücksichtigen, dass insbesondere Avaya und Fly Emirates vor dem WM-Turnier einen nur sehr geringen Bekanntheitsgrad aufwiesen. Vor diesem Hintergrund ist vor allem der starke Anstieg des Bekanntheitsgrades von Hyundai, deren Engagement im WM-Vorfeld der FIFA Fußball-WM™ zumindest ca. 25% der Bevölkerung bekannt war, hervorzuheben.[288]

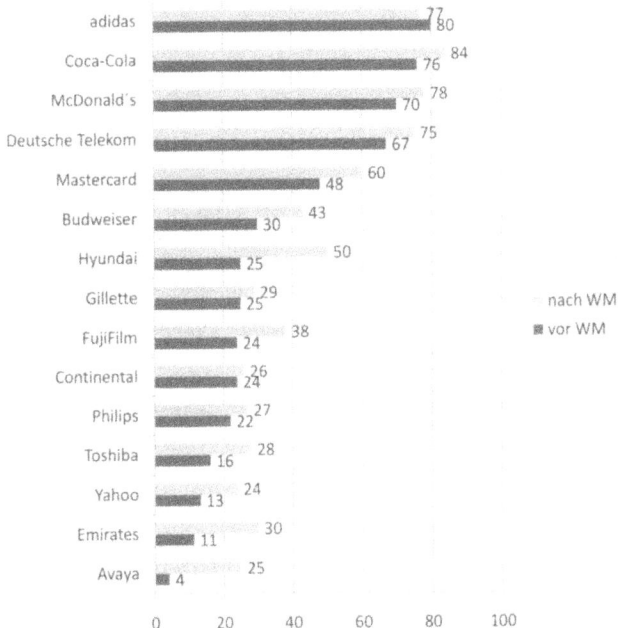

Abb. 71: Bekanntheit der Offiziellen Sponsoren bei der FIFA Fußball-WM 2006™[289]

Auch die Nationalen Förderer konnten überwiegend von der WM profitieren. Auf die Frage „Welche Unternehmen sind Ihrer Ansicht nach nationale Förderer der WM 2006?" ergaben sich im Vergleich zu den Ergebnissen vom Mai 2006 bei allen Nationalen Förderern höhere Nennungsanteile innerhalb der Befragung im unmittelbaren Anschluss an die WM. Eine besonders große Zunahme konnten im Vergleich zur Mai-Befragung die Nationalen Förderer EnBW sowie Postbank verzeichnen. ODDSET verzeichnete allerdings einen Rückgang in der Bekanntheit.[290] Das kann damit zusammenhängen, dass der Bekanntheitsgrad von ODD-SET schon vor der WM exorbitant angestiegen war. Möglicherweise kam hier der Wettskandal um den Schiedsrichter Hoyzer zum Tragen, der dazu führte, dass verstärkt über das Wettgeschäft im Allgemeinen und damit auch über Oddset im Speziellen in den Medien diskutiert wurde.

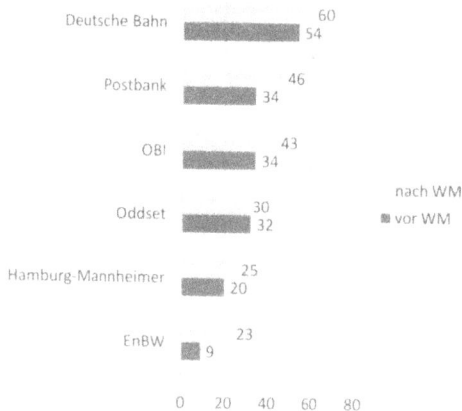

Abb. 72: Bekanntheit der Nationalen Förderer bei der FIFA Fußball-WM 2006[TM291]

In einer weiteren Studie von Sport+Markt wird den Sponsoren der FIFA Fußball-WM 2006™ insgesamt eine gute Awareness-Bilanz ausgestellt. Zu den „Awareness-Siegern" aus der Kategorie der FIFA-Partner zählen adidas (86%), Deutsche Telekom (85%), Coca-Cola (85%) und McDonald's (83%). Bei den Nationalen Förderern lagen die Postbank (73%) und die Deutsche Bahn (71%) vorne. Tabelle 11 zeigt die Ergebnisse zur Bekanntheit der WM-Sponsoren.

Den Managern der Fußball-Bundesligisten wurde die Frage gestellt: „Welche Auswirkungen hat die Fußball-WM 2006 auf die folgenden Aspekte?". Sie sollten angeben, ob sie in Bezug auf die vorgegebenen Kriterien von der Fußball-WM „eher positive Auswirkungen", „keine Auswirkungen" oder „eher negative Auswirkungen" erwarten würden. Die Ergebnisse verdeutlichen, dass durch die Fußball-WM 2006 von 96% der Befragten eher positive Auswirkungen auf das Image des deutschen Profifußballs allgemein sowie von 88% der Befragten eher positive Auswirkungen des Interesses von Sponsoren am Profifußball erwartet wurden.[292]

Sponsor	März 2006	Juni 2006
Adidas	82%	86%
T-Com/T-Mobile/Deutsche Telekom	78%	85%
Coca-Cola	75%	85%
McDonald´s	71%	83%
Postbank	62%	73%
Deutsche Bahn	57%	71%
MasterCard	61%	66%
OBI	62%	59%
Yellow Strom	46%	58%
Hamburg Mannheimer	35%	55%
ODDSET	51%	52%
Toshiba	46%	48%
Hyundai	32%	48%
Fujifilm	40%	36%
Philips	35%	36%
Continental	34%	31%
Budweiser	30%	30%
Gillette	26%	26%
Emirates	12%	24%
Yahoo!	23%	23%
EnBW	18%	16%
Avaya	4%	12%

Basis (Juni-Welle): 1001 Befr. ab 14 J. bundesw. Bevölkerungsrepräsentativ
Basis (März-Welle): 1000 Befr. ab 14 J. bundesw. Bevölkerungsrepräsentativ

Tab. 11: Bekanntheit der FIFA Fußball-WM^{TM}-Sponsoren (gestützt)[293]

Abb. 73: Goodby FIFA Fußball- WM 2006^{TM}[294]

5 Fallbeispiele ausgewählter Offizieller Sponsoring-Partner

In den folgenden Abschnitten wird das Sponsoring von fünf der Offiziellen Partner der FIFA Fußball-WM 2006™ näher erläutert. Stellvertretend hierfür werden die Kommunikationsaktivitäten von adidas, Deutsche Telekom, Fly Emirates, Anheuser-Busch InBev und Coca-Cola untersucht. adidas (86%), Deutsche Telekom (85%) und Coca-Cola (85%) weisen nach der Sport+Markt-Umfrage[295] zum einen den höchsten Bekanntheitsgrad auf. Zum anderen sind Budweiser (30%) und Fly Emirates (24%) nur auf den hinteren Rangplätzen der Bekanntheit vertreten.

5.1 adidas

adidas ist an den Börsen von Frankfurt am Main sowie Paris notiert und hat im Jahr 2008 mit rund 39.000 Beschäftigten einen Umsatz von ca. 7,8 Milliarden Euro erzielt.[296] Zu adidas gehören die Marken adidas, Reebok, Taylor Made und Rockport.[297] Bei der WM 2006 trat das Unternehmen ausschließlich unter der Marke adidas auf. adidas erhielt als Offizieller Partner weltweite Exklusivrechte und konnte damit Produkte und Dienstleistungen mit der WM in Verbindung bringen. Zusätzlich war es adidas als Lizenznehmer erlaubt, mit Marken der FIFA Fußball-WM 2006™ versehene Produkte herzustellen und zu vertreiben. Zu diesen Exklusivrechten zählten Vorkaufsrechte für Fernsehwerbung und Werbeflächen in allen WM-Stadien. Die Partnerschaft erlaubte es, Gewinnspiele und Werbekampagnen mit Eintrittskarten für die FIFA Fußball-WM 2006™ zu veranstalten.[298] adidas stellte die Ausrüstung der Offiziellen und den Spielball bei jedem Match. Unabhängig davon war adidas Ausrüster einiger Fußball-Nationalmannschaften.[299]

5.1.1 Sponsoringhistorie und -konzept von adidas

Schon zur Fußball-WM 1954 stattete Adi Dassler, der Unternehmensgründer, persönlich die Deutsche Fußball-Nationalmannschaft mit neu entwickelten Schraubstollenschuhen aus, mit denen Deutschland im legendären Finale gegen Ungarn Fußball-Weltmeister wurde. Die neue Technik revolutionierte fortan den Markt und brachte adidas einen unvergleichlichen Marketing- und Geschäftserfolg. 1963 produzierte adidas die ersten Fußbälle. Neben der Ausstattung einiger Mannschaften lieferte adidas 1970 bei der Fußball-WM in Mexiko den offiziellen Spielball Telstar.[300] Im Jahr 1974 fand die WM zum ersten Mal in Deutschland statt. 80% aller Spieler, darunter auch die deutschen Fußball-Weltmeister um Franz Beckenbauer, trugen adidas-Schuhe. Einen weiteren großen Schub für das Unternehmen brachte die WM 1990 in Italien, bei der Deutschland zum dritten Mal Fußball-Weltmeister wurde, zu 100% mit adidas-Produkten ausgestattet. 1994 verzeichnete das Unternehmen einen deutlichen Aufwärtstrend bei Umsatz und Ertrag. Dazu trug auch der neue Fußballschuh Predator (Raubtier) bei, der in einer groß angelegten Marketingkampagne zur WM 1994 in den USA eingeführt wurde.

Übernahme von Salomon und Reebok

Parallel zur Übernahme von Salomon wurde 1997 in einer weitreichenden Marketingkampagne eine neue Generation von „adidas-Athleten" vorgestellt, die das moderne „Gesicht" des Unternehmens repräsentieren sollten. Im Mittelpunkt standen Sportler wie David Beckham und Alessandro del Piero (Fußball), Anna Kournikova (Tennis) und Kobe Bryant (Basketball). Bei der WM 1998 in Frankreich stellte adidas-Salomon nicht nur den offiziellen Spielball des Turniers, sondern trat auch als Offizieller Sponsor auf.[301] Mit der Kampagne „La victoire est en nous" begleitete adidas bei der WM 1998 die französische Fußball-Nationalmannschaft zum Titelgewinn. Mit dem Sieg der französischen Nationalelf konnte die Marke adidas weiter deutlich an Popularität gewinnen. Dies führte dazu, dass adidas im Jahr 1999 zum ersten Mal seit Beginn der 1990er Jahre wieder die Führungsposition im französischen Sportartikelmarkt übernehmen konnte und seitdem auch behält.

Abb. 74: adidas-Werbung in Seoul[302]

Der Schwerpunkt im Jahr 2000 lag für adidas-Salomon im Bereich des Fußballs bei der EM in Belgien und den Niederlanden. Stars wie Zinédine Zidane, David Beckham und Patrick Kluivert trugen das adidas-Equipment „Predator Precision Schuhe". Darüber hinaus verlängerte adidas-Salomon das Engagement als Offizieller Partner für die FIFA Fußball-WM 2002[TM] und die FIFA Fußball-WM 2006[TM]. Als Offizieller Partner der WM in Südkorea und

Japan untermauerte adidas-Salomon die Vormachtstellung als Ausstatter im Bereich Fußball und gewann weiter an Bekanntheit im prosperierenden Wirtschaftsraum Asien.

2004 startete das Unternehmen mit „Impossible is nothing" eine weltweite Marketingkampagne, die zeigte, dass adidas mit Sportlern aus der ganzen Welt die Einstellung teilt, das Unmögliche möglich zu machen. Die Kampagne wurde mit Platz zwei der Online-Kampagen 2007 ausgezeichnet. Robert Huber, Online Juror, beurteilte diesen Award wie folgt:

„Mit der Weiterführung des Markenkonzepts „Impossible is Nothing" präsentiert adidas eine Kampagne, in der jeder ermutigt wird, den ersten Schritt zu tun, um seine persönlichen Grenzen zu überwinden. Ein großer Wurf. Selten ist es Werbern so gut gelungen, die Ehrlichkeit und Authentizität der Testimonials einzufangen. Die Kampagne überzeugt durch emotionale Bilder, aufwühlende Geschichten und eine technisch und visuell perfekte Umsetzung. Selbst Sportmuffeln dürfte es schwer fallen, sich der Suggestivkraft der Kampagne zu entziehen. Die Landingpage lädt zum Verweilen ein. Besser kann man seine Produkte nicht inszenieren. Für mich ist das eine herausragende Kampagne. Eine echte Inspiration."[303]

Dazu passend wurde Griechenland, ausgestattet von adidas-Salomon, als Außenseiter bei der EM 2004 in Portugal unter der Leitung des deutschen Coaches Otto Rehhagel Fußball-Europameister. Anfang Mai 2005 kündigte adidas-Salomon die Veräußerung des Geschäftssegments Salomon an die finnische Amer Sports Corporation an. Am 9. Oktober 2005 wurde die Transaktion, mit Wirkung zum 30. September 2005, formell abgeschlossen. Der Verkauf des verlustreichen Geschäftsbereiches Salomon brachte 485 Millionen Euro ein.[304]

Am 31. Januar 2006 übernahm adidas den US-amerikanischen Konkurrenten und Sportartikelhersteller Reebok.[305]

Verlängerung der Partnerschaft mit der FIFA

Im Januar 2005 wurde die Partnerschaft zwischen adidas und der FIFA für die Fußball-WM 2010[TM] und die Fußball-WM 2014[TM] verlängert.[306] In der dazuzugehörigen Pressemitteilung wird Herbert Hainer, adidas-Vorstandsvorsitzender, zitiert: „Im Fußball sagt man ‚Never change a winning team'. adidas und die FIFA haben in den vergangenen 35 Jahren bewiesen, dass sie eine solche erfolgreiche Mannschaft sind. Wir haben eine gemeinsame Geschichte und eine gemeinsame Leidenschaft: die Leidenschaft für den Fußball. Deshalb sind wir besonders stolz und erfreut, unsere einzigartige Partnerschaft bis 2014 fortsetzen zu können."

Hainer wird weiter zitiert: „adidas und die FIFA werden weiterhin bei zahlreichen Projekten eng zusammenarbeiten, von weltweiten Entwicklungsprogrammen bis zur Unterstützung des Frauenfußballs, von Veranstaltungen für den Fußballnachwuchs über das FIFA Goal Projekt bis hin zur FIFA Fußball-WM[TM]. Durch unsere Partnerschaft mit der FIFA können wir unsere Position als weltweit führende Fußballmarke weiter festigen und ausbauen."[307]

Joseph S. Blatter, Präsident der FIFA, kommentierte die Vertragsverlängerung wie folgt: „Im Laufe der Zeit ist aus der geschäftlichen Partnerschaft zwischen adidas und der FIFA eine echte Freundschaft erwachsen. Der Fußball und adidas sind untrennbar miteinander verbunden. Nach einer offenen, umfangreichen Ausschreibung ist die FIFA äußerst erfreut darüber, diese Beziehung weiter ausbauen und vertiefen zu können."[308]

Strategie beim Sponsoring von adidas

adidas konzentriert sich beim Sponsoring vorrangig auf einzelne Sportler unterschiedlicher Sportarten. Adi Dassler[309] tat dies schon im Jahr 1936, als er bei den Olympischen Spielen von Berlin Jesse Owens persönlich betreute, der in „Dassler-Schuhen" mit vier Goldmedaillen der erfolgreichste Sportler der Spiele wurde. Die adidas Stars von heute sind und waren (ehemalige) Weltklasseathleten aus den unterschiedlichsten Sportarten, wie z.B. Michael Ballack (Fußball), Kevin Garnett (Basketball), Maurice Greene (Leichtathletik), André Agassi und Justin Henin-Hardenne (Tennis), Ian Thorpe (Schwimmen) und Sergio Garcia (Golf).[310]

Der größte Werbeträger im Sponsoring-Konzept von adidas ist David Beckham. Der englische Fußball-Nationalspieler ist seit 1997 bei adidas unter Vertrag. Im März 2004 stellten adidas und Beckham ein gemeinsames Logo vor, das seit November 2004 die Lifestyle Kollektion ziert.[311] Teil der Kollektion ist der persönliche adidas-Schuh „Predator Pulse Thumbprint" von David Beckham, der neben dem Logo der Nummer und dem Autogramm von David Beckham als zusätzliches Designelement seinen Fingerabdruck, trägt.[312] Beckham ist sehr werbewirksam: Nicht nur sein Fußballspiel, auch sein Privatleben mit Victoria Beckham, einem ehemaligen „Spice Girl", interessiert die Öffentlichkeit. Er ist Vorbild für junge Fußballspieler, aber auch Trendsetter für viele Jugendliche in der ganzen Welt. Für den Global Player adidas eröffnete das neue Märkte. Beckham ist nicht nur Werbefigur in Europa, er ist auf allen Kontinenten, insbesondere im Wachstumsmarkt Asien, bekannt. Mittlerweile spielt David Beckham bei Los Angeles Galaxy und temporär für den AC Mailand.

Neben Sportlern sponsert das Unternehmen auch Teams wie z.B. den FC Bayern München, AC Mailand, Real Madrid und River Plate Buenos Aires. Mit dem langjährigen Partner Bayern München ist adidas sogar über eine 10%-ige Beteiligung eine strategische Partnerschaft eingegangen. Mit der Aktion „Komm Mit", bei der Fußballturniere für Jugendliche ausgerichtet werden, unterstützt adidas, als Kooperationspartner des DFB, den Bereich Jugendarbeit (siehe Abbildung 75).

Abb. 75: adidas als Sponsoring-Partner des DFB[313]

5.1.2   adidas als Sponsor bei der FIFA Fußball-WM 2006™

Der „Anpfiff" zur FIFA Fußball-WM 2006™ erfolgte mit einer internationalen Konferenz „Visions of Football", die vom 27. bis 29. Juli 2005 in München stattfand.[314] Über 60 Referenten waren eingeladen, um in verschiedenen Modulen über Fußball und Gesellschaft, Fußball und Medien, Fußball und Business, Fußball und Training sowie über Fußball und Medizin zu referieren.

Werbekampagne „Die Herrscher des Impossible Field"

Im Bereich Fußball und Business stellte Herbert Hainer das Sponsoring-Konzept von adidas vor. Im Jahr 2005 eröffnete adidas die Kommunikationsoffensive zum WM-Turnier 2006 mit der Werbekampagne „Die Herrscher des Impossible Field".[315] In diesem Werbefilm zeigten von adidas gesponserte, internationale Fußballstars gegen gesichtslose Gegner ihr Können am Ball. Die Kampagne war für die weltweite Vermarktung konzipiert. Dies zeigt auch die Auswahl der Spieler: David Beckham stand mit seiner eigenen Kollektion im Mittelpunkt, Michael Ballack war der deutsche Werbeträger, Kaká der brasilianische Mittelfeldstar und gleichzeitig Werbefigur in Italien bei „seinem" damaligen Klub AC Mailand. Raul als spanischer Vorzeigespieler, Javier Saviola aus dem „Fußball-Land" Argentinien und letztlich Jermain Defoe, ein aufstrebender englischer Spieler, waren die weiteren Testimonials von adidas.

Abb. 76: Werbeplakat am Headquarter von adidas[316]

Die Abbildung 76 zeigt ein überdimensionales Werbeplakat an einer Wand des Headquarters von adidas in Herzogenaurach. Der Hintergrund wurde mit den Farben der argentinischen Fußball-Nationalmannschaft, eine der damaligen großen WM-Favoriten, gestaltet.

Ausstattung der Volunteers

adidas stattete die Schiedsrichter sowie die ca. 14.000 Volunteers mit einheitlicher Beklei-dung aus. Die Ausstattung der Volunteers war mit dem Logo von adidas und dem der WM versehen. In den Austragungsstädten sowie in den Stadien fielen die Volunteers mit ihrer Kleidung während der Fernsehübertragungen auf und stellten somit die visuelle Präsenz des Unternehmens adidas auch mit dieser Maßnahme sicher. Daneben stattete adidas sechs Fuß-ball-Nationalmannschaften mit Trikots aus. Dabei handelte es sich um die Mannschaften aus Deutschland, Frankreich, Argentinien, Trinidad-Tobago, Spanien und Japan.

Werbekampagne für die FIFA Fußball-WM 2006™

Am 11. November 2005 startete adidas die Werbekampagne für die FIFA Fußball-WM 2006™, die Teil der globalen adidas Fußball-Marketingstrategie „+10" war und gleichzeitig die DFB-Fußballkampagne darstellte. Die deutsche Fußball-Nationalmannschaft und ihr Mannschaftsgeist standen im Mittelpunkt des Werbespots. Als Hauptdarsteller waren Team-chef Jürgen Klinsmann und die Spieler der Fußball-Nationalmannschaft zu sehen. In einem weiteren TV-Spot, der auf wichtigen Fernsehsendern zu sehen war, bewarb adidas den neuen Spielball „+Teamgeist". Hier verpflichtete das Unternehmen internationale Fußballstars, wie z.B. Zidane, Beckham und Kahn, die zusammen mit José, einem kleinen Jungen, Fußball spielten. Außerdem wurden die Werbespots in 500 Städten auf 3000 Kinoleinwänden vier Wochen lang ausgestrahlt. Die Abbildung 77 zeigt Fußballspieler in Originalgröße auf einem Aufsteller aus Pappe. Vor den von adidas gesponserten Fußballstars steht José mit einem Fußball unter dem Arm und schaut zu den Spielern auf.

Abb. 77: Fußballstars gesponsert von adidas als lebensgroßer Aufsteller aus Pappe, aufgestellt im Flughafen Frankfurt am Main [317]

Neben den Spots führte adidas Print- und Outdoorkampagnen durch. Darüber hinaus war das Unternehmen auf verschiedenen Fußball-affinen Internetseiten präsent.

Ziele und Zielerreichung bei der FIFA Fußball-WM 2006™

Die WM im eigenen Land bedeutete für adidas vor allem wirtschaftliches Wachstum. Als Ergebnis des Sponsoring-Engagements standen Ziele wie Umsatz- und Absatzsteigerung, Gewinnung von Marktanteilen etc. im Mittelpunkt.[318]

adidas erwartete eine Steigerung des Marktanteils von 47% auf über 50% auf dem deutschen Markt. Ebenso sollte der weltweite Marktanteil in der Sparte Fußball von damaligen 35% weiter ausgebaut werden. Formuliert wurden diese Ziele von Erich Stamminger, adidas-Vorstandsmitglied und verantwortlich für Globales Marketing, wie folgt: „Wir werden dieses Event nutzen, um in wichtigen Märkten die Führungsposition zu übernehmen und im Gast-geberland vor, während und nach der WM eine dominierende Rolle zu spielen."[319] Aus heu-tiger Sicht, konnte adidas durch das Engagement als Sponsor wertvollen Boden gegenüber dem Konkurrenten Nike gutmachen. Unabhängige Marktuntersuchungen stellten Ende 2007 einen Marktanteil von 40% fest. Im WM-Jahr wurde der Marktanteil des Unternehmens auf 38% geschätzt, mit dem das Sportartikelnunternehmen auf dem europäischen Markt führte. In der Kategorie „Fußballschuhe" konnte adidas auf seinen Kernmärkten Nordamerika und Deutschland mit einem Anteil von 50% die Führung weiter ausbauen.

„Wir haben es geschafft, den Schwung der FIFA Fußball-WM™ im eigenen Land mitzu-nehmen und unsere Marktführerschaft im weltweiten Fußballgeschäft weiter auszubauen. Damit sind wir – sportlich ausgedrückt – bereits jetzt ein Gewinner der EM"[320] stellte Hainer während der EM 2008 am Tag des Spiels Österreich gegen Deutschland fest. Mit seiner Aussage unterstreicht er ein gelungenes und erfolgreiches Sponsoring während der WM in Deutschland, das gleichzeitig eine gute Grundlage für die UEFA Fußball-EM™ bot.

Beim World Cup Day in Berlin verkündete Hainer: „Wir haben alle unsere Ziele für diese WM übertroffen – sowohl sportlich als auch geschäftlich." adidas schaffte es, mit der FIFA Fußball-WM 2006™ in Deutschland einen Rekordumsatz von 1,2 Milliarden Euro im Be-reich Fußball zu erzielen. Gegenüber 2005 gelang dem Sportartikelunternehmen so eine Steigerung um 30%. Unabhängigen Marktuntersuchungen zufolge war adidas in Europa Marktführer mit einem Marktanteil von 37%, in den USA mit 46% und in Deutschland mit 51%.[321]

5.1.3   Außergewöhnliche Marketingmaßnahmen bei adidas

Wie eingangs schon erwähnt, ist adidas seit über 50 Jahren Offizieller Sponsor des DFB. Erst im August 2007 verlängerte das Unternehmen seine Partnerschaft bis Ende 2018. Der Ver-längerung ging ein „unmoralisches" Angebot des Konkurrenten Nike[322] voraus, über das nicht nur in den Medien kontrovers diskutiert wurde. Als Partner des DFB stellt adidas die komplette Spiel-, Trainings- und Freizeitbekleidung aller DFB-Auswahlmannschaften.

Darüber hinaus hat adidas seine Partnerschaft mit der UEFA Champions League verlängert. Während der UEFA Fußball-EM 2008[TM] stellte adidas als Sponsor den offiziellen Spielball des Turniers, die Ausrüstung der Funktionäre, Schiedsrichter, Freiwilligen sowie der Balljungen. Daneben unterstützt adidas die UEFA in weiteren Turnieren wie z.B. UEFA U-21 Europameisterschaft 2009 und die EM-Endrunde für Frauen 2009 in Finnland.[323]

Die Abbildung 78 zeigt einige Eindrücke der UEFA Fußball-EM 2008[TM], die in Östereich und der Schweiz stattfand.

Abb. 78: Eindrücke bei der UEFA Fußball-EM 2008[TM324]

Im Folgenden werden einige dieser Marketingmaßnahmen im Zusammenhang dieser Partnerschaften dargestellt.

Gigantischer Oliver Kahn

Ein „gigantischer Oliver Kahn" begrüßte anlässlich des WM-Turniers sechs Wochen lang alle Gäste in München. Eine überdimensionale Stahlkonstruktion bildete den nach einem Ball springenden Oliver Kahn ab. Die gigantische Konstruktion erstreckte sich über die vierspurige Flughafenautobahn und war somit nicht nur das Größte, sondern auch das Erste was die Besucher von München zu sehen bekamen. Das Stahlgebilde hatte eine Höhe von 18 m und war insgesamt mit der Größe von neun Einfamilienhäusern zu vergleichen. Das Bauwerk war 65 m breit und übertraf somit die Spannweite sogar der größten Verkehrsflugzeuge der Welt. Insgesamt waren 6.200 Arbeitsstunden erforderlich, um die Werbefläche aufzubauen. Oliver Kahn war selbst auch sehr beeindruckt von dieser Werbeaktion und meinte, er habe in seiner langen Profikarriere schon viele Bilder von sich gesehen. Dieses sei allerdings das spektakulärste.[325]

Abb. 79: Spielerkreis von innen bei der UEFA Fußball-EM 2008[TM] in Zürich[326]

EURO – Stars in Überlebensgröße

Ähnlich wie bei den Fußball-Weltmeisterschaften errichtete adidas, bei der EM in Österreich und der Schweiz riesige Werbeflächen, die die Stars des Turniers in überdimensionaler Größe zeigten.

adidas überraschte auch mitten im Züricher Hauptbahnhof: Dort errichtete das Unternehmen einen „Spielerkreis", der auch als „Huddle" bezeichnet wurde. Elf überdimensionale Doubles aus neun Nationen stecken darin ihre Köpfe zusammen. Zweimal am Tag, jeweils während der Rushhour, feuerten sie sich gegenseitig an. Dabei motivierte jeder der elf Spieler in seiner Landessprache. Das „Huddle" hatte insgesamt einen Durchmesser von 33 m. Länger als ein Jahr waren täglich 50 Personen mit der Fertigstellung dieses Kunstwerks beschäftigt (siehe Abbildungen 79 und 80).

Für Petr Čech, den tschechischen Nationaltorhüter und Keeper von Chelsea London, hatte adidas einen ganz besonderen Platz auserkoren: Ein riesengroßes Double wurde am Wiener Prater montiert. Das Kunstwerk entsprach der Fläche eines Fußballfeldes. In der Mitte des Riesenrads war der Körper des Torhüters installiert, während acht Arme, die an der Stahlkonstruktion des Riesenrads befestigt waren, um seinen Körper kreisten.[327]

Abb. 80: Spielerkreis von außen bei der UEFA Fußball-EM 2008[TM] in Zürich[328]

Fußballschuhe für die EURO-Stars

Vor dem Museumsquartier in Wien waren die Schuhe der EM-Fußballstars in Größe von Mittelklassewagen ausgestellt. Dort konnten sie von den Fußballfans bestaunt werden. Für jede Nation, die an der UEFA Fußball-EM 2008[TM] teilnahm, wurde ein eigener Fußballschuh mit den Landesfarben der jeweiligen Nation gestaltet. Außerdem wurden auf jedem der Schuhe Fakten und Details aus dem jeweiligen Land eingearbeitet.[329]

adidas-Chef zum Sponsoring von adidas

In einem Interview äußerte sich Herbert Hainer, adidas-Chef, zum Sponsoring in Zeiten der Finanzkrise. Auf die Frage, ob es ihn stören würde, dass der TSG 1899 Hoffenheim vom Wettbewerber Puma ausgestattet werde, antwortete er, dass es für adidas wichtig sei, Teams zu fördern, die über einen längeren Zeitraum erfolgreich seien. Zu diesen Mannschaften zählen große Vereine wie FC Bayern, Real Madrid, AC Mailand, FC Liverpool oder auch Chelsea London. Außerdem argumentierte er, dass Clubs aus Millionenstädten eine viel breitere Wirkung hätten als Teams aus kleineren Städten. Zur Frage nach den Auswirkungen der Wirtschaftskrise auf das Sport-Sponsoring bemerkte Hainer, dass viele Unternehmen derzeit damit beschäftigt seien, ihre Verpflichtungen in allen Bereichen des Sponsorings zu überprüfen. Dabei würden auch Budgets gekürzt, sowohl im Profi- als auch im Amateursportbereich. Für adidas sei Sport das Geschäft. Deshalb werde das Unternehmen weiter in diesem Bereich aktiv bleiben. Allerdings werden in Zukunft auch eher Absagen erteilt.[330] adidas konnte, mit seinen vielfältigen Kommunikationsmaßnahmen, den großen Bekanntheitsgrad durchgehend von einem hohen Niveau (82%) im März 2006 im WM-Vorfeld auf 86% im Juli 2006 nochmals steigern.[331]

5.2   Deutsche Telekom

Die Deutsche Telekom erwirtschaftete 2008 mit rund 235.000 Beschäftigten einen Umsatz von ca. 61,7 Milliarden Euro.[332] Sie will als eines der weltweit führenden Dienstleistungsunternehmen der Telekommunikations- und Informationstechnologie-Branche internationale Maßstäbe setzen. Mit Mobilfunk, Internet, Festnetz, komplexen IT- und Telekommunikationslösungen bietet die Deutsche Telekom weltweit das gesamte Spektrum der modernen Telekommunikations- und Informationstechnologie für Millionen Privat- und Geschäftskunden.

Die strategische Ausrichtung ist auf die drei wesentlichen Wachstumsfelder der Branche, Breitband/Festnetz, Geschäftskunden und Mobilfunk, ausgerichtet. Erklärtes Ziel ist es, das wachstumsstärkste integrierte Telekommunikationsunternehmen Europas zu werden. Profitables Wachstum erhofft sich der Konzern durch die konsequente Fokussierung auf zwei Kundensegmente und drei strategische Wachstumsfelder.[333]

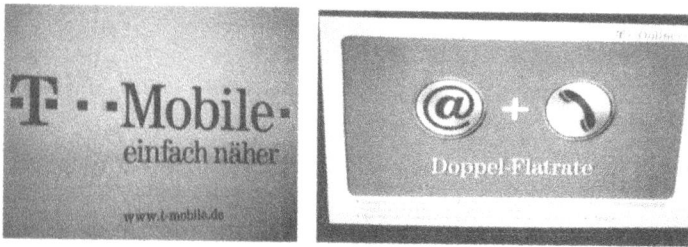

Abb. 81: TV-Werbung der Deutschen Telekom während der FIFA-Fußball-WM 2006[TM334]

Nachdem die Deutsche Telekom im Mai 2007 eine neue Markenarchitektur für den Konzern eingeführt hat, soll sich der Kunde besser im Sinne von „One company. One service." orientieren können. Die Marken T-Home, T-Mobile und T-Systems bedienen dabei unterschiedlicher Kundenbedürfnisse. Das strategische Geschäftsfeld Breitband/Festnetz wird durch die Marke T-Home bedient.[335] Im deutschen DSL-Markt meldet T-Home 10,6 Millionen Retail-Bestandskunden, mit einem Marktanteil von 46%.[336] Für die Mobilfunksparte des Konzerns ist die Marke T-Mobile zuständig. Mit weltweit 128 Millionen Mobilfunkkunden bezeichnet sich das Unternehmen als weltweit führender Mobilfunkanbieter. T-Systems betreut Geschäftskunden und stellt individuelle Lösungen aus einer Kombination von Telekommunikation und Informationstechnologien bereit.[337]

5.2.1 Sponsoringhistorie und -konzept der Deutschen Telekom

Die Deutsche Telekom tritt seit Anfang der 1990er Jahre im Bereich Sport als Sponsor auf. Neben dem Sport-Sponsoring engagiert sie sich auch in kulturellen und sozialen Bereichen, auf die aber an dieser Stelle nicht weiter eingegangen werden soll.[338] Die Deutsche Telekom, die seit 1991 als langjähriger Sponsor den Radsport begleitete, distanzierte sich Ende 2007 wegen der aufgetretenen Dopingvorfälle von der Unterstützung des Profiradsports, auf den sie bis dahin einen Schwerpunkt in ihrem Sponsoring gelegt hatte.

Sponsoring im Fußball

Seit 1997 engagiert sich der Konzern im Fußball. Den FC Bayern München sponsert das Unternehmen seit 2002. Überdies präsentierte die Deutsche Telekom gemeinsam mit der CMA die ARD-„Sportschau" und sponserte bereits vor diesem Engagement beim Sender Sat.1 die Sportsendung „ran". Innerhalb Deutschlands wollte der Ex-Monopolist seinen Absatz weiter steigern. Global hatte sich der Konzern zusätzlich zum Ziel gesetzt, seinen Bekanntheitsgrad auszubauen. Im Ausland sah die Deutsche Telekom vor allem ihre Wachstumschancen bei der Marke T-Mobile, also im Mobilfunkbereich.[339]

„Keine andere Sportart ist so öffentlich wirksam wie der Fußball. Dieses Potenzial wollen wir für unser Unternehmen nutzen", begründete Stephan Althoff, Leiter Konzern-Sponsoring, die Unterstützung. Nach langjährigem Engagement beim DFB, im Rahmen dessen auch die WM-Bewerbungskampagne 2006 unterstützt wurde, war die Deutsche Telekom nach der Vergabe an Deutschland der erste neue Partner im Kreis der globalen Top-sponsoren der FIFA. Das Bonner Unternehmen ist unter den nationalen Sport-Sponsoren seit Jahren klar die Nummer eins.

Eine besonders enge Zusammenarbeit zeigt sich in einer „Offiziellen Premium-Partnerschaft" für die Spielzeiten 2006/07, 2007/08 und 2008/09 mit der DFL. Das Logo der Marke T-Home war auf den Trikotärmeln der 36 Clubs der Bundesliga und der 2. Bundesliga sowie den Auswechseltafeln aufgedruckt. Zudem besteht eine Printpartnerschaft mit der DFL.[340]

Strategie beim Sponsoring der Deutschen Telekom

Die Markenarchitektur der Deutschen Telekom spiegelt sich auch in der Sponsoring-Philosophie wider. Der Konzern ordnet seine Sponsoring-Engagements verschiedenen Geschäftsfeldern zu. Die Marke T-Home bedient den Fußballsport und kooperiert mit dem DFB, der DFL, dem FC Bayern München sowie mit weiteren Bundesligavereinen. T-Systems arbeitete mit dem Formel-1-Team von BMW zusammen und liefert innovative ICT-Lösungen.[341] Über die Sponsoring-Engagements erreicht die Deutsche Telekom jährlich rund 1,5 Milliarden Menschen vor den Bildschirmen oder bei den Sportveranstaltungen direkt vor Ort. Zudem erreicht sie sogar mehr als 12 Milliarden Leser.[342]

5.2.2 Deutsche Telekom als Sponsor bei der FIFA Fußball-WM 2006™

Mit Hilfe der FIFA Fußball-WM 2006™ wollte die Deutsche Telekom das positive Ansehen des Fußballs auf das eigene Unternehmen übertragen. Fußball löst bei vielen Menschen auf der Welt Gefühle aus. Ob diese negativ oder positiv sind, hängt oft von der Leistung der eigenen Mannschaft ab.[343] Gerade in jüngster Zeit ist auch die Deutsche Telekom durch Datenschutzaffären in die Schlagzeilen gekommen, so dass auch zukünftig verstärkt das Image fördernde Maßnahmen notwendig erscheinen.

Bei dem WM-Turnier sollten die Produkte der Deutschen Telekom international bekannter werden. Die Voraussetzungen, um der Welt den Unternehmensnamen (immer in Verbindung mit dem „T") zu präsentieren, wurden bereits durch die Entscheidung, als Offizieller Partner der FIFA Fußball-WM 2006™ zu fungieren, geschaffen.[344] Stephan Althof, der WM-Verantwortliche der Deutschen Telekom, bemerkte vor dem Event: „Bis zur und während der WM werden wir ein Innovationsfeuerwerk abbrennen und die WM als globales Schaufenster nutzen. Wir haben die einmalige Chance, unsere Marke in allen Facetten darzustellen und neue Produkte und Geschäftsfelder zu entwickeln"[345].

Ziele bei der FIFA-Fußball-WM 2006™

Die Deutsche Telekom wollte durch das Sponsoring mit ihren Zielgruppen ins Gespräch kommen, ihren Bekanntheitsgrad steigern und ihr Image verbessern. Das Sponsoring sollte auch dazu beitragen, die Motivation der eigenen Mitarbeiter zu steigern.[346] Die Beziehungen zu unternehmensrelevanten Personen durch die Einbindung der gesponserten Veranstaltung oder der Gesponserten, z.B. den FIFA-Vertretern, zu verbessern oder zu stabilisieren, war ein weiteres zentrales Sponsoringziel der Deutschen Telekom. Die WM in Deutschland stellte die Rahmenbedingungen bereit, um die Beziehung mit ausgewählten Großkunden, Handelspartnern, Meinungsbildnern und Meinungsmultiplikatoren zu pflegen.

Deutsche Telekom stellt Plattform für die Medien

Die sportlichen Aktivitäten der WM lassen sich nicht direkt mit einem Produkt bzw. einer Dienstleistung der Deutschen Telekom in Verbindung bringen. Dies liegt daran, dass das Unternehmen im Gegensatz zu adidas keine dem Fußballsport nahen Produkte anbietet. Die Deutsche Telekom musste eine Brücke zwischen dem Produkt und dem Event aufbauen und schloss deshalb einen Generalvertrag mit dem OK zur Ausrüstung der Medienarbeitsplätze in den zwölf WM-Stadien ab. Durch den Einsatz der Technik der Deutschen Telekom, an dem vor allem die Tochter T-Systems beteiligt war, wurden Texte sowie Fotos noch schneller und die Fernsehbilder in noch besserer Qualität rund um den Globus getragen. Dadurch verschaffte sich die Deutsche Telekom eine Plattform, um den rund 15.000 Medienvertretern aus der ganzen Welt ihr Leistungsvermögen zu demonstrieren. Mit diesem Beitrag bot sich der Deutschen Telekom die Chance, bei der Zielgruppe der Journalisten und Fotografen ein gutes Bild abzuliefern. Die Deutsche Telekom sah für das gesamte Turnier eine Kapazität von ca. 30.000 temporären Telefonanschlüssen für TV, Print- und Online-Medien in den zwölf WM-Stadien vor. Alleine für das WM-Finale am 9. Juni 2006 in Berlin wurden rund 2.600 Medienarbeitsplätze von der Deutschen Telekom installiert. Bereits beim FIFA Confederations Cup™ im Juni 2005 in Deutschland brachte die Deutsche Telekom die fünf Stadien für die Medienvertreter auf WM-Niveau, was bereits im Jahr vor dem eigentlichen Event zur positiven Imagebildung beitrug.[347]

Sponsoring-Programm der Deutschen Telekom bei der FIFA Fußball-WM 2006™

Seit 2002 investierte die Deutsche Telekom für ihr Kommunikationsprogramm zur WM rund 100 Millionen Euro. Dieser Betrag beinhaltete das Sponsoren-Paket der FIFA und schloss u.a. Bandenwerbung, die Verwertung von WM-Inhalten und Tickets sowie andere Werberechte ein. Einen Teil des „Sponsoringbeitrages" an die FIFA lieferte die Deutsche Telekom in Form von Sachleistungen, wie z.B. die Ausstattung der Stadien mit Telekommunikation- und Informationstechnologien. Das Kartenkontingent wurde für Medienkooperationen, Händlerwettbewerbe und internationale Aktionen eingesetzt.[348] Die Deutsche Telekom nutzte die WM im eigenen Land zu einer Produkt- und Marketing-Offensive. Das Maßnahmenpaket umfasste dabei Angebote bei Leistungen wie Internet, SMS, MMS, WLAN und UMTS.[349] Die „WM-Medien" Handy, Internet oder TV konnten während des Turniers fast täglich neue Rekordzahlen vermelden.[350]

Weitere kommunikationspolitische Maßnahmen

Die Deutsche Telekom verpflichtete sich als erstes Unternehmen im Rahmen des Umweltschutzprogramms „Green Goal", während der WM vermehrt Erdgas- und Brennstoffzellenfahrzeuge für den Service rund um die Stadien einzusetzen. Die Telefonzellen und die Internet-Terminals in und um die Stadien wurden mit integrierten Solar- und Brennstoffzellen betrieben.[351]

Die Deutsche Telekom investierte auch in Hospitality, da auf diese Weise Geschäftsbeziehungen aufgebaut, gepflegt und verbessert werden konnten. In einer entspannten Atmosphäre, weit weg vom alltäglichen Stress und Druck des Arbeitsumfelds, konnte die Deutsche Telekom ausgewählte Gäste zu einem einmaligen Erlebnis einladen.

Seit Anfang Juli 2004 startete der Konzern mit der internen Mitarbeiterkommunikation. Die Mitarbeiter hatten Zugriff auf ein WM-Portal, über das sie täglich neue Informationen zur WM erhielten.

Mit der externen Kommunikation startete die Deutsche Telekom im ersten Halbjahr 2005. Zunächst wurden die klassischen Werbemittel eingesetzt. Seit dem Confederations Cup 2005[TM] lief schließlich auch die Kommunikation um die Einzelmarken des T-Konzerns an. Dabei stand im Ausland vor allem die Marke T-Mobile im Mittelpunkt. Bereits bei der WM 2002 in Südkorea und Japan sammelte das Unternehmen Erfahrungen im Mobilfunkbereich. Auch bei der WM 2006 konnten sich die T-Mobile-Kunden die laufenden News per Newsticker zustellen lassen und Logos sowie Klingeltöne zur WM herunterladen.

Leiter Konzern-Sponsoring zum Sponsoring der Deutschen Telekom

Insgesamt beurteilt Althoff, der Leiter Konzernsponsoring und WM-Projektleiter, das Sponsoring als ein lohnendes Geschäft. Das Unternehmen konnte seine drei Hauptziele erfüllen:[352]

- Steigerung der Wertschöpfung durch ein deutlich positives Geschäftsergebnis,
- Steigerung von Image und Bekanntheit durch eine erfolgreiche Penetration der Markenattribute und
- Steigerung der Mitarbeitermotivation durch neue Wege in der internen Kommunikation.

„Marketingpreis des Sports"

Auch bei der Verleihung des „Marketingpreis des Sports" im Jahre 2007 schnitt die Deutsche Telekom gut ab.[353] „Der Marketingpreis des Sports ist ein seit Jahren auf Initiative von Sponsors und der ESB (Europäische Sponsoring Börse) vergebener Branchenpreis, der Projekte aus dem vorangegangenen Sportbusinessjahr ehrt."[354] Die Deutsche Telekom belegte mit ihren Aktionen „FIFA WM Trikot" und „Trikot & Alex" den zweiten Platz nach dem Sport-Event FIFA Fußball-WM 2006[TM], das mit der Maßnahme „Public Viewing Fan Fest" den ersten Platz einnahm. Der dritte Platz ging an die Coca-Cola GmbH mit der Kampagne „It's your Heimspiel – Make it real".[355]

Die vielfältigen Kommunikationsmaßnahmen der Deutschen Telekom spiegeln sich in einer Steigerung des Bekanntheitsgrades von einem hohen Niveau von 78% im März 2006 im Vorfeld der FIFA Fußball-WM 2006[TM] auf 85% im Juli 2006 wider.[356]

5.3   Fly Emirates

Die Fluggesellschaft Fly Emirates zählt weltweit zu den 20 größten sowie fünf profitabelsten Fluggesellschaften. Hauptsitz und „Drehscheibe" der Airline ist Dubai in den Vereinten Arabischen Emiraten.[357]

Fly Emirates erhielt in der Vergangenheit mehr als 400 internationale Auszeichnungen.[358] Laut einer Online-Umfrage zu einem Ranking der Top-Airlines steht Fly Emirates derzeit hinter Singapore Airlines, LabChile Airlines, Thai Airways International, Quantas Airways, Swiss International, PrivatAir, China Airlines, Lauda Air sowie Malaysia Airlines und gehört somit zu den zehn Top-Airlines weltweit.[359]

Abb. 82: Werbezelt von Fly Emirates während der FIFA Fußball-WM 2006[TM360]

Die heutige Emirates-Group besteht aus Emirates Airlines, einem Bereich Group Support Services und der Dnata & Associated Companies. Das Produktspektrum der Emirates Fluggesellschaft umfasst den Personen- und den Frachtverkehr. Die Dnata & Associated Companies übernimmt logistische Teilbereiche wie Cargo-Service, Cateringservice, Betankung und Bodenbewegungen der Flugzeuge am Heimatflughafen Dubai.

5.3.1   Sponsoringhistorie und -konzept von Fly Emirates

Emirates Airline ist der erste Sponsor einer FIFA Fußball-WM[TM] aus einem arabischen Land. Die Fluglinie wurde 1985 gegründet und gehört zum Imperium von Dubais Herrscherfamilie Maktoum. Bevor das Unternehmen den Fußball unterstützte, war es in erster Linie auf Sportarten wie Golf fokussiert. Das Marketingbudget beträgt jährlich ungefähr 3,5% des Umsatzes.[361] Abgedeckt werden damit die Bereiche Sport-Sponsoring, Kultur-Sponsoring und Sozial-Sponsoring. Fly Emirates tritt weltweit bei mehr als 200 Sport-, Kultur-, Sozial- und Business-Events als Sponsor auf.[362]

Strategie beim Sponsoring von Fly Emirates

Im Kulturbereich sponsert Emirates z.B. das Melbourne Symphony Orchestra, das Sydney Symphony Orchestra und das Western Australia Symphony Orchestra. Beispiele für Sozial-Sponsoring spiegeln Schlagzeilen wie „Airline schützt Umwelt down under" oder „26. Februar, 2003: Emirates Airline Foundation launches for needy Children worldwide" wider.[363] Mit diesen Sponsorships erreicht Emirates allerdings nur einen kleinen Kreis der Bevölkerung. Die Bereiche Kultur- und Sozial-Sponsoring sind im Vergleich zu den Sport-Sponsoring-Aktivitäten unterproportional vertreten.

Sport-Sponsoring von Fly Emirates

Neben dem Fußball sponsert Fly Emirates weitere Sportarten. Nachdem in verschiedenen Zielmärkten sicherlich Unterschiede in der Popularität einzelner Sportarten bestehen, wurden deshalb Sponsorenverträge wie z.B. mit dem ICC (International Cricket Council) oder mit dem australischen Rugby-Team Western Force geschlossen, die zeigen, dass sowohl der australische, der neuseeländische als auch der britische Zielmarkt angesprochen werden. Im Golfsport unterstützt Fly Emirates die BMW International Open in Deutschland und die Dessert Classic in Dubai. Weitere Sponsorenverträge wie z.B. im Bereich Pferderennsport, mit dem „Dubai Worldcup" oder dem „Melburn Carnival" runden das Portfolio im Sponsoringbereich genau so ab wie das Engagement für den Segelsport.

Sponsoring im Fußball

Obwohl die Airline das Sport-Sponsoring schon lange als Kommunikationsinstrument nutzt, ist die Verbindung zum Fußball noch recht jung. Fly Emirates trat als Sponsor 2003 bei der FIFA Frauen-Fußball-WM[TM] und 2005 beim Confederations Cup[TM] auf. Das Engagement bei Chelsea London läuft sogar schon seit 2001.[364] In Asien wird die Asian Football Confederation gefördert, bei der Fly Emirates als Official Partner, Sponsor, Supporter, Air Carrier und Air Cargo Carrier in Aktion tritt.[365] Alles in allem sprechen die Aktivitäten im Sport-Sponsoring die gesamte arabische wie auch westliche Welt gleichermaßen an, lediglich der asiatische Großraum scheint bisher etwas vernachlässigt zu sein.

Märkte von Fly Emirates

Die asiatischen Märkte werden in naher Zukunft mit Sicherheit auch für Fly Emirates zunehmend interessanter, da auch dort zukünftig breitere Bevölkerungsschichten über größere finanzielle Mittel verfügen werden. Die Umsatzanteile von Fly Emirates verteilten sich im Geschäftsjahr 2007/2008 wie folgt:[366]

- 35,9 % Europe & Americas
- 29,8 % East Asia and Australia
- 14,8 % Middle East
- 10,6 % Africa
- 8,9 % West Africa & Indian Ocean

5.3.2   Fly Emirates als Sponsor bei der FIFA Fußball-WM 2006™

Wie Ahmed bin Saeed Al Maktoum, Chairman der Emirates-Gruppe, berichtet, „ist das der ideale Weg, um die Beziehung zu unseren Passagieren zu vertiefen. Es gibt uns die Möglichkeit, ihre Interessen zu teilen und zu unterstützen und so eine persönliche Beziehung zu ihnen aufzubauen."[367] Er sieht im Sponsoring einen wesentlichen Bestandteil der Marketingstrategie der Fluglinie.

Ziele bei der FIFA-Fußball-WM 2006™

Das WM-Sponsoring 2006 ist die Fortsetzung der vorausgegangenen Zusammenarbeit mit der FIFA wie z.B. bei der Fußball-Junioren-Weltmeisterschaft in den Vereinigten Arabischen Emiraten 2003. Mike Simon, Senior Vice President Corporate Communications, der bei Emirates auch für das weltweite Marketing zuständig ist, nannte als Zielsetzung in Bezug auf das FIFA-Sponsoring „schnell eine hohe Bekanntheit aufzubauen". Das Ziel, durch Sponsoring den Bekanntheitsgrad zu steigern, das Image zu verbessern sowie letztendlich zu expandieren, verdeutlicht auch folgende Aussage des Chairman von Emirates: „Unser Engagement im Sport ist eng verbunden mit unserem Willen, unser Renomée als Weltmarke auszubauen. Die Position als Offizieller Partner ist gut für Emirates und Dubai."[368] Diese Aussage verdeutlicht auch die enge Verbindung zwischen der Fluggesellschaft und dem Scheichtum Dubai.

Werbemaßnahmen von Fly Emirates

Die Werbemaßnahmen von Fly Emirates waren vielfältig. Auf der Website fanden sich diverse Berichte über die Zusammenarbeit mit der FIFA im Allgemeinen sowie über die FIFA Fußball-WM 2006™ im Besonderen. Im Newsletter von Emirates „Altitude" erschienen in der so genannten FIFA Corner regelmäßig werbeträchtige Berichte. Die Sponsoring-Strategie von Emirates wurde auf breiter Basis mittels unterschiedlicher Medien sowohl für die WM 2006 als auch für andere Sportarten und Sportereignisse erfolgreich umgesetzt, um so die Kommunikationsziele zu erreichen.

Den Großteil des WM-Budgets nutzte das Unternehmen für Hospitality-Maßnahmen. Einen Teil des Budgets setzte Fly Emirates schon im Vorfeld der WM ein, um Aufmerksamkeit in weiten Teilen der Bevölkerung zu erreichen. Das Unternehmen sponserte zu diesem Zweck die Websites für die WM-Qualifikationsrunden auf dem FIFA-Portal.

Seit Januar 2004 verloste Fly Emirates bereits Karten für das Eröffnungsspiel am 9. Juni 2006 in München. Im Januar 2004 wurde vereinbart, dass Franz Beckenbauer für drei Jahre als globaler Botschafter für Fly Emirates auftritt. Er repräsentierte Emirates bei verschiedenen Sportveranstaltungen. Im Gegenzug unterstützte die Airline die Stiftung von Franz Beckenbauer für behinderte und bedürftige Kinder.[369] Beckenbauer trat bspw. bei der ersten Verlosung von zwei WM-Tickets für das Eröffnungsspiel auf. Für diese Aktion bewarben sich ca. 70.000 Personen, die online registriert wurden. Ihre Namen wurden in einem Programm gespeichert. Nachdem Franz Beckenbauer das Programm live per Knopfdruck startete, ermittelte es per Zufallsgenerator den Gewinner.[370]

Die Airline bediente sich auch der klassischen Werbung. Direkt nach der Veröffentlichung der Vereinbarung mit der FIFA schaltete das Unternehmen weltweit Anzeigen, unter anderem in der „Time", der „FAZ" und japanischen Zeitungen.[371]

Das rechte Bild der Abbildung 83 zeigt eine „Mitmach-Aktion" von Fly Emirates, bei der sich die Fans im Toreschießen versuchen konnten. Dabei wurde während des Versuchs jeweils der Name des Fans eingeblendet, dessen Geschwindigkeit beim Torschuss gemessen wurde.

Abb. 83: Plakat von Fly Emirates und Torschuss-Aktion für Fans während der FIFA Fußball-WM 2006[TM372]

Fly Emirates verlängerte nach der FIFA Fußball-WM 2006[TM] den Vertrag mit der FIFA in der Produktkategorie „Fluggesellschaft/Passagierservice" von 2007 bis 2014 und ist somit der letzte im neuen Kreis der FIFA-Hauptsponsoren über den Zeitraum von acht Jahren.

Markenwachstum Fly Emirates

Abbildung 84 visualisiert das Markenwachstum von Fly Emirates. Im Zeitraum 2004 bis 2007 stieg die Bekanntheit der Marke Fly Emirates unter den Fußballinteressierten von 15% auf 46%. Vermutlich ist dieser deutliche Anstieg auf die umfangreichen Sponsoringmaßnahmen zurückzuführen. Bei den regelmäßigen Stadionbesuchern liegt die Markenbekanntheit mittlerweile sogar bei 70%. Auch innerhalb der Kriterien Sympathie und Kunde stiegen im betrachteten Zeitraum die positiven Bewertungen deutlich an. Diese Entwicklung unterstreicht das erfolgreiche Sport-Sponsoring von Fly Emirates.[373]

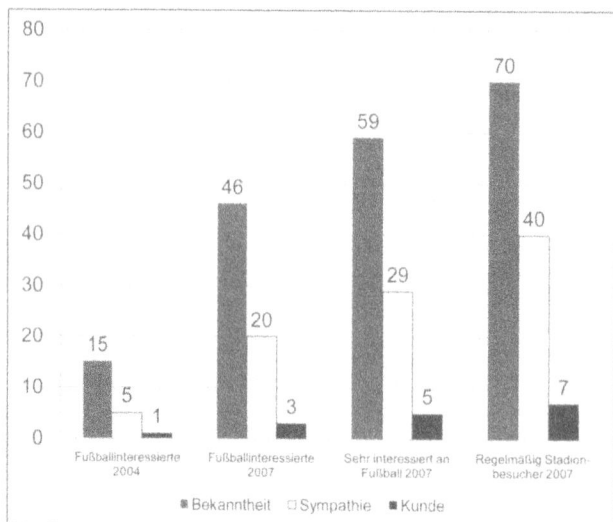

Abb. 84: Markenwachstum Fly Emirates[374]

Im Rahmen der Sport+Markt-Studie verdoppelte sich der Bekanntheitsgrad von Fly Emirates von 12% im März 2006 im WM-Vorfeld auf 24% im Juli 2006.[375]

5.4   Anheuser-Busch InBev

Anheuser-Busch wurde im Sommer 2008 von der belgisch-brasilianischen Gruppe InBev übernommen. Durch diese Übernahme ist die ehemals weltweit zweitgrößte Brauerei zum neuen Weltmarktführer der Bierbrauer aufgestiegen.[376] Sie produziert nicht nur Marken wie Budweiser und Budweiser light, die global bekannt sind, sondern auch Mischgetränke wie Bacardi Silver und nicht alkoholische Energy Drinks. Zusätzlich betreibt der Konzern einige Vergnügungsparks in den USA. Die bekannteste Marke ist Budweiser, das seit 1876 gebraut und weltweit in über 70 Ländern vertrieben wird.[377] 2008 beschäftigte Anheuser-Busch In-Bev rund 120.000 Mitarbeiter in 30 Ländern und erzielte einen Umsatz von rund 39 Milliarden USD. Nach der Übernahme sollen die beiden Marken Anheuser-Busch und InBev mit ihren Traditionen jeweils erfolgreich in den Konzern integriert werden.[378]

Abb. 85: Werbung im Stadion von River Plate Buenos Aires[379]

5.4.1 Sponsoringhistorie und -konzept von Anheuser-Busch InBev

Das Sport-Sponsoring hat eine sehr lange Tradition bei Anheuser-Busch InBev.[380] Das Unternehmen vertritt nicht nur als Sponsor den Fußballsport, sondern präsentiert sich vor allem in typischen US-amerikanischen Sportarten wie Baseball und Boxen. Hierbei lässt der Konzern kaum eine Sportart aus. Es existieren Aktivitäten vom Angelsport bis hin zum Alpinski und Volleyball. Anheuser-Busch sieht im Sport-Sponsoring eine ideale Plattform, um seine Zielgruppen zu erreichen. Das Marketingkonzept von Anheuser-Busch lautet „think fresh". Damit möchte das Unternehmen neue Märkte erobern, neue Ideen, trendige und ansprechende Verpackungen entwickeln und eine ungezwungene Lebensfreude vermitteln. Der Sport ist dabei ein zentrales Schlüsselelement in der Zielgruppenansprache des Unternehmens und stellt somit auch ein Kernelement des Sponsoring-Konzeptes dar.[381]

Bei der FIFA Fußball-WM 2002™ in Japan und Südkorea wurde die Kampagne „Anheuser-Busch Bud Man of the Match" durchgeführt. Technische Studiengruppen der FIFA beobachteten die Fußballspieler während eines Spiels. Der beste Spieler einer Begegnung erhielt jeweils diese Auszeichnung.[382] Eine weitere Marketingmaßnahme war der „Anheuser-Busch Bud Cup", ein Fußballturnier für Freizeitmannschaften mit jeweils sechs Spielern. Die Gewinner des Turniers erhielten als Preis eine Reise zum WM-Finale 2002 in Yokohama.[383] Eine weitere Marketingaktion war die „Anheuser-Busch Bud Challenge", bei der die Teilnehmer zwei Eintrittskarten für Yokohama in einem Onlinespiel gewinnen konnten.[384]

5.4.2 Anheuser-Busch als Sponsor bei der FIFA Fußball-WM 2006™

Anheuser-Busch verbindet mit der FIFA eine sehr lange Zusammenarbeit. Die Marke Budweiser ist seit der WM 1986 in Mexiko das offizielle Bier der FIFA. Bei der WM in Deutschland hatte der Offizielle Sponsor allerdings ein Problem. Das Unternehmen hatte bereits die Sponsoring-Rechte von der FIFA für 30 Millionen Euro gekauft, bevor feststand, dass das Turnier in Deutschland stattfinden wird.[385]

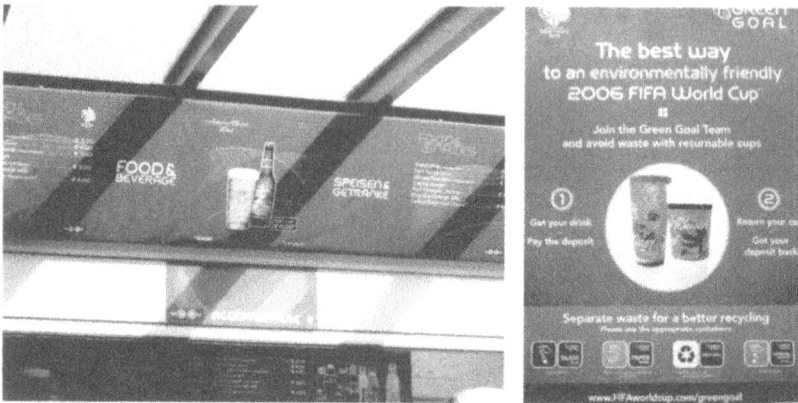

Abb. 86: Getränkeverkauf bei der FIFA-Fußball-WM 2006™[386]

Rechtsstreit mit Bitburger

Die deutsche Brauerei Bitburger erwirkte im Jahr 2001 wegen phonetischer Verwechselungsgefahr mit dem Namen „Bit" ein Werbeverbot. Zudem verlor Anheuser-Busch einen Rechtsstreit gegen den Namensvetter Budweiser Budvar aus dem tschechischen Budweis.[387] Nach der FIFA Fußball-WM 2006™ in Deutschland gewann Anheuser-Busch den Markenstreit gegen Bitburger. Das europäische Gericht in Luxemburg entschied am 19.10.2006, dass keine Verwechselungsgefahr zwischen „Bit" und „Bud" vorliegen würde.

Damit widersprach das Gericht in Luxemburg dem Bundesgerichtshof in Karlsruhe, der 2001 den Vertrieb von „American Bud" verboten hatte.[388] Während Anheuser-Busch seine Biermarken z.B. in den USA, China, Mexiko, Kanada, England, Irland, Argentinien, Italien, Japan, Südkorea und Spanien gut positioniert, spielen diese auf dem deutschen Markt keine Rolle. Bitburger-Sprecher Henele meinte hierzu: „Der deutsche Markt ist derzeit noch so stark fragmentiert, dass für einen Global Player wie Anheuser-Busch noch keine genügend großen Einheiten entstanden sind, mit denen sich entsprechende Marktanteile erwerben lassen".[389] Pro Jahr werden in Deutschland nur 4.500 Hektoliter Budweiser verkauft.[390]

Werbeverbot aufgehoben

Die deutsche Öffentlichkeit äußerte sich sehr kritisch darüber, dass nur US-amerikanisches Bier in den Stadien ausgeschenkt werden solle. Die Diskussion wurde dadurch beendet, indem Bitburger und Anheuser-Busch eine Vereinbarung unterzeichneten, in der festgelegt wurde, dass Bitburger in allen WM-Stadien seine Produkte ausschenken durfte. Das Werbeverbot für Budweiser während der FIFA Fußball-WM 2006™ war damit aufgehoben.[391] Trotzdem war die Kommunikation von Anheuser-Busch während der WM in Deutschland nicht offensiv ausgerichtet. Das Unternehmen startete eher einen globalen Markenauftritt.[392] In Großbritannien z.B. führte die Biermarke ihre größte Promotionaktion auf diesem Markt durch und verloste bis Mai 2006 im 48 Stunden-Takt jeweils zwei Eintrittskarten für ein WM-Spiel. Diese Aktion lief unter dem Motto „Passport to Germany". Die Konsumenten der Biermarke Budweiser konnten kostenlos Klingeltöne, Logos und Spiele für ihr Handy downloaden. Über 100 Millionen Bierdosen und Flaschen „Bud" bedruckte Anheuser-Busch mit dem WM-Design. Im Rahmen der Sport+Markt-Studie wurde herausgefunden, dass Anheuser-Busch (Budweiser) seinen Bekanntheitsgrad von 30% im März 2006 im WM-Vorfeld nur auf gleichem Niveau im Juli 2006 halten konnte.[393]

5.5   Coca-Cola

Coca-Cola ist mit rund 31,9 Milliarden USD Umsatz der größte Softdrinkhersteller der Welt und führender Anbieter von alkoholfreien Getränken. Um seinen Anforderungen gerecht zu werden, bietet Coca-Cola ein umfassendes Getränkesortiment für alle Altersgruppen im Bereich der nichtalkoholischen Getränke: Klassiker wie Coca-Cola und Fanta gehören ebenso dazu, wie Wasser, Sportgetränke, die Säfte von Cappy sowie Produktinnovationen im Bereich Energydrinks und Kindergetränke. In mehr als 200 Ländern weltweit beschäftigt Coca-Cola rund 92.000 Mitarbeiter. Das Unternehmen verkauft ca. 135 Milliarden Liter pro Jahr. In Deutschland arbeiten heute ca. 12.000 Mitarbeiter an rund 70 Distributionsstandorten für Coca-Cola. Die Angebotspalette umfasst mehr als 60 Markenprodukte.[394] Über 99% der in Deutschland verkauften Produkte werden auch in Deutschland hergestellt und über 90% der Produktionsfaktoren werden hier eingekauft. Dahinter steht die klare Philosophie: „Hier produziert, hier getrunken".[395]

5.5.1   Sponsoringhistorie und -konzept von Coca-Cola

Das Engagement von Coca-Cola reicht von der Zusammenarbeit im Schulsport über nationale Sport-Events bis hin zu hochkarätigen, internationalen Ereignissen. „Wo Sport ist, ist Coca-Cola." – Treffender als mit diesem Leitmotiv kann man das Verhältnis zwischen Coca-Cola und dem Sport nicht beschreiben. Coca-Cola engagiert sich sowohl bei internationalen oder regionalen Sportveranstaltungen als auch im Hochleistungs-, Breiten- oder Jugendsport.

Aktivitäten im Sport-Sponsoring bei verschiedenen Sportarten

Schon vor 1905 warb Coca-Cola in Anzeigen mit einem Baseballstar. Baseball war schon damals der US-amerikanische Nationalsport und Coca-Cola das „US-amerikanische Nationalgetränk". Parallel zum sportlichen Engagement wurde Coca-Cola internationaler.

Seit den Olympischen Spielen 1928 in Amsterdam begleitet die internationale Coca-Cola Organisation die Olympischen Spiele als Partner und ist damit der am längsten aktive Sponsor. Ebenso werden die Paralympics und die Special Olympics für behinderte Sportler von Coca-Cola unterstützt. Nur einmal war Coca-Cola bei den Olympischen Spielen nicht vertreten. Das war 1980 in Moskau. Das Unternehmen folgte dem vom damaligen US-Präsidenten Jimmy Carter ausgerufenen Boykott der Spiele. 1996 zählt als ein Jahr der Höhepunkte in der Sportgeschichte Coca-Colas: In jenem Jahr wurden die Olympischen Sommerspiele in Atlanta, dem Stammsitz der Coca-Cola Company, veranstaltet. Auch im Radsport ist Coca-Cola z.B. bei der Tour de France Sponsoring-Partner seit 1950.

Sponsoring im Fußball

Bereits im Jahre 1930 lieferte Coca-Cola Getränke für die erste Fußball-Weltmeisterschaft in Uruguay. Damit wurde der Grundstein für eine jahrzehntelange Zusammenarbeit zwischen dem Fußball und Coca-Cola gelegt.

Seit 1978 arbeitet Coca-Cola mit der FIFA und der UEFA zusammen. Auch bei der FIFA Fußball-WM 2006™ gehörte Coca-Cola zu den Offiziellen Partnern. Darüber hinaus engagiert sich Coca-Cola auch im Jugend- und Nachwuchsbereich. Gemeinsam mit der FIFA rief Coca-Cola 1976 das Weltfußballentwicklungsprogramm „Futuro" ins Leben. In zahlreichen Fußballentwicklungsländern werden Seminare von der FIFA konzipiert und durchgeführt. Veranstaltungen zu Themen wie Trainer- und Funktionärswesen, Sportverwaltung und Sportmedizin für die Profis von morgen wurden durchgeführt. 1998 unterzeichnete Coca-Cola einen Acht-Jahres-Vertrag mit der FIFA. Hier wurde erstmals ein Sponsorenvertrag geschlossen, der über die Dauer von vier Jahren hinaus reichte. Bei allen darauf folgenden FIFA Veranstaltungen bis 2006 war Coca-Cola durchweg vertreten:[396]

- 2002 FIFA World Cup™ and 2006 FIFA World Cup™
- FIFA Women's World Cup 1999, 2003™
- FIFA Confederations Cup 1999, 2001, 2003, 2005™
- World Champions vs. FIFA All-Star 2002, 2006™
- FIFA World Youth Championships 1999, 2001, 2003, 2005™
- FIFA U-17 World Championships 1999, 2001, 2003, 2005™
- FIFA FUTSAL World Championship 2000, 2004™
- Blue Stars/FIFA Youth Cup 1999–2006™
- FIFA/Coca-Cola World Ranking

Auch im Bereich Jugendfußball engagiert sich Coca-Cola. Das Unternehmen unterstützte z.B. als Sponsor das „U15 european youth football festival", wie auf dem Plakat in Abbildung 87 zu sehen ist.

Abb. 87: Coca-Cola als Sponsor bei einem Fußballturnier für Jugendliche[397]

Sponsoring-Kampagne bei der FIFA Fußball-WM 2002™

Anlässlich der FIFA Fußball-WM 2002™ startete die größte Sport-Sponsoring-Kampagne in der Geschichte von Coca-Cola. Die lokalen Niederlassungen führten ein großes Aufgebot an weitreichenden Promotionaktionen durch, um Fans weltweit an WM-Schauplätzen zu erreichen. Fans aus über 100 Ländern waren mit voller Begeisterung dabei. Coca-Cola bot erstmals Jugendlichen unterschiedlichster Nationen die Möglichkeit, am aktuellen Event vor Ort teilzunehmen. Das Unternehmen „castete" weltweit Jugendliche, die als Fahnenträgerinnen- und träger in den Zeremonien vor den WM-Spielen agierten.

Die Coca-Cola Zweigstellen in Japan und Südkorea konnten Ballkinder auswählen, die damit die Chance erhielten, an den WM-Spielen teilzunehmen. Durch das „Coca-Cola GO! Stadium Art Programm" betrat Coca-Cola Neuland im Sponsoring. Das Unternehmen forderte die Konsumenten auf, sich an der Gestaltung der Bandenwerbung zu beteiligen. Vor dieser Aktion zeigte die Werbung der Sponsoren auf den Spielfeldbegrenzungen lediglich den Namen und das Logo oder andere Trademarks der Werbepartner. Während der FIFA Fußball-WM 2006™ in Deutschland lief diese Aktion unter dem Motto „Hol Dir den WM-Kick!".

Coca-Cola nutzte die Exklusivrechte und machte die offiziellen adidas-Spielbälle von der FIFA Fußball-WM 2002™ zum Gegenstand von Promotionaktionen innerhalb und außerhalb der Gastgeberländer. Schon Monate vor dem Event in Südkorea und Japan startete das „Coca-Cola FIFA World Cup Champions Event". Zeitgleich führte das Unternehmen auch die ersten Promotionaktionen durch. Erste Werbespots mit internationalen Fußballgrößen wie Figo, Forlan und Henry in den Hauptrollen liefen an. Alles waren Maßnahmen, um die WM 2002 vorzubereiten.[398]

Strategie beim Sponsoring von Coca-Cola

Coca-Cola hat mittlerweile einen Kultstatus erreicht und ist schon seit Jahrzehnten eine der bekanntesten Marken. Seit Generationen vermittelt Coca-Cola ein Gefühl von Lifestyle und bestimmt die Alltagskultur vor allem junger Menschen.

Das Unternehmen verwendete bei seiner Marketingstrategie von Beginn an kurze und prägnante Werbeslogans, wie z.B. „Drink Coca-Cola" oder „Always Coca-Cola". Coca-Cola versucht bei der Gestaltung seiner Werbung alle Sinne der Kunden anzusprechen. Neben optischen Elementen setzt das Unternehmen auch akustische Kommunikationskanäle ein. Musik ist ein fester Bestandteil des Marketings von Coca-Cola. Robin Beck war 1988 z.B. mit dem Coke Werbesong „First Time" monatelang in Deutschlands Hitparaden vertreten. Selbst die Beatles haben sich schon singend für Coca-Cola engagiert.

Eine neue Form der Markenkommunikation von Coca-Cola ist das Mobile Marketing. Bei dieser Werbeform werden das Internet und Handy als Kommunikationsplattform zu Werbezwecken eingesetzt. Die Eingabe von Codes, die sich versteckt unter den Flaschendeckeln befinden, ermöglicht dem Kunden den Zugang zu einer digitalen Erlebnis- und Prämienplattform. Dem Kunden wird das Gefühl vermittelt, dass er zur „Coca-Cola Community" gehört.[399]

Abb. 88: TV-Werbespot von Coca-Cola während des Confederations Cup 2009^{TM} in Südafrika[400]

5.5.2 Coca-Cola als Sponsor bei der FIFA Fußball-WM 2006™

Das Sponsoring von Coca-Cola zur FIFA Fußball-WM 2006™ in Deutschland stand unter dem Motto: „It´s your Heimspiel! – Make it real." Hauptverantwortlicher des Sponsoring-Konzeptes war die deutsche Tochtergesellschaft in Berlin. Die Promotionstrategie von Coca-Cola bestand darin, nicht nur während der WM Marketingmaßnahmen durchzuführen, sondern bereits im Vorfeld und rund um das Event mit verschiedenen Aktionen zu starten. Abbildung 89 zeigt eine Momentaufnahme aus einem TV-Spot, mit dem Coca-Cola während der WM 2006 im Fernsehen warb.

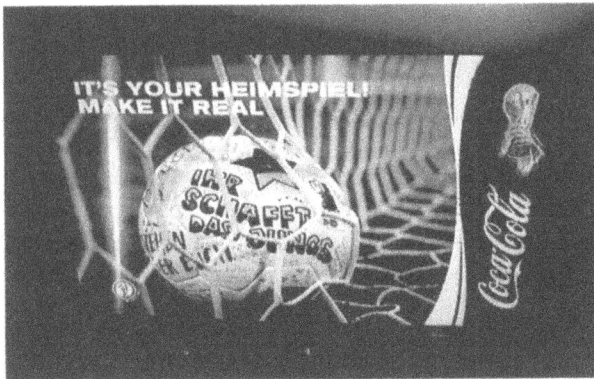

Abb. 89: TV-Werbespot von Coca-Cola während der FIFA Fußball-WM 2006[TM] in Deutschland[401]

Der Konzern konzentrierte sich beim Fußball-WM-Sponsoring in erster Linie auf seine Marke Coca-Cola, warb aber auch mit den Marken Powerade und Bonaqua.[402]

Fan-Aktionen

Der Startschuss der Fan-Aktionen fiel Ende Juli 2005. Pate dieser Fan-Aktionen war DFB-Teammanager Oliver Bierhoff. Angelehnt an die Aktion zum FIFA World Cup 2002[TM] bot Coca-Cola auch zur FIFA Fußball-WM 2006[TM] 900 Ballmädchen und Balljungen im Alter von 12 bis 16 Jahren die Möglichkeit, ihren großen Heimspieltraum zu verwirklichen. Sie gehörten während des WM-Endrundenturniers zur „Coca-Cola Ball Crew".

Programm „Flag Team"

Weitere 700 Jugendliche erhielten mit dem Programm „Flag Team" die Chance, als Träger der Nationalflaggen der gegeneinander antretenden WM-Teams in die Stadien einzuziehen, und damit Fußball hautnah zu erleben. Die Zusammenstellung des „Flag-Teams" erfolgte ab Januar 2006 über eine Promotionaktion im Handel. Jugendliche im Alter von zwölf bis sechzehn Jahren konnten an dieser Aktion teilnehmen. Coca-Cola stellte den Fan in den Mittelpunkt seiner Aktivitäten rund um das Thema Fußball-WM. So gab es für die Fußballanhänger eine Vielzahl von Möglichkeiten, mit etwas Glück eines der begehrten WM-Tickets zu gewinnen. Die Flaschenverschlüsse enthielten spezielle Codes, mit denen die Fans unter anderem die Tickets gewinnen konnten. Über die neue Coca-Cola Erlebnisplattform „CokeFridge" (www.cokefridge.de) konnten die Fans ihre Codes einlösen. Mit dieser Plattform verband Coca-Cola erstmals innovativ die Medien Internet und Handy.[403]

Promotionaktionen

Die erste von insgesamt fünf Promotionaktionen startete im September 2005 unter dem Namen „Heimspiel-Ticket". Dabei konnten Fans die Begegnung des DFB-Teams live im Stadion miterleben – und das vom ersten Vorbereitungsspiel im Dezember 2005 bis zum möglichen Ausscheiden bei der WM-Endrunde. In einem Werbespot erläuterte Michael Ballack, wie man mit den Codes in den Flaschenverschlüssen ein WM-Ticket gewinnen konnte. Fußballfans, die die Spiele im Stadion nicht live sehen konnten, hatten die Möglichkeit gemeinsam die WM-Atmosphäre vor Großleinwänden der Coca-Cola Company zu erleben. Auch über den „Fan Club Nationalmannschaft", der mittlerweile rund 15.000 Mitglieder hat und 2003 vom DFB in Kooperation mit Coca-Cola ins Leben gerufen worden war, versprach sich Coca-Cola Vorteile vom Fußball-Event. Für Mitglieder des Vereins gab es ein exklusives WM-Ticketkontingent. Eine breite Kommunikationskampagne unterstützte alle Programme. Dazu zählten u.a. spezielle Fußball-Werbespots, Anzeigen, Daueraußenwerbung sowie Medienkooperationen in den Bereichen Print, Hörfunk und TV. Nicht nur die Vielfalt der Kommunikationskanäle war für Coca-Cola ein Teil der Marketingstrategie, sondern auch die Kontinuität des Werbeeinsatzes.

Werbeprinzip von Coca-Cola

Wie bereits ausgeführt wurde, beruht der Erfolg von Coca-Cola vor allem auf einer von Beginn an konsequenten Werbung. Die Erfolgsgeschichte von Coca-Cola prägten Slogans wie „You can´t beat the feeling", „Life Tastes Good" und „Coca-Cola – that´s it!". Diese Werbesprüche wirkten durch ihre Einfachheit und blieben gerade dadurch auch lange Zeit in der Erinnerung der Konsumenten. „It´s your Heimspiel – Make it real!" passt sehr gut in die Reihe der kurzen und prägnanten Slogans des Unternehmens.

Sponsoring im Fußball

„Unser Fokus beim Sponsoring liegt ganz klar im Bereich Fußball. Fußball ist Sportthema Nummer eins, es passt extrem gut zu unserer Marke"[404], äußerte sich Felix Duden, Verantwortlicher bei der deutschen Coca-Cola in Berlin für den Bereich Fußball, zum Thema FIFA Fußball-WM 2006[TM].

Coca-Cola widmet sich mit einem innovativen Werbekonzept den Fans und richtet seine Botschaften auf die „normalen" Fußballfreunde und nicht auf die Besucher der VIP- und Ehrentribünen aus. Somit erreicht Coca-Cola breite Bevölkerungsschichten. Die große Bekanntheit von Coca-Cola muss in einem hart umkämpften Markt dauernd gepflegt werden. Der Fußball, die FIFA, der DFB und die Vereine sind zur Erreichung dieser Ziele die Partner.[405]

Abb. 90: Coca-Cola Werbung am Spielfeldrand während der FIFA Fußball-WM 2006[TM][406]

Die Karten, die dem Unternehmen von der FIFA zur Verfügung gestellt wurden, nutzte das Unternehmen nicht nur für Hospitality-Zwecke, sondern reichte sie in erster Linie an die Fans weiter, und ermöglichte auch den Mitarbeitern, Spiele live mitzuerleben.[407]

Die Abbildung 90 zeigt Banden-Werbung von Coca-Cola am Spielfeldrand des Fritz-Walter-Stadions in Kaiserslautern.

Produkteinführung zur FIFA Fußball-WM 2006[TM]

Zum Start der WM 2006 führte Coca-Cola eine neu entwickelte Dosenform ein, die schlanker und höher ist. Während der WM erschien eine Sammeledition mit den Bildern der deutschen Fußballnationalspieler. Um die neue Dose „sleek can" rechtzeitig einführen zu können, musste Oliver Bierhoff, der Teammanger der deutschen Fußball-Nationalmannschaft, bereits Ende Februar 2006 dem Coca-Cola WM-Manager Peter Retting 16 Spieler nennen, die im Fußball-WM Kader aufgestellt werden würden. Der Öffentlichkeit wurde der Kader der Fußball-Nationalmannschaft erst Ende Mai 2006 bekannt gegeben.

Neben der Produkteinführung der „sleek can" erschien pünktlich zu den WM-Spielen das neue „Powerade" mit der Produktbezeichnung „Skorgolian Storm". Diese Innovation sollte mit ihrem neuen Geschmack (Mango) und dem neuen Flaschendesign bestechen. Die Marketingaktivitäten bezüglich dieses Produktes umfassten TV-Werbung, Online-Aktivitäten, Public Relations, Print sowie 500.000 Produkt-Samplings an die Endkunden.

Marke Bonaqua

In einem TV-Werbespot umwarb der Fernehmoderator Johannes B. Kerner die Marke „Bonaqua", das auch als offizielles Wasser der FIFA Fußball-WM 2006™ galt. Von Coca-Cola ausgewählte Jugendliche im Alter zwischen 12 und 16 Jahren begleiteten die Schiedsrichter auf das Spielfeld im Stadion. Dazu mussten sie sich zuvor im Einzelhandel bewerben. Unterstützt wurde diese Aktion von „Bonaqua". Außerdem brachte Coca-Cola eine Medaillenkollektion heraus, die auch an den Getränkekisten von „Bonaqua" und im Getränkemarkt erhältlich war.

Umweltprogramm „Green Goal"

Als Offizieller Partner des Umweltprogramms Green Goal™ rüstete Coca-Cola die Stadien mit über 2000 FCKW-freien Kühlschränken, die einen optimierten Energieverbrauch der Kühlschränke gewährleisteten, aus. Des Weiteren wurden die Getränke, die von Coca-Cola während der Fußball-WM verkauft wurden, in Mehrwegverpackungen ausgegeben.

Nicht zuletzt die Vielfalt der Kommunikationsmaßnahmen von Coca-Cola ist ein Beleg dafür, dass der Bekanntheitsgrad ausgehend von einem hohen Niveau (75%) im März 2006 im WM-Vorfeld nochmals auf 85% im Juli 2006 gesteigert werden konnte.[408]

6 Ausgewählte Fallbeispiele der Nationalen Förderer

Stellvertretend für die Kommunikationsaktivitäten der Nationalen Förderer werden Postbank, EnBW und die Deutsche Bahn untersucht. Die Postbank (73%) und die Deutsche Bahn (71%) weisen nach der Sport+Markt-Umfrage[409] zum einen den höchsten Bekanntheitsgrad bei den Nationalen Förderern auf. Zum anderen ist EnBW (16%) auf dem letzten Rangplatz der Bekanntheit in dieser Gruppe vertreten.

Abbildung 91 zeigt eine Werbemaßnahme in der Innenstadt von Kaiserslautern während der WM-Endrunde von Lotto Rheinland-Pfalz unter dem mehrsprachigen Motto „Der Fußball kommt nach Hause", „De Fußball kummt häm", „Football is coming home". ODDSET, die Sportwette von Lotto, war einer der Nationalen Förderer der FIFA Fußball-WM 2006^{TM}.

Abb. 91: Werbemaßnahme von ODDSET während der FIFA Fußball-WM 2006^{TM} in Kaiserslautern

6.1   Postbank

Die Postbank ist mit rund 14 Millionen aktiven Kunden, einer Bilanzsumme von rund 231 Milliarden Euro und 21.000 Mitarbeitern im Jahr 2008 einer der großen Finanzdienstleister in Deutschland. Ihre Leistungen bietet das Unternehmen in ca. 860 Filialen an. Darüber hinaus betreut die Postbank mit über 4.000 mobilen Beratern und direkten Vertriebswegen ihre Kunden.[411] Die Geschäftsfelder der Postbank teilen sich auf in das Privatkundengeschäft, das Firmenkundengeschäft und das Transaction Banking.[412]

6.1.1   Sponsoringhistorie und -konzept der Postbank

Die Postbank unterstützt mehrere Sponsoring-Projekte aus den Bereichen Sport und Gesellschaft.[413] Typische Vertreter dieses Sponsoring-Engagements sind die Projekte Aktion Mensch, Gemeinsam für Afrika und Nationaler Förderer der FIFA Fußball-WM 2006™.

Die Aktion Mensch ist seit ihrer Gründung als Aktion Sorgenkind im Jahr 1964 eine der erfolgreichsten Organisationen im sozialen Bereich. Im Mittelpunkt der Aktivitäten steht die Förderung von Projekten und Einrichtungen der Behindertenhilfe und Behindertenselbsthilfe sowie – seit 2003 – der Kinder- und Jugendhilfe. Finanziert wird dieses Engagement vorrangig durch 7 Millionen Menschen, die sich regelmäßig an der Aktion Mensch-Lotterie beteiligen, aber auch durch Spenden und finanzielle Unterstützung durch diverse Sponsoren.[414]

Besitzer des Postbank Gewinn-Sparbuchs lockt eine Prämie in Form einer Zinserhöhung, zusätzlich zum Basiszins des Postbank-Sparbuches. Die Höhe dieses Zusatzzinses ist abhängig von den beiden Endziffern der Gewinnzahl aus der Hauptziehung der Lotterie Aktion Mensch, die zum Ende eines Monats bekannt gegeben wird. Der Gewinn-Bonus wird am Jahresende gutgeschrieben. Die Postbank spendet 1% der Bonus-Zinsen an die Aktion Mensch.[415]

6.1.2   Postbank als Sponsor bei der FIFA Fußball-WM 2006™

Bereits im Vorfeld der WM 2006 gab es einige von der Postbank initiierte Marketing-Maßnahmen, verbunden mit dem „Aufhänger" Fußball-WM™. Um das Image zu verbessern und auch den Bekanntheitsgrad zu erhöhen, bediente sich die Postbank des Fußballs als Kommunikationsinstrument.

Vorrangig über das Internet als Kommunikationsmaßnahme präsentierte die Postbank Unterhaltung und Informationen rund um das Thema Fußball. Dies erfolgte über Kommentare und Spielanalysen ehemaliger Nationalspieler, wie z.B. des ehemaligen deutschen Nationaltorhüters Toni Schumacher, Fußball relevante Sportnachrichten mit internationaler Ausrichtung und Online-Spiele wie das „Elfmeterduell".

Ball-Weltrekord

Die Postbank startete einen werbewirksamen Ball-Weltrekord. 150.000 Fußbälle, drei Containerschiffe, 2.740-Fuß-Container, 10.125 Kartons mit einem Gesamtgewicht von 86.000 kg, ein Helikopter, zehn Busse, zwei Zugmaschinen, 40 Wechselbehälter, 40 Lkws sowie 276 m Scherenrollenbahnen: Das sind nur einige der technischen Angaben, die den Weltrekordversuch der Postbank begleiteten. 320 Mitarbeiter der Postbank legten 142.000 gelbe Fußbälle mit der Aufschrift „Postbank" auf dem Spielfeld des Borussia-Parks in Mönchengladbach aus. Neben dem werbewirksamen Effekt dieser vielstündigen Arbeit durch Berichte in Printmedien und auf der eigenen Homepage sicherte sich die Postbank auch einen Eintrag ins „Guinness Buch der Rekorde".

Weitere kommunikationspolitische Maßnahmen

Beim Abschluss eines Postbank Gewinn-Sparbuches erhielt jeder Kunde zusätzlich ein Los für die Verlosung von 500 WM-Tickets. In ausgelegten Flyern in den Postbankfilialen wie auch auf der Homepage warb die Postbank für dieses Gewinnspiel. Als Nationaler Förderer hatte die Postbank zur Unterstützung der Kommunikationsmaßnahmen ein eigenes Symbol geschaffen, das den Zusammenhang der Postbank mit der FIFA Fußball-WM™ kennzeichnen sollte. Die Postbank setzte dieses Symbol in starkem Maße sowohl bei Internetauftritten als auch bei neuesten Prospektmaterialien des Unternehmens ein. Als Testimonial der Postbank in den verschiedensten Medien trat Franz Beckenbauer auf. Nachdem er sowohl als Fußballspieler 1974 auch als Trainer 1990 Fußballweltmeister wurde, besteht bei ihm wie wohl bei keiner anderen Persönlichkeit im deutschen Fußball der direkte Bezug zur Fußballweltmeisterschaft. Darüber hinaus sei erwähnt, dass er einen großen Anteil dazu beitrug, dass Deutschland als Austragungsstätte für die FIFA Fußball-WM 2006™ ausgewählt wurde. Demzufolge eignete er sich hervorragend als Werbeträger der Postbank, um die Verbindung zum Imageträger Fußball bzw. zur WM herzustellen.

Frühzeitiger Start der WM-Kommunikation

Die Postbank begann mit der WM-Kommunikation bereits drei Jahre vor dem eigentlichen Großereignis. Der Unternehmenssprecher Joachim Strunk unterstreicht die Bedeutung der deutschen Nationalmannschaft bei diesem Event: „Was die Glaubwürdigkeit angeht, ist die Nationalmannschaft Dreh- und Angelpunkt".[416] Das Unternehmen zielte bei seiner Strategie auf Massivität im Auftritt und Langfristigkeit des Engagements als Sponsor bei der FIFA Fußball-WM 2006™. Generell möchte die Postbank in Zukunft ihre Sponsoring-Budgets nicht mehr so breit verteilen, sondern sich auf einzelne Bereiche konzentrieren. So legte die Postbank im November 2005 einen Fonds auf, der das Thema „Fußball-WM" zum Gegenstand hatte. Zum selben Zeitpunkt versah das Kreditinstitut schrittweise seine Werbemittel mit dem offiziellen Partnerlogo. Im Vorfeld der WM startete das Unternehmen Aktionen wie Ticketpromotion oder dem Launch spezieller Produkte.[417]

6.2   EnBW

Mit ca. sechs Millionen Kunden ist die Energie Baden-Württemberg (EnBW) neben den Wettbewerbern RWE, E.ON und Vattenfall, eines der größten Energieunternehmen Deutschlands, mit Hauptsitz in Karlsruhe. Im Geschäftsjahr 2008 verzeichnete das Unternehmen mit ca. 20.000 Mitarbeitern einen Jahresumsatz von rund 16 Milliarden Euro.

Die Kernaktivitäten konzentrieren sich auf die Geschäftsfelder Strom, Gas sowie Energie- und Umweltdienstleistungen. Die EnBW ist traditionell stark in Baden-Württemberg vertreten. Darüber hinaus ist die EnBW in ganz Deutschland und auf den Märkten Mittel- und Osteuropas aktiv. Im Zuge der Liberalisierung des Strommarktes bot die EnBW als eines der ersten Energieunternehmen seinen Strom in ganz Deutschland an. Mit der bekannten Marke „Yello Strom" hat die EnBW im Wettbewerb eine große Marktverbreitung erreicht.[418]

6.2.1   Sponsoringhistorie und -konzept von EnBW

Am 18. Februar 2002 schloss die EnBW als erstes Unternehmen mit der FIFA einen Vertrag als Nationaler Förderer der FIFA Fußball-WM 2006™ ab. Mit diesem Engagement nahm die EnBW zu einem frühen Zeitpunkt eine Vorreiterrolle für die Sponsoring-Aktivitäten der FIFA ein. Als größter Energieerzeuger im südwestdeutschen Raum profitierte die EnBW direkt von dem, aufgrund des Mega-Events, in ihrem Versorgungsgebiet ansteigenden Strombedarf. Auch für das WM-Organisationskomitee war die frühzeitige Gewinnung eines großen Partners wegen der Signalwirkung ein Erfolg. Mit einer neuen Marketingstrategie zeigte die EnBW Profil und setzte deutliche Impulse. Hiermit verfolgte die EnBW das Ziel, ihr Markenleitbild als innovatives und gesellschaftlich verantwortliches Unternehmen weiter hervorzuheben und zu kommunizieren.[419] Den aktuellen und zukünftigen Kunden war zu verdeutlichen, dass die EnBW ein Unternehmen ist, das den Kunden mit seinen Bedürfnissen versteht und auf den „Zeitgeist" eingeht. Ein wichtiger Aspekt ist die durch das geänderte Umweltbewusstsein steigende Nachfrage nach sauberer Energie aus erneuerbaren Energiequellen, dem die EnBW versucht, Rechnung zu tragen.

Sponsoring im Fußball

Die EnBW setzt den Spitzenfußball als zentrales Instrument im Kommunikationsmix ein. Neben ihrem Engagement für die FIFA Fußball-WM 2006™ ist die EnBW Sponsor von einigen Vereinen der Fußball-Bundesliga.

VfB Stuttgart

Seit dem 1. Juli 2005 besteht ein Sponsorenvertrag mit dem VfB Stuttgart über eine Laufzeit von fünf Jahren. Von der Zusammenarbeit mit dem VfB erwartet sich die EnBW eine hohe Medienpräsenz.[420] Ziel der EnBW ist es, die positive Ausstrahlung des Fußballs, der Fußball-Bundesliga und des VfB Stuttgart für ihre Wachstumsstrategie zu nutzen. Der Vorstand der EnBW sieht den VfB Stuttgart als einen gut geführten und leistungsorientierten Verein im Profifußball an. Von der Zusammenarbeit mit dem VfB erwartet sich die EnBW neben der Unterstützung des Vertriebs, eine Steigerung der Markenbekanntheit und des Markenwertes.

Die EnBW setzt dabei bewusst auf innovative und emotionale Konzepte, die von der Begeisterung für den VfB getragen sind, um weiter die Kundenbeziehungen zu verbessern. Neben dem Engagement im Spitzenfußball unterstützt die EnBW auch weiterhin zur Marketingstrategie passende regionale Projekte. Utz Claassen, der damalige EnBW-Vorstandsvorsitzende, äußerte sich hierzu folgendermaßen: „Unser integrierter Sponsoring-Ansatz umfasst neben dem VfB auch unser Engagement beim Fußball-Zweitligisten KSC und dient der optimalen Vernetzung unseres Engagements als Nationaler Förderer der FIFA Fußball-WM 2006™ in Deutschland."[421]

Karlsruher SC

Der Einfluss des Hauptsponsors EnBW bei Personalentscheidungen wird am Beispiel des Karlsruher SC deutlich. Nachdem Reinhold Fanz als Trainer im Dezember 2005 verpflichtet wurde, sollte der KSC den neuen Trainer auf Anweisung von Utz Claassen wieder entlassen. Grund dieser Forderung war eine gerichtliche Auseinandersetzung zwischen Claassen und Fanz aus dem Jahr 1997, als Claassen Präsident und Fanz Trainer von Hannover 96 waren. Fanz sprach damals Claassen jeglichen Fußball-Sachverstand ab.[422] Zur Ernennung von Fanz bemerkte Claassen: „Insbesondere ist es für den Vorstand der EnBW nicht vorstellbar, einem Verein ein dauerhaftes Sponsoring zu gewähren, der einen Trainer beschäftigt, welcher sich in der Vergangenheit herabsetzend oder beleidigend über den heutigen Vorstandsvorsitzenden der EnBW geäußert hat".[423] Dem KSC wurde daraufhin von der EnBW offen mit der Einstellung der finanziellen Unterstützung nach Vertragsablauf gedroht. Falls die EnBW ihre Absichtserklärung umgesetzt hätte, wären dem KSC Sponsoring-Einnahmen in Höhe von ca. 800.000 Euro pro Saison entgangen. Der KSC entschied sich letztendlich für das Sponsoring-Engagement und gegen Reinhold Fanz als Trainer.

Sicherlich ist der zuvor genannte Fall bisher einzigartig im deutschen Fußball und sollte nicht verallgemeinert werden, weil hier ursächlich persönliche Gründe vorliegen. Es wird jedoch deutlich, wie stark die Einflussnahme durch einen Sponsor werden kann. Für den Fußball kann sich eine solche in die operative Tätigkeit wirkende Einflussnahme des Sponsors nachteilig auswirken. Auf die durch Sponsoring angestrebte Imageverbesserung der EnBW wirkten sich diese Vorgänge kontraproduktiv aus.

6.2.2 EnBW als Sponsor bei der FIFA Fußball-WM 2006™

In das FIFA-Konzept passt auch der Auftritt der EnBW als Sponsor des Wetterberichts in der ARD nach den Tagesthemen. Seit 8. April 2002 präsentierte sich die EnBW auch auf diese werbewirksame Weise.[424] Als Sponsor bei der FIFA Fußball-WM 2006™ erschloss sich die EnBW weitere Möglichkeiten der Marktkommunikation. Durch das geänderte Umweltbewusstsein der Bevölkerung ergaben sich auch neue Kundenschichten. Das offene Eintreten der EnBW für erneuerbare Energien fand in der Öffentlichkeit Anerkennung. Die EnBW war erkennbar bestrebt, das bisherige Image als Kernkraftwerksbetreiber abzulegen und bot ihren Kunden umweltgerechte Lösungen als Alternative zu den Wettbewerbern. Die EnBW hatte durch ihren Energiemix einen Wettbewerbsvorteil, der mit entsprechender Marketingstrategie und der Erschließung neuer Käuferschichten ein weiteres Wachstum wahrscheinlich machte.

Später Start der WM-Kommunikation

Nachdem EnBW als erstes Unternehmen Nationaler Förderer der FIFA Fußball-WM 2006™ wurde, sollte unter dem damaligen EnBW-Chef Gerhard Goll bereits im Sommer 2002 mit den Kommunikationsmaßnahmen für die WM begonnen werden. Das Unternehmen geriet aber in eine finanzielle Schieflage, so dass Claassen, der Goll-Nachfolger im Vorstandsvorsitz, folglich große Abstriche am Marketingbudget vornehmen musste. Letztendlich investierte das Unternehmen 13 Millionen Euro in WM-Aktivitäten. Dadurch wurde auch der Einstieg in das WM-Geschäft zeitlich verschoben und EnBW startete seine Marketing-Maßnahmen als einer der letzten Nationalen Förderer der WM 2006.[425]

EnBW eröffnete Mitte Juni 2005 das Fest zur Eröffnung der Berlin-Repräsentanz unter dem Motto „Zu Gast bei Freunden" in Anlehnung an den Slogan zur FIFA Fußball-WM 2006™. Gerhard Schröder, damaliger Bundeskanzler, und Utz Claassen, damaliger Chef des EnBW-Konzerns, gaben mit WM-Bällen medienwirksam den Startschuss. Das Hostessenpersonal trat in internationale Trikots gekleidet auf. Die EnBW-Marke Yello startete ihre Werbekampagne mit dem Testimonial Franz Beckenbauer vier Wochen vor Beginn des Confederations Cup™. Der EnBW-Konzern gliederte Anfang Juni das offizielle WM-Logo in seine Image-kampagne ein.[426] Während des Confederations Cups™ konnten die Stadionbesucher das Konzernlogo auf den Stadionbanden sehen. Für die Fernsehzuschauer waren diese nicht sichtbar, da die Banden außerhalb des Sichtfeldes der Kameras verliefen. Im Herbst 2005 schaltete das Unternehmen eine Reihe von WM-Anzeigen. Eine weitere Marke, die EnBW in das WM-Marketing einband, war die Ökostrommarke Naturenergie.[427] Die WM 2006 feierte EnBW im Rahmen von Events, die an Geschäftskunden, Privatkunden und auch Mitarbeiter adressiert waren. Außerdem war das Unternehmen bei Public Viewing-Veranstaltungen, hauptsächlich in Baden-Württemberg, vertreten. Als Sponsor bei der FIFA Fußball-WM 2006™ verfolgte das Unternehmen das Ziel, eine stärkere Kundenbindung zu erreichen. Für die Marke Yello sollten in erster Linie neue private Kunden geworben werden.[428]

Klimaschutz und Green Goal

Die Tochter Yello Strom ist bundesweit präsent und versucht ihren Marktanteil in Konkurrenz zu regionalen Energieversorgern überwiegend in deren Versorgungsgebieten auszuweiten. Die Vermarktungskampagne mit „gelbem Strom" gab Yello ein neues Image. Die WM-Endrunde bot sich für die EnBW als internationale Marketingplattform geradezu an.

Die Minimierung der Auswirkungen der WM auf das globale Klima war das anspruchsvollste Ziel im Gesamtkonzept der FIFA. Durch Klimaschutzinvestitionen an anderer Stelle sollten alle Treibhausgasemissionen kompensiert werden, die bei der FIFA Fußball-WM 2006™ entstanden waren.[429] Das Umweltkonzept „Green Goal" spielte für die EnBW ebenfalls eine wichtige Rolle. Es stellte die umweltspezifischen Aktivitäten der EnBW in der Öffentlichkeit positiv dar. Die EnBW wollte damit ihr mit der Kernkraft verbundenes (Negativ-)Image ablegen und dem Zeitgeist entsprechend ein Image als ökologisch orientiertes und umweltfreundlich handelndes Unternehmen gewinnen. Claassen zeigte sich begeistert über den

Umweltgedanken: „Die EnBW ist beim Green Goal dabei – das ist für uns selbstverständlich. Denn als führendes Energieunternehmen haben wir eine gesellschaftliche Verantwortung, umweltbewusst zu handeln und Vorbild zu sein. Dabei ist Fußball ideal, die Menschen geradezu spielerisch für mehr Energiebewusstsein zu gewinnen. Im Bereich Energie kann sich die EnBW als kompetenter und engagierter Partner der FIFA, des WM-Organisationskomitees und des Fußballs einbringen. Dies kann von der Energiebelieferung einzelner WM-Stadien mit regenerativ erzeugtem Strom über die Beratung hinsichtlich der Nutzung von Energieeinsparpotenzialen bis hin zur Unterstützung bei der Verbreitung der Ziele von Green Goal reichen. Fest steht: Green Goal macht die Umwelt zum ersten Sieger der WM."[430]

6.3   Deutsche Bahn

Durch die Liberalisierung der europäischen Bahngesellschaften ist die Deutsche Bahn heute ein privatisiertes und unter dem Dach einer Holding integriertes Unternehmen, das sich noch vollständig im Staatsbesitz befindet, aber Verkehrs- und Infrastrukturleistungen nach unternehmerischen Kriterien zu erbringen hat. Die Deutsche Bahn versteht sich als ein überdurchschnittlich wachsender Dienstleistungskonzern mit guter Ertragskraft und europäischer Ausrichtung. Im Geschäftsjahr 2008 beschäftigte die Deutsche Bahn ca. 240.000 Mitarbeiter in Vollzeit und erzielte einen Umsatz von ca. 33,5 Milliarden Euro.[431] Insbesondere in den vergangenen Monaten ist die Deutsche Bahn allerdings durch verschiedene Datenschutzaffären und den darauf folgenden Rückzug des ehemaligen Vorstandsvorsitzenden Hartmut Mehdorn in die Kritik geraten. Noch im Oktober 2008, bereits zu Zeiten der Wirtschafts- und Finanzkrise, wurde über ein mögliches Going Public der Deutschen Bahn diskutiert.

Die Geschäftsfelder der Deutschen Bahn sind DB Bahn Fernverkehr, DB Bahn Regio, DB Bahn Stadtverkehr, DB Bahn Logistics, DB Bahn Rail, DB Netze Fahrweg, DB Netze Personenbahnhöfe, DB Netze Energie und Dienstleistungen. Die Hauptgeschäfte sind nach wie vor der Personen- und Güterverkehr auf der Schiene. Touristik und Logistik sollen besonders gute Chancen für weiteres Wachstum bieten. Die Vorteile, die der Schienenverkehr beim Umweltschutz bietet, sollen vom Konzern konsequent genutzt werden.[432]

6.3.1   Sponsoringhistorie und -konzept der Deutschen Bahn

Die Deutsche Bahn engagiert sich in den vier klassischen Sponsoring-Bereichen Umwelt-, Sozial-, Kultur- und Sport-Sponsoring und setzt hier verschiedene Schwerpunkte.

Sponsoring-Engagement der Deutschen Bahn

Im Bereich Umwelt- und Sozial-Sponsoring hilft die Deutsche Bahn insbesondere mit der Stiftung Off-Road-Kids jungen Menschen, die obdachlos geworden sind. Weitere Sponsoring-Projekte in diesem Bereich sind: „Bahn-Azubis engagieren sich gegen Fremdenfeindlichkeit, Hass und Gewalt", „In letzter Sekunde – Innovatives Schulprojekt mit breitem Medienpaket", „Bahn unterstützt Drehbuchwettbewerb für Schüler der 7. – 12. Klassen" und „Stiftung Lesen – So macht Lesen Spaß". Als einer der größten Ausbilder und Arbeitgeber in Deutschland sieht sich die Deutsche Bahn in der Pflicht, sich gesellschaftlich zu engagieren. Der Schwerpunkt der Aktivitäten liegt dabei vor allem im Kinder- und Jugendbereich.[433]

Als Kultur-Sponsoring kann die Kooperation mit der Blue Man Group, Berlin angesehen werden. Die Blue Man Group ist eine aus den USA stammende Multi-Media-Performance mit drei kahlköpfigen und blauen Gestalten in den Hauptrollen, deren Show im Mai 2005 in Berlin startete.

Sport-Sponsoring bei der Deutschen Bahn

Im Bereich Sport-Sponsoring engagiert sich die Deutsche Bahn in den Bereichen Basketball, ISTAF, „Jugend trainiert für Olympia" und FIFA Fußball-WM 2006™ in Deutschland. Im Basketball-Sponsoring wird speziell die Nachwuchsförderung der Bahn Basketball Academy sowie der mehrfache Deutsche Meister Alba Berlin und die gesamte Basketball Bundesliga unterstützt.[434]

Seit 2002 fördert die Deutsche Bahn, als einer der Hauptsponsoren, das internationale Stadionfest (kurz ISTAF) in Berlin. Beim ISTAF belegt die DB-Tochtergesellschaft Schenker als Logistik-Dienstleister die Startnummern der Athleten. Zudem war Schenker offizieller Lieferant des Internationalen Olympischen Komitees für Spedition und Zollabfertigung der Olympischen Spiele in Athen, Turin sowie Peking und fördert als Partner Deutschlands das Nationale Olympische Komitee und die Stiftung Deutsche Sporthilfe.[435]

Seit 1995 organisiert die Deutsche Bahn als Official Carrier An- und Abreisen der Schüler zu den Bundeswettkämpfen „Jugend trainiert für Olympia". Jeweils im Mai und im September findet das Finale statt, in denen die Bundessieger in Badminton, Beach-Volleyball, Fußball, Handball, Hockey, Leichtathletik, Tennis und Rudern ermittelt werden. Rund 7.800 Teilnehmer aus dem gesamten Bundesgebiet sind dann unterwegs.[436]

6.3.2 Deutsche Bahn als Sponsor bei der FIFA Fußball-WM 2006™

Als sechster Nationaler Sponsor der FIFA Fußball-WM 2006™ vereinbarte die Deutsche Bahn mit der FIFA am 8. Dezember 2004 einen Sponsoring-Vertrag. Hartmut Mehdorn, damaliger Vorstandsvorsitzende, und Franz Beckenbauer unterzeichneten den Vertrag.[437] Laut Horizont Sport Business Online betrug das Sponsoring-Volumen der Deutschen Bahn ca. 13 Millionen Euro, wovon zwischen 4 bis 6 Millionen Euro in bar ausgezahlt wurden und der Rest in Form von Transportleistungen erbracht wurde.[438] So unterstützte die Deutsche Bahn den Medien-Service mit einer außergewöhnlichen Dienstleistung für Journalisten, die es zuvor noch nie bei einer internationalen Großveranstaltung gab. Die rund 6.000 Berichterstatter erhielten gleichzeitig mit ihrer WM-Akkreditierung die Berechtigung, sechs Wochen lang im gesamten Nah- und Fernverkehrsnetz der Deutschen Bahn individuell und kostenfrei zu reisen.[439]

Investitionen in die Verkehrsinfrastruktur

Das Engagement der Deutschen Bahn als Staatsunternehmen war als Teilengagement des Bundes, der Länder und der Kommunen anzusehen. „Bei der WM wird nicht nur der Ball rollen, sondern auch der Verkehr. Deutschland wird sich als guter Gastgeber zeigen. Straßen, Schienen, Bahnhöfe und Haltestellen werden sich im frischen Glanz zeigen", bemerkte der damalige Bundesverkehrsminister Stolpe am 16. März 2005 im Berliner Olympiastadion zum Stand der FIFA Fußball-WM 2006™ Vorbereitungen.[440]

Für den Ausbau und die Erweiterung von Bundesfernstraßen im Einzugsgebiet der Austragungsstädte wurden etwa 3,7 Milliarden Euro bereitgestellt. Mit 55 Millionen Euro förderte der Bund die Informationstafeln an Bahnhöfen. Weitere 802 Millionen Euro investierte der Bund für Vorhaben zur Verbesserung des Nahverkehrs in den Austragungsorten. Länder und Kommunen stellten weitere Investitionsmittel bereit. Für kommunale Straßen und Park & Ride-Anlagen wurden jeweils 400 Millionen Euro und in den öffentlichen Verkehr 300 Millionen Euro investiert. Auch die Deutsche Bahn investierte in Bahnhöfe, die zusammen mit Zügen in ihrem Erscheinungsbild WM abgestimmt wurden.[441]

Bei der FIFA Fußball-WM 2006™ war erstmals in der WM-Geschichte die Eintrittskarte zu den Spielen gleichzeitig ein Kombiticket für die kostenlose Benutzung öffentlicher Verkehrsmittel des Verkehrsverbundes im Austragungsort. Die Deutsche Bahn unterstützte dies mit einem weiteren attraktiven Angebot. Die Eintrittskarte zu den Spielen berechtigte zum Kauf eines Bahnfahrscheins zu den Konditionen einer BahnCard 25.[442]

Imagesteigernde Maßnahmen

Im Rahmen der FIFA Fußball-WM 2006™ in Deutschland hatte die Deutsche Bahn die besten Voraussetzungen, um ihr schlechtes Image zu verbessern. Sie schaffte die Nahverkehrszüge der Strecke Mannheim-Karlsruhe ein Jahr früher an als ursprünglich geplant. Die alten Züge hatten auf dieser Strecke ständig technische Probleme, was zu erheblichen Verspätungen führte. Durch die kostenfreie Nutzung des Bahnnetzes während der WM für Journalisten, wurde der Personenkreis gefördert, der als Meinungsmultiplikator dient.[443] Die Deutsche Bahn pflegte mit diesen Aktivitäten den Kontakt zu den Medien. Im Großen und Ganzen war der Tenor der Journalisten eher positiv gegenüber der Deutschen Bahn. Mit Hilfe der Medien war es möglich, einen positiven Imagetransfer von der FIFA Fußball-WM 2006™ auf das Unternehmen Deutsche Bahn zu erzielen.

Motivation der Mitarbeiter

Die Deutsche Bahn bietet fast ausschließlich Dienstleistungsprodukte an. Um eine gute Qualität der Dienstleistung zu liefern, muss besonders auf die Bedürfnisse der Kunden eingegangen werden. Kundenorientiertes Handeln ist jedoch nur mit motivierten Mitarbeitern möglich, die kreativ sowie zielstrebig arbeiten und somit zum Erfolg des Unternehmens beitragen. Sind die Mitarbeiter demotiviert, erfüllen diese den so genannten „Dienst nach Vorschrift" und dies schadet jedem Unternehmen, weil die Qualität stark darunter leidet.[444] Neben der monetären Mitarbeitermotivation setzte die Deutsche Bahn zu WM-Zeiten auch andere Möglichkeiten ein, um die Motivation zu verbessern. Eine dieser nicht monetären

Motivationsanreize war das Sport-Sponsoring. Bei den Mitarbeitern entstand ein „Wir-Gefühl", dass zum „WM-Erfolg" der Deutschen Bahn beigetragen hat.[445] Vor dem Hintergrund der jüngsten weitreichenden Datenschutzaffären bei der Deutschen Bahn sind allerdings umfassende Maßnahmen zur Mitarbeitermotivation neu zu bewerten und umzusetzen.

Schenker übernimmt die Logistik

Die Deutsche Bahn unterstützte die FIFA Fußball-WM 2006[TM] als Mobilitäts- und Logistikdienstleister und demonstrierte dabei ihre Stärken.[446] Dabei übernahm das Tochterunternehmen Schenker die Logistik für den Fußball Globus, der ein Kunst- und Kulturgegenstand gleichermaßen darstellte und ein Highlight im Zusammenhang mit dem Kulturprogramm während der WM war.[447] Von außen bot der Fußball-Globus multimediale Präsentationen. Im Inneren fanden Veranstaltungen wie Dichterlesungen, Vorträge und Diskussionsrunden mit Bezug zum Fußball statt. Schenker hat langjährige Erfahrungen mit Logistikdienstleistungen für sportliche Großereignisse.[448]

Der Fußball-Globus tourte bis zum 31. Juli 2006 durch Deutschland. Am 12. September 2003 wurde der vom Wiener Künstler André Heller gestaltete Multimedia-Globus auf die Reise zu den zwölf deutschen Austragungsorten geschickt. Seit dem Start in Gelsenkirchen wurde der Fußball-Globus mit dem Prädikat „Moved by Schenker" in Verbindung gebracht.[449] Der Ab- und Aufbau dauerte an den Standorten jeweils rund einen Monat. Für die Transportkoordination, die bedarfsgerechte Anlieferung der Bauteile und der Ausrüstung sowie für den Nachschub sorgte Schenker. Neben den 60 t Stahl, die sechs Lastkraftwagen füllten, verbaute das Unternehmen in dem 20 m hohen Fußball-Globus unter anderem rund 4,8 km Kabel, 20.000 Bildschirme, 40 Lautsprechersysteme und 20 Projektoren.[450] Schenker demonstrierte damit seine umfangreichen Erfahrungen im Bereich der Logistik für sportliche Großereignisse. Gerade in der Logistikbranche liegt ein hohes Wachstumspotenzial für die Deutsche Bahn.[451]

Reisequalität und Leistungsfähigkeit

Die Deutsche Bahn wollte den Fußballfans ein komfortables, schnelles und günstiges Reisen ermöglichen. Die Bahnhöfe Köln, Frankfurt am Main, Hannover und Leipzig waren bereits vorher modernisiert worden. In Berlin wurden die Bahnhöfe bis zum Turnierbeginn fertiggestellt, wobei der Berliner Hauptbahnhof danach ein Highlight unter den deutschen Bahnhöfen darstellte.[452]

Die Deutsche Bahn bot dem Kunden und den Fußballfans ein Höchstmaß an Reisequalität und demonstrierte so gleichzeitig ihre Leistungsfähigkeit. Im Vergleich zum Auto gab es weder Staus noch Parkplatzprobleme und im Gegensatz zu den Flughäfen waren keine Abfertigungen und Transfers nötig. Die Bahnhöfe der WM-Städte lagen aufgrund ihrer zentralen Lagen immer optimal, so dass die Stadien gut zu erreichen waren.[453] In Kombination mit einem Eintrittsticket zu einem WM-Spiel warb die Deutsche Bahn mit attraktiven Angeboten und bot ihre Tickets darüber hinaus zu vergünstigten Preisen an. Gerade im Preiskampf mit den Billigfluggesellschaften konnte die Deutsche Bahn hierdurch Defizite, die sie in der Vergangenheit hinnehmen musste, ausgleichen.[454]

Der Unternehmensbereich „Personenverkehr" ist immer noch eine der wichtigsten Säulen innerhalb des Konzerns, der prozentuale Anteil des Konzernumsatzes lag im Geschäftsjahr 2008 bei ca. 36%. Daher bestand hier ein äußerst großes Interesse, die Leistungsfähigkeit zu demonstrieren, um Kunden bzw. Fußballfans langfristig an die Deutsche Bahn zu binden.[455]

7 Planung und Organisation der FIFA Fußball-WM 2010™

Im Jahr 2010 werden die Fußball-Weltmeisterschaften zum ersten Mal auf dem afrikanischen Kontinent ausgetragen, in Südafrika. Südafrika ist ein Land mit einerseits hohem wirtschaftlichem Wachstum und mittlerweile politisch relativ stabilen Verhältnissen, andererseits ist die Republik aber auch durch eine hohe Arbeitslosigkeit, große Armut und eine hohe Kriminalitätsrate geprägt.

7.1 Südafrika als Gastgeberland

Um die heutigen Verhältnisse in der Republik Südafrika zu verstehen, ist es sinnvoll, sich einen kurzen Überblick über die Vergangenheit des Landes und die Entwicklung der noch sehr jungen Demokratie zu verschaffen.

Beauftragt von der Niederländischen Ostindien-Kompanie richtete der Niederländer Jan van Riebeeck am 6. April 1652 eine Versorgungsstation am Kap ein. Diese sollte als Rastplatz für Handelsschiffe dienen, die auf der Europa-Südostasien-Route unterwegs waren. Die Niederländer begannen nach und nach damit das Land um den Stützpunkt zu besiedeln und zu vergrößern und schließlich auch in Besitz zu nehmen. Im Jahre 1797 besetzten britische Truppen die Region. Nach dem Frieden von Amiens im Jahre 1806 mussten die Briten das Land wieder an die Holländer abtreten. Diese nahmen die Kolonie aber vier Jahre später wieder ein und errichteten dort eine Kolonie Großbritanniens.[456]

Die wirtschaftliche Expansion im 19. Jahrhundert wurde durch die Entdeckung von Diamanten im Jahr 1867 und von Goldvorräten im Jahr 1886 ausgelöst. Das starke wirtschaftliche Wachstum förderte auch die Einwanderung vieler Europäer. Während dieser Zeit fanden zwei Burenkriege statt (1880–1881 und 1899–1902). Am Ende siegte das Britische Königreich über die Burenrepubliken. Die Engländer akzeptierten in den Friedensverträgen neben der Anerkennung von Afrikaans als Amtssprache auch diskriminierende Regelungen, die die Bürgerrechte der nicht-weißen Bevölkerung Transvaals und des Oranje-Freistaats begrenzten. Nach vierjähriger Verhandlung wurde am 31. Mai 1910 schließlich aus den ehemaligen vier Kolonien Natal, Transvaal, Oranje-Freistaat und der Kapkolonie die Südafrikanische Union gegründet. 24 Jahre nach der Gründung vereinigte sich die britische südafrikanische Partei (South African Party) und die Nationale Partei aus dem Lager der Buren zur United

Party. Dieser Zusammenschluss sollte die beiden Gruppen nur kurzfristig miteinander versöhnen, denn schon fünf Jahre später waren sie wieder gespalten.[457]

Nach den beiden Weltkriegen konnte die weiße Bevölkerung, die in der Minderheit war, ihre Macht erhalten. Die politische Führung des Landes lag nun in den Händen der National Party. Unter ihrer Führung wurde auch die Apartheid eingeführt und die strenge Rassentrennung wurde zum Gesetz. Nach jahrzehntelangen Widerständen wurde im Jahre 1990 der erste Schritt in Richtung „Freiheit für alle" gewagt, indem das Verbot des African National Congress (ANC) Partei sowie anderer politischer Organisationen aufgehoben wurde. Außerdem durfte Nelson Mandela nach einer 27 Jahre langen Haft wieder zurück in die Freiheit. Bei den ersten freien Wahlen 1994 siegte der ANC mit überwältigender Mehrheit. Zunächst gab es nur eine Übergangsverfassung. Am 3. Februar 1997 trat die neue Verfassung in Kraft.[458]

7.1.1   Land und sozial-gesellschaftliche Verhältnisse

Der Staat Südafrika erstreckt sich über eine Fläche von ca. 1,2 Millionen km². Die Bodenfläche Deutschlands beträgt im Vergleich hierzu gerade einmal ca. 360.000 km². Das Land, an der südlichen Spitze des Afrikanischen Kontinents gelegen, ist durch eine Vielzahl von Klimazonen geprägt, die von subtropischem Klima bis hin zu gemäßigten Klimazonen reichen. Durch seine Lage auf der Südhalbkugel sind die Jahreszeiten gegenüber den Jahreszeiten in Europa genau entgegengesetzt.[459]

Es leben ca. 48 Millionen Menschen im Land. Auf die Fläche umgerechnet ergeben sich ca. 39 Einwohner pro km². Den größten Anteil der südafrikanischen Bevölkerungsgruppen machen die Schwarzafrikaner mit ca. 79,6% aus. Ungefähr 9,1% der Gesamtbevölkerung sind weiß. 8,9% sind „coloured", wobei dieser Begriff für Mischlinge sehr stark kritisiert wird. Außerdem gibt es einen Bevölkerungsanteil von ca. 2,5% mit indischer oder asiatischer Abstammung. Obwohl mit mehr als dreiviertel der Anteil der Africans/Schwarzafrikaner sehr hoch ist, ist diese Gruppe in keiner Weise homogen, sondern auch hier gibt es zahlreiche kulturelle und sprachliche Unterschiede. Südafrika hat elf offizielle Landessprachen. Diese sind Afrikaans (ähnelt sehr stark der niederländischen Sprache), Englisch, IsiNdebele, IsiXhosa, IsiZulu, Northern Sotho (Sepedi), Sesotho, Setswana, SiSwati, Tshivenda und Xitsonga. Englisch und Afrikaans sind die Amtssprachen.[460] Ungefähr 68% der Bevölkerung haben sich verschiedenen christlichen Glaubensrichtungen angeschlossen. Ca. 28,5% sind Anhänger von traditionell afrikanischen Religionen. Außerdem leben ca. 1,5% Hindus und ca. 2% Muslime in Südafrika.[461] So kann man zu Recht behaupten, Südafrika sei eine „Regenbogennation".[462]

Bevölkerungs-gruppe	Männlich		Weiblich		Gesamt	
	Anzahl	Anteil Gesamt-bevölkerung [%]	Anzahl	Anteil Gesamt-bevölkerung [%]	Anzahl	Anteil Gesamt-bevölkerung [%]
African	18 775 600	79,7	19 304 300	79,5	38 079 900	79,6
Coloured	2 081 500	8,8	2 163 500	8,9	4 245 000	8,9
Indian/Asian	574 900	2,4	598 800	2,5	1 173 700	2,5
White	2 130 600	9,1	2 221 500	9,1	4 352 100	9,1
Total	23 562 600	100,0	24 288 100	100,0	47 850 700	100,0

Tab. 12: Bevölkerung Südafrika: Halbjahres-Schätzungen 2007[463]

7.1.2   Wirtschaftliche Situation in Südafrika

Der politische Wandel brachte eine wirtschaftliche Veränderung mit sich. Die Regierung nahm in Zeiten der Apartheid wirtschaftliche Sanktionen sowie den Rückzug vieler wirtschaftlicher Organisationen aus Südafrika in Kauf. Außerdem brachten die politischen und rechtlichen Rahmenbedingungen immer ein besonderes Investitionsrisiko mit sich. Doch seit der Einführung einer offenen und freien Marktwirtschaftsordnung wächst das Vertrauen ausländischer Investoren langsam wieder. Mittlerweile wird sogar vom Wirtschaftsmotor Afrikas gesprochen.[464] Die südafrikanische Wirtschaft verzeichnete seit der Einführung der Demokratie ein jährliches Wachstum von bis zu 5%. Jedoch erfolgte auch hier durch die weltweite Finanzkrise eine Verringerung des Wirtschaftswachstums auf 3,1% in 2008.[465] Die südafrikanische Regierung prognostiziert ein moderates Wachstum von 1,2% für das Jahr 2009. Für die niedrigste wirtschaftliche Prognoserate seit 1998 zieht die südafrikanische Regierung unterschiedliche Ursachen heran: Zum einen bremst die Energieknappheit das wirtschaftliche Wachstum des Landes. Zum anderen stören Faktoren, wie die nachlassende Inlandsnachfrage, ein Leistungsbilanzdefizit von 8,1%, der volatile Rand sowie die seit Ende 2008 sinkenden Exporte und ein Preisverfall für wichtige südafrikanische Exportgüter.[466]

Die Landeswährung ist der südafrikanische Rand. Mit Stand vom Juli 2009 schwankte der Rand in Relation zum Euro um ca. 11 ZAR/EURO (siehe Abbildung 92).[467]

Abb. 92: Entwicklung des Südafrikanischen Rands gegenüber des Euros[468]

Die Arbeitslosenquote in Südafrika liegt bei 25,5%. Im Jahr 2003 waren es noch 31,2%. Von der arbeitenden Bevölkerung sind 8,5% der Beschäftigten im Landwirtschaftssektor und 23,9% im Handel tätig, in der Industrie arbeiten 22,5% und im Bergbau 3,1%. 46% der Erwerbstätigen sind weiblich.[469]

Für Südafrika spielen, neben Deutschland, die Länder USA, Großbritannien, Japan und China als Handelspartner eine bedeutende Rolle. Das wichtigste Importland Südafrikas ist Deutschland, speziell bei Investitionsgütern und im Technologietransfer. Traditionelle Güter, die nach Deutschland exportiert werden, sind Gold, Kohle und Metalle. Neuerdings liefert Südafrika auch zunehmend verarbeite Industriegüter nach Deutschland. Maschinen, Rohstoffe, NE-Metalle, Eisen und Stahl, Nahrungsmittel, Kfz-Wagen und Einzelteile sowie Chemikalien und Elektrotechnik werden von Deutschland nach Südafrika exportiert.[470]

Im Bereich Forschung und Technologie liegt Südafrika auf dem afrikanischen Kontinent an erster Stelle. Im Forschungsbereich Verflüssigungstechnologien sowie in einigen anderen Bereichen ist Südafrika sogar weltweiter Marktführer. Im internationalen Vergleich ist Südafrika im Bereich Forschung gut entwickelt. Forschungskooperationen mit Deutschland bestehen in den Gebieten Astronomie, Biodiversität, Produktionstechnologien, Stadtentwicklung, Wasserressourcenmanagement sowie Geo-, Antarktis- und Meereswissenschaft.[471]

7.1.3   Fußballsport in Südafrika

Das Sportangebot in Südafrika ist grundsätzlich mit dem in Europa zu vergleichen, wobei Rugby und Cricket momentan noch populärer sind als Fußball. Beide Sportarten werden in Schulen unterrichtet. Außerdem bringen die Fernsehübertragungen der „Springbocks", das ist die Bezeichnung der Rugby-Nationalmannschaft, hohe Einschaltquoten. Allerdings existieren mittlerweile auch Fußball-AGs an vielen Schulen. Generell ist Fußball bei der schwarzen Bevölkerung aber noch beliebter als bei den Weißen. Seit der letzten FIFA Fußball-WM 2006™ in Deutschland hat sich das geändert und der Fußballsport wird mittlerweile auch von der weißen Bevölkerung besser angenommen.[472]

Gegen Ende des 19. Jahrhunderts wurde der Fußballsport nach Südafrika importiert, als im Jahre 1879 die eingewanderten Europäer den ersten Fußballclub namens Pietermaritzburg Country in Südafrika ins Leben riefen. Drei Jahre später wurde der erste Südafrikanische Fußballverband South African Football Association (SAFA), später in „Football Association of South Africa" umbenannt, gegründet. Damals galten allerdings noch strikte Apartheids-Richtlinien, die es nur den Weißen erlaubte, im Team aufgenommen zu werden. Die schwarze Bevölkerung wurde zu jener Zeit weitgehend vom Fußballspielen abgehalten. An einigen Plätzen war es ihnen nicht einmal gestattet, ein Fußballspiel überhaupt anzusehen. Bereits 1898 reiste das schwarze „Orange Free State Bantu Soccer Team" als erste südafrikanische Fußballmannschaft nach England. 1903 wurde desgleichen ein Fußballverband der südafrikanischen Inder gegründet (South African Indian Football Association). Damit wird auch an dieser Stelle die Rassentrennung deutlich. Wiederum 30 Jahre später entstand ein Dachverband für die schwarzen Fußballer mit der Bezeichnung „Fußballverband der südafrikanischen Bantu". Außerdem wurde der South African Coloured FA gegründet. Seit Mitte der 1940er Jahre wurden auch immer häufiger gemischte Turniere ausgetragen, wobei die Weißen zumindest in den Anfangsjahren unter sich blieben. Das Ergebnis dieser Bestrebungen war die Gründung der South African Soccer Federation im Jahre 1951. Diese Vereinigung trug dazu bei, die Apartheid zu bekämpfen. Beim FIFA-Kongress in Tokio wurde aber dennoch beschlossen, Südafrika von der FIFA auszuschließen. Damit durfte Südafrika nicht mehr an WM-Turnieren teilnehmen.[473]

1959 gründeten die „Weißen" die erste Profiliga in Südafrika, die „National Football League". Der Sport fand großen Anklang unter den Zuschauern und die Stadien waren gut besucht. Die meisten Stadien verfügten über kleine Bereiche für „nicht-weißes" Publikum. Dennoch übten die Spiele der Mannschaften aus den schwarzen Townships eine magnetische Wirkung aus und zogen große Zuschauermassen an. So wurde dann auch 1971 die National Professional Soccer League gegründet. Es handelte sich um eine „schwarze League".[474] Angelockt von den großen Zuschauerzahlen, die auch höhere Einnahmen bedeuteten, wechselten die „weißen" Vereine zur schwarzen National Professional Soccer League. Als Höhepunkt des Vereinigungsprozesses wurde am 8. Dezember 1991 der Südafrikanische Fußballverband SAFA gegründet. Zumindest der Fußballsport sollte von nun an von Rassenbeschränkungen befreit sein. Von diesem Zusammenschluss waren vier Organisationen betroffen: die Football Association of South Africa, die South African Soccer Association, die South African Soccer Federation und die South African National Football Association. Dieser Schritt eröffnete Südafrika wieder die Möglichkeit, in die FIFA aufgenommen zu werden. Im Juni 1992 nahm die FIFA Südafrika beim FIFA-Kongress in Zürich wieder offiziell als Mitglied auf. Seither erzielte die Südafrikanische Nationalelf schon einige Erfolge. Die Mannschaft qualifizierte sich bspw. für die WM 1998 in Frankreich. 1996 trat Südafrika als Ausrichter für den Afrikanischen Nationen-Pokal auf und gewann diese Meisterschaft. Zwei Jahre später wurde dieser Wettbewerb in Burkina Faso ausgetragen, wo es die südafrikanische Nationalelf immerhin bis ins Finale schaffte. Außerdem qualifizierte sich das Team für die FIFA Fußball-Weltmeisterschaften in Südkorea/Japan 2002[TM]. Sportlich gesehen fand die Mannschaft einen schnellen Anschluss auf internationaler Ebene.[475]

Der Aufbau und die Administration des Spielbetriebs des südafrikanischen Fußballs sowie die gegenwärtige Struktur ähneln sehr stark der englischen „Football Association".[476]

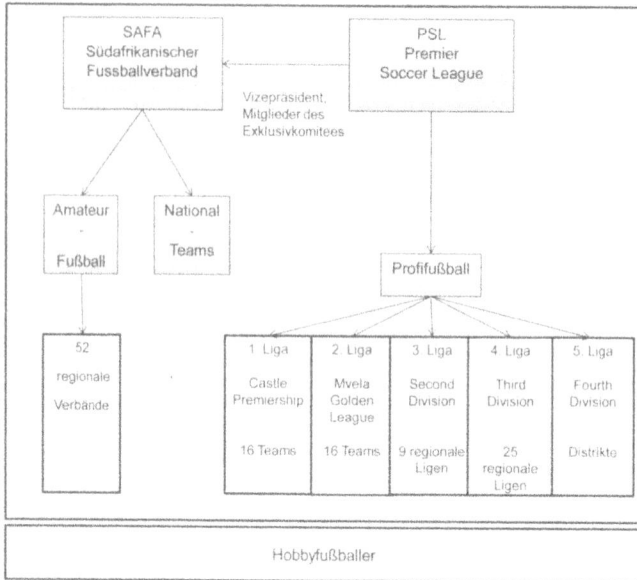

Abb. 93: Organisation des südafrikanischen Fußballs[477]

Die Administration des Spielbetriebs untergliedert sich in die beiden Bereiche Südafrikanischer Fußballverband (SAFA) und die Premier Soccer League (PSL). Der Verantwortungsbereich der SAFA liegt neben der Administration der Nationalteams auch bei den Amateurteams Südafrikas. Sie dient auch als Überwachungsorgan des Fußballsports und ist somit gleichzeitig die oberste Fußballinstanz. An die SAFA ist die PSL angegliedert. Die PSL verantwortet den südafrikanischen Profifußball und handelt weitestgehend selbständig. Sie verfügt über Einnahmen in Millionenhöhe durch die Vergabe von Fernseh-, Marketing- und Sponsorenrechten.[478]

Die PSL ist sehr populär und damit ist das Interesse der Bevölkerung für diese Liga sehr hoch. Die PSL stellt neben einem Vizepräsidenten auch mehrere Mitglieder des Exklusivkomitees der SAFA. Daneben spielen in Südafrika zahlreiche Hobbysportler Fußball, die keinem organisierten Verein angehören. Ein Lizensierungsverfahren, wie es in vielen Ländern Europas bereits eingeführt ist, gibt es in Südafrika nicht. Deshalb ist auch eine genaue Aussage über die Anzahl der aktiven Fußballspieler nicht möglich. Der Südafrikanische Fußballverband besteht aus 52 regionalen Verbänden und verzeichnet ca. 1,8 Millionen Fußballspieler. Die tatsächliche Zahl dürfte jedoch weitaus höher liegen und wird mehr als doppelt so hoch geschätzt.[479]

Die PSL unterteilt sich in fünf Ligen. Die höchste südafrikanische Liga besteht aus 16 Teams. Auch in der zweiten Liga spielen 16 Mannschaften. Sie ist auch als „Mvela Golden League" bekannt. Die Ligen 3, 4 und 5 sind in regionale Gruppen untergliedert, was auf die weiten Entfernungen zurückzuführen ist.[480]

7.2 Organisationsstruktur der FIFA Fußball-WM 2010™

In ähnlicher Weise wie für die Organisation der FIFA Fußball-WM 2006™ in Deutschland wurde für die bevorstehende FIFA Fußball-WM 2010™ in Südafrika ein lokales Organisationskomitee eingerichtet, das für die Planung und Durchführung dieses Mega-Events zuständig ist. Die verschiedenen Verantwortungsbereiche sind im Organigramm in Abbildung 94 dargestellt.

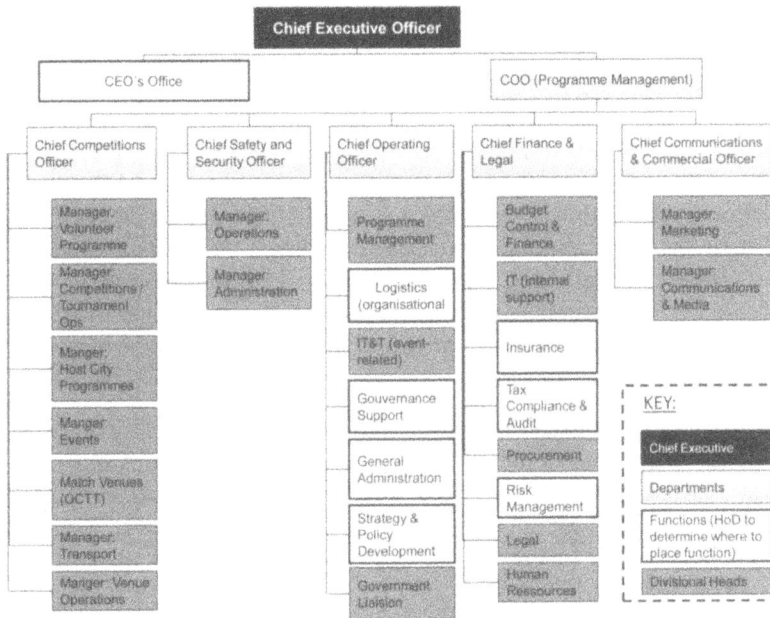

Abb. 94: LOC Administrative Organigram: Lokales Organisationskomitee der FIFA Fußball-WM 2010™[181]

7.3 Infrastruktur

Im Vergleich zu anderen Ländern auf dem afrikanischen Kontinent ist das Versorgungsnetz in Südafrika besser ausgebaut. Allerdings gibt es im Vergleich zur FIFA Fußball-WM™ in Deutschland noch erhebliche strukturelle Defizite zu meistern, um für das bevorstehende Ereignis gerüstet zu sein.

Zwar sammelte das Land Südafrika bereits Erfahrungen bei Großveranstaltungen, wie z.B. der Rugby-WM 1995, dem Cricket World Cup 2003, mehreren internationalen Golfturnieren, dem World Cup A1 Autorennen 2006 in Durban sowie dem Confederations Cup 2009™. Jedoch erwartet das Land bei der WM 2010 weitaus mehr Zuschauer und Besucher.

Deshalb stellt dieses Mega-Event die Republik Südafrika, vor allem in Bezug auf die Kapazitäten, vor neue Herausforderungen. Das Land hat sich zum Ziel gesetzt, bis 2010 die gesamte Infrastruktur weitestgehend zu modernisieren. Dabei kann nicht klar unterschieden werden, welche Maßnahmen WM-spezifisch anfallen und welche Maßnahmen der allgemeinen Sanierung zuzuordnen sind.

Im Folgenden wird die allgemeine Situation verschiedener ausgewählter Grundeinrichtungen wie Verkehrsinfrastruktur, Kommunikation sowie die Versorgungsinfrastruktur in Südafrika erläutert. Dabei wird nicht auf einzelne Standorte eingegangen, sondern eher die durchschnittliche Lage dargestellt.

7.3.1   Transport und Verkehr

In Südafrika gibt es drei internationale Flughäfen: Johannesburg International, Cape Town International und Durban International. Regionale Flughäfen befinden sich in Bloemfontein, East London, George, Kimberley, Port Elizabeth Pilanesberg und Upington. Der OR Tambo International Airport in Johannesburg ist der größte und am meisten frequentierte Flughafen Südafrikas und damit auch der Verbindungsknoten zu internationalen Flughäfen aus aller Welt. Die meisten Menschen, die nach Südafrika kommen, nehmen die Route über Johannesburg. Von hier aus fliegen sie dann weiter an das entsprechende Reiseziel innerhalb Südafrikas. Der Flughafen befindet sich momentan im Ausbau und es werden Modernisierungsmaßnahmen durchgeführt, unter anderem auch, um das erhöhte Passagieraufkommen während der WM-Endrunde bewältigen zu können.[482]

Für den Ausbau aller größeren Flughäfen in Südafrika hat der südafrikanische Flughafenbetreiber Airports Company South Africa (ACSA) bereits 2006 einen Fünf-Jahresplan aufgestellt. Insgesamt wurde für die Erweiterung aller 10 Flughäfen zuletzt ein Budget in Höhe von 19,3 Milliarden Rand genehmigt. In Durban entsteht bis zur WM ein neuer Flughafen. Auf dem neuen Airport sollen auch Langstreckenflugzeuge sowie Flugzeuge der neuesten Generation starten und landen können.[483]

Neben den Flughäfen profitiert von der WM auch die südafrikanische Fluggesellschaft South African Airways (SAA). Das Unternehmen nimmt im Rahmen des Ausbauprogramms für die FIFA Fußball-WM 2010™ neue Flugstrecken mit in das Programm auf. Zur Verbesserung von interkontinentalen Verbindungen ist eine neu gegründete afrikanische Airline seit Mitte des Jahres 2008 im Einsatz. Durch Schwächen verschiedener afrikanischer Airlines entstanden auf kontinentaler Ebene einige Lücken, die durch die neu gegründete Gesellschaft, vor allem im Hinblick auf das kommende Großevent, abgedeckt werden sollen.[484]

Sowohl das Straßen- als auch das Schienennetz sind relativ dicht. Die Gesamtlänge der Bahnstrecke in Südafrika beträgt ca. 21.000 km. Insgesamt verfügt das Land über ca. 183.000 km Straßen, davon sind ca. 62.000 km asphaltiert.[485]

Als Erbe aus der Kolonialzeit gilt der Linksverkehr auf den Straßen. Ein überzeugendes öffentliches Verkehrssystem gibt es allerdings in Südafrika nicht. Die wenigen Linienbusse sind zumeist veraltet. Da viele Einheimische aber nicht über einen eigenen PKW verfügen, sind sie auf andere Verkehrsmittel angewiesen. Die meisten nutzen deshalb Sammeltaxen oder Kleinbusse, die zu den überfüllten Straßen beitragen (siehe Abbildung 95). Außerdem ist deren technischer Zustand in den meisten Fällen schlecht. Häufig sind sie restlos überladen.[486]

Abb. 95: Südafrikanische Toyota-Taxis in Durban[487]

Durban, Kapstadt, East London, Port Elizabeth, Richards Bay und Saldanha sind die wichtigsten Seehäfen.[488] Die Häfen in Südafrika sind überlastet, wodurch Engpässe im Gütertransport entstehen. Deshalb investiert Südafrika in verschiede Modernisierungs- und Erweiterungsprojekte. Im größten Hafen, in Durban, werden z.B. neue Anlegestellen, Containerterminals und Lagerkapazitäten geschaffen. In anderen Hafenstädten steht die Anpassung der Häfen an die Ansprüche der jeweils bedeutenden Industriezweige, wie z.B. des Bergbaus oder der Automobilindustrie, im Vordergrund.[489]

7.3.2   IT und Telekommunikation

Im November 2007 begann Alcatel-Lucent, ein Überseekabel zu installieren. Bei dem 2 Milliarden USD teuren Projekt wurden insgesamt 50.000 km Kabel verlegt, so dass eine Telekommunikationsverbindung mit einer Kapazität von 3.84 Terabit/sek zwischen Afrika, Amerika, Indien und Europa möglich sein wird. Die neue Verbindung ermöglicht es, die großen Datenmengen während der WM termingerecht zu liefern. Außerdem profitiert auch die südafrikanische Wirtschaft, weil dadurch die Telekommunikationskosten reduziert werden.[490]

Bereits im August 2007 vereinbarte Cisco, der weltweit größte Netzwerkausrüster, eine Partnerschaft mit der Regierung der südafrikanischen Eastern Cape Provinz. Die Partnerschaft verfolgt den Zweck, die Verwendung der Informations- und Kommunikationstechnologie (ITK) in dieser Region zu fördern. Außerdem wird angestrebt, die Wirtschaft weiter auszubauen.[491]

Ebenfalls im August 2007 unterzeichnete der südafrikanische Telekommunikationsanbieter Telkom SA einen Vertrag als Nationaler Sponsor bei der FIFA. Der Hauptsponsor wird für die zur weltweiten Übertragung notwendigen Festnetzanschlüsse und für die Verlinkung der wichtigsten Veranstaltungsorte inklusive der zehn WM-Stadien und dem Medienzentrum verantwortlich sein.[492]

Voraussichtlich liegen die Ausgaben Südafrikas für Informations- und Telekommunikations-
technologien im Zusammenhang mit der FIFA Fußball-WM 2010™ bei ca. 2 Milliarden
Rand.[493]

Die Lizenz für die kommerziellen Übertragungsrechte für Satellit und Kabel vergab die südafrikanische Regulierungsbehörde an Telekom Media mit der Berechtigung für Satelliten-
Pay-TV und IPTV-Service in Südafrika.[494]

Seit dem Ende der Apartheid gibt es in Südafrika eine weitgehend freie und aktive Medien-
landschaft. Die Medien verwenden am häufigsten die beiden Amtssprachen Englisch und
Afrikaans. Es gibt auch einige Sender, die eine andere südafrikanische Sprache den Amtssprachen vorziehen. Mit der Einführung einer demokratischen Staatsform hielten auch das
Bürgerrecht auf freie Meinungsäußerung, die Freiheit der Presse und Medien sowie das
Recht auf künstlerische Freiheit und wissenschaftliche Forschung Einzug in die Verfassung.
Allerdings merken viele Kritiker an, dass immer noch eine bedingte Pressefreiheit vor-
herrscht. Vier große Medienunternehmen verlegen fast alle großen Tageszeitungen des Lan-
des. Es wird kritisiert, dass die Meldungen oftmals zu einseitig ausfallen, und dass die Be-
richterstattung der staatlichen Medienanstalt South African Broadcasting Corporation
(SABC) zu regierungsfreundlich ist. Viele der Angestellten des Staatsfernsehens sind auch
Mitglieder der ANC Partei bzw. werden von dieser beeinflusst.[495]

Das deutsche Unternehmen Solarworld startete für die FIFA Fußball-WM 2010™ ein besonderes Projekt. Für ca. 1 Million Euro stellt das Unternehmen in Südafrika rund 100 solarbe-
triebene Großbildfernseher auf. So können auch 100 Dörfer ohne Strom die WM-Spiele mit
verfolgen.[496]

7.3.3   Energieversorgung

Wegen des seit Jahren anhaltenden hohen Wirtschaftswachstums kommt es in der letzten
Zeit in Südafrika vermehrt zu Stromausfällen. Ende 2005 wurden mehrere Ausfälle, insbe-
sondere in und um Kapstadt, verzeichnet. Anfang 2007 fiel zeitweise sogar landesweit der
Strom aus. Um den erhöhten Energiebedarf und die Gefahr eines Energiemangels für die
FIFA Fußball-WM 2010™ in den Griff zu bekommen, kündigte der südafrikanische Strom-
lieferant „ESKOM" an, 15 Milliarden Euro in neue Kraftwerke zu investieren. Außerdem
reduzierte das Unternehmen die Liefergarantien in andere afrikanische Länder, in die es
Strom liefert, wie Botswana und Namibia. Zusätzlich dürfen nun erstmalig auch private
Investoren in Kraftwerke investieren. Durch diese Maßnahmen könnte das Land bis zur
WM-Endrunde rund 7.300 zusätzliche MW erzeugen. Südafrika könnte so seine gesamten
Stromkapazitäten auf 39.000 MW steigern.[497]

Trotz großer Bemühungen der Nationalregierung seit 1997 gibt es noch nicht in allen Gebieten Südafrikas eine ausreichende Grundwasserversorgung. Vor allem längere Trockenperio-
den in einigen Teilen des Landes lassen den Grundwasserspiegel unter das Versorgungsni-
veau absinken. Problematisch gestaltet es sich auch, die Townships mit genügend Wasser zu
versorgen.[498] In diesen Bezirken gibt es keine Vorrichtungen oder Kanäle für die Wasserver-
sorgung und -entsorgung.

Aufgrund zusätzlicher Wasserbedarfe während der FIFA Fußball-WM 2010™ können verstärkt Engpässe bei der Trink- und Nutzwasserversorgung auftreten. Für die Verbesserung der Wasserinfrastruktur in den nächsten 20 Jahren wurde eine Investitionssumme von 30 Milliarden Rand budgetiert. Davon sollen Dämme gebaut werden und Pipelines entstehen.[499]

7.3.4   Unterbringung und Tourismus

Zum ersten Mal erlaubt die FIFA für eine WM auch die Unterbringung ihrer Gäste im „Nicht-Hotel-Sektor", denn ca. 55.000 Hotelzimmer werden für die FIFA Fußball-WM™ in Südafrika benötigt. Trotz diverser Bauprojekte neuer Hotels werden die vorhandenen Hotelzimmerkapazitäten nicht ausreichen. Somit werden über MATCH, den Hospitality-Partner der FIFA, auch Unterkunftsmöglichkeiten in Nationalparks, Ferienwohnungen und Gästehäusern angeboten. Für diese so genannten Bed & Breakfast Unterkünfte wurden Mindeststandards festgelegt, um den Gästen eine annähernd gleichwertig gute Qualität anbieten zu können.[500]

7.3.5   Medizinische Versorgung

Die medizinische Versorgung ist in Südafrika besser als in anderen afrikanischen Ländern. Es existieren sowohl private als auch öffentliche Krankenhäuser. Der Anteil an öffentlichen Krankenhäusern ist größer, der private Sektor ist aber von einem hohen Wachstum geprägt. In vielen Fällen wird der ärztliche Dienst sofort in bar bezahlt oder der Betrag wird per Kreditkarte abgerechnet.[501] Der Staat bietet den Einwohnern eine freie essenzielle Grundversorgung an. Wer über genügend Einkommen verfügt, kann aber auch hoch spezialisierte und mit der neuesten Technik ausgestattete private Dienstleistungen in Anspruch nehmen. Obwohl der Staat ca. 40% seiner Ausgaben in das Gesundheitswesen investiert, steht er unter Druck, 80% der Bevölkerung zu versorgen. Daneben ist das meiste Kapital auch im privaten Sektor konzentriert, der gerade einmal 20% der Bevölkerung bedient. 2004 gab es 161 private Krankenhäuser. 142 davon befanden sich in städtischen Gebieten. Mittlerweile hat sich die Anzahl der Krankenhäuser auf rund 200 erhöht.[502]

AIDS ist eines der größten Probleme in Südafrika. In keinem anderen Land der Erde tragen so viele Menschen das AIDS-Virus in sich wie in Südafrika. Ca. 15% der 48 Millionen Südafrikaner leben mit dem Erreger.[503] Lange Zeit lehnte die Regierung eine Versorgung der Menschen mit retroviralen Medikamenten ab.[504]

7.4   Städte und Stadien der FIFA Fußball-WM 2010™

Die Spiele der FIFA Fußball-WM 2010™ in Südafrika werden in den Stadien der folgenden neun Austragungsorte stattfinden: Johannesburg (Gauteng Province), Rustenburg (North West), Pretoria (Gauteng), Polokwane (Limpopo), Nelspruit (Mpumalanga), Durban (Kwa-

Zulu-Natal), Port Elizabeth (Eastern Cape), Kapstadt (Western Cape) und Bloemfontein (Free State).[505]

Die nachfolgende „Umrisskarte" von Südafrika gibt einen Überblick über die Lage der einzelnen WM-Städte (siehe Abbildung 96).

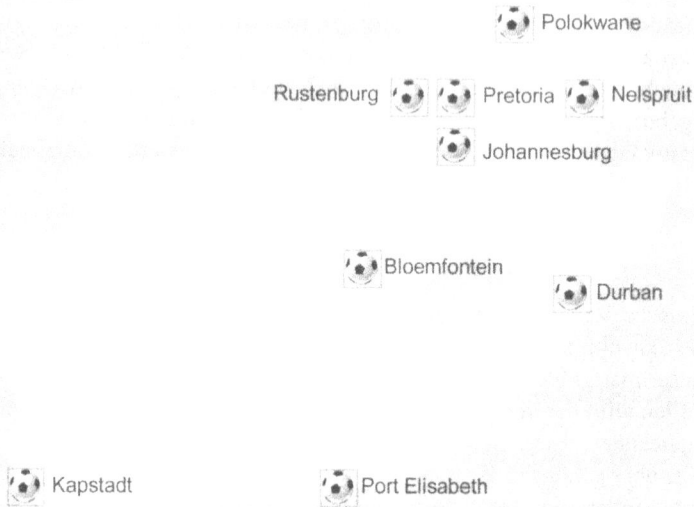

Abb. 96: Die Städte der FIFA Fußball-WM 2010™ in Südafrika

7.4.1 Auswahl und Modernisierung der Stadien der FIFA Fußball-WM 2010™

Der German Chamber of Commerce veröffentlichte in seiner Dezember-Ausgabe 2007 die nachfolgende Übersicht (Tabelle 13) über die Städte und Stadien:

Stadion	Stadt	Geplante Kapazität	Baumaßnahmen und Kosten
Peter Mokaba Stadion	Polokwane	45.000	Neubau Budget: 716 Mio. Rand
Mbombela Stadion	Nelspruit	45.000	Neubau Budget: 920 Mio. Rand
Nelson Mandela Stadion	Porth Elisabeth	50.000	Neubau Budget: 1,3 Mrd. Rand
Green Point Stadion	Kapstadt	70.000	Neubau Budget: 2,37 Mrd. Rand
Moses Mabhida Stadion	Durban	70.000	Neubau Budget: 1,83 Mrd. Rand
Soccer City	Johannesburg	94.700	Partieller Abriss des alten FNB-Stadions Komplett-Erneuerung Budget: 1,56 Mrd. Rand
Ellis Park	Johannesburg	70.000	Verschönerung des Stadions Erweiterung der Kapazität um 10 000 Sitzplätze Erweiterung der Parkplätze Modernisierung des gesamten Areals, auf dem sich das Stadion befindet Budget: 2,2 Mrd. Rand
Loftus Versfeld	Pretoria	45.000	Modernisierung der Flutlichter, des Soundsystems und der Anzeigetafel Konstruktion ausgewiesener Medienareale Budget: 99 Mio. Rand
Royal Bafokeng	Rustenburg	40.000	Erweiterung der Kapazität um 5.000 Sitzplätze Erneuerung der Anzeigentafel, der Lichtanlage und des Sound Systems Konstruktion eines Medienzentrums Budget: 140 Mio. Rand
Vodacom Park	Bloemfontein	45.000	Erweiterung der Kapazität um 10 000 Sitzplätze Neubau der Haupttribüne: Einrichtung von VIP-Logen Modernisierung der Flutlichtanlage, der Anzeigentafel und des Sound Systems Konstruktion des Medienzentrums Budget: 241 Mio. Rand

Tab. 13: Stadien der FIFA Fußball-WM 2010^{TM} im Überblick[506]

7.4.2 WM-Stadien bei der FIFA Fußball-WM 2010™

Im folgenden Abschnitt werden die WM-Städte und die jeweiligen Stadien kurz vorgestellt.

Johannesburg – Soccer City Stadion und Ellis Park Stadion

Johannesburg, von vielen auch als „Joburg" bezeichnet, ist die Hauptstadt der Provinz Gauteng und liegt im Landesinneren von Südafrika, genauer im östlichen Teil des großen südafrikanischen Zentralplateaus namens Highveld. Die meiste Zeit herrscht hier ein sonniges und trockenes Klima.[507]

Die Jahreszeiten sind bekanntermaßen gegenüber Europa genau umgekehrt angeordnet, weil Südafrika auf der Südhalbkugel liegt. Die durchschnittliche Temperatur liegt bei 26 °C in der Sommerzeit. Im Winter beträgt die Durchschnittstemperatur ca. 20 °C, wobei dieser hohe Wert trügerisch sein kann, denn gerade in den Wintermonaten können die Temperaturen auch unter Null fallen.

Aus ökonomischer Sicht ist Johannesburg das „powerhouse" Südafrikas sowie des gesamten südlichen Afrikas. Die Bezeichnung „economic powerhouse" verdient Johannesburg gerade auch deshalb, weil die Wirtschaft im Vergleich zu den anderen Städten am schnellsten wächst. In Johannesburg wird 16,5% des Vermögens des Landes generiert und 12% der nationalen Arbeitskräfte sind hier beschäftigt. Außerdem befindet sich der größte Börsen-handelsplatz des afrikanischen Kontinents in Johannesburg.[508]

In der Weltrangliste der größten Städte der Welt nimmt Johannesburg Platz 16 ein. Im Groß-raum in und um Johannesburg liegt die durchschnittliche Bevölkerungsdichte bei ca. 2.000 Menschen pro km^2. Der Durchschnitt der Einwohner Johannesburgs genießt, im Gegensatz zur Bevölkerung in den anderen Städten Südafrikas, einen höheren Lebensstandard. Ein Grund hierfür ist sicherlich auch die Schaffung von neuen Arbeitsplätzen. Die positive Ent-wicklung einer wachsenden Volkswirtschaft zieht auch viele Menschen aus armen Regionen an. Dieser Effekt gibt der Metropole zusätzliche Wachstumsimpulse.[509]

Johannesburg wird mit der Eröffnungszeremonie und als Austragungsort des Finales eine bedeutende Schlüsselrolle für die FIFA Fußball-WM 2010™ spielen.[510] Das „Epizentrum der WM 2010" ist die einzige WM-Stadt, in der in zwei Stadien Spiele ausgetragen werden. Dabei handelt es sich um die beiden Stadien Soccer City in Nasrec und Ellis Park in einem Außenbezirk. Vermutlich wird die Weltstadt Johannesburg, die sich auf Werbeplakaten als die „World Class African City" präsentiert, auch von der FIFA den Zuschlag für das Me-dienzentrum der WM-Turniers erhalten.[511]

Eine große Herausforderung für die WM-Organisatoren wird sicherlich das Zeitmanagement im Hinblick auf die Verkehrsinfrastruktur sein, denn die verbleibende Zeit bis zur WM ist knapp bemessen. Die bestehenden Kapazitäten für die geschätzten 400.000 ausländischen WM-Besucher, die zum größten Teil über den internationalen Flughafen von Johannesburg ins Land kommen, werden nicht ausreichen, um den erhöhten Bedarf abzudecken. Die An-zahl der Unterkünfte wird notwendigerweise erhöht, denn selbst wenn viele Besucher von Johannesburg aus weiterreisen, werden einige sicherlich ein bis zwei Tage dort verweilen oder eine Pause einlegen. Ein weiteres Problem stellt das kaum existierende öffentliche Ver-kehrsnetz dar. Der Flughafen OR Tambo wird ausgebaut.[512]

Neben den Kapazitätsproblemen ist gerade das Stichwort „Sicherheit" von sehr großer Be-deutung. Weltweit verzeichnet Johannesburg neben Sao Paulo die höchste Mordrate. Die 18.000 qm große Provinz Gauteng registrierte 2006 ca. 3.400 Mordopfer, 5.300 versuchte Morde und 11.500 Vergewaltigungen. Vergleichsweise hierzu werden in Deutschland jähr-lich ca. 1.000 Morddelikte gemeldet.[513]

Im 1987 errichteten „Soccer City Stadium" (FNB Stadium) in Johannesburg werden sowohl das Eröffnungsspiel als auch das Endspiel stattfinden. Ferner werden hier weitere wichtige Spiele ausgetragen. Vor den Umbaumaßnahmen fasste das Stadion 80.000 Besucher. Nach den Bauarbeiten wird die Kapazität auf 95.000 Besucher vergrößert. Das Stadion liegt auf einer freien fast unbebauten Fläche zwischen dem Zentrum von Johannesburg und Soweto. Daneben befindet sich die Johannesburger Messe Nasrec und das Hauptquartier des südafrikanischen Fußballverbandes SAFA, das erst im Jahre 2007 eingeweiht wurde. Der SAFA beherbergt zurzeit auch das LOC für die FIFA Fußball-WM 2010™. Obwohl das Stadion erst vor 20 Jahren errichtet wurde, ist es schon jetzt wieder sanierungsbedürftig. Mitte 2006 wurde bereits die Hälfte des Stadions abgerissen. Das großzügige freie Areal um das Stadion erleichtert die Arbeit der Sicherheitskräfte und bietet ausreichend Platz für Public Viewing-Veranstaltungen sowie andere Aktivitäten. Zusätzlich ist das Stadion relativ einfach zu erreichen. Die Stadiongäste haben einen unmittelbaren Anschluss zur Autobahn.[514]

Das Ellis Park Stadion ist eigentlich ein Rugbystadion. Es gehört den Lions, einem großen südafrikanischen Rugbyclub. Doch inzwischen tragen hier auch Fußballvereine ihre Matches aus. Die Orlando Pirates, einer der beiden großen Fußballclubs aus Soweto, spielen hier regelmäßig. Ansonsten nutzt auch die Nationalmannschaft Banfa Banfa häufig das Stadion, dessen Kapazität von ca. 60.000 auf ca. 70.000 Plätze aufgestockt werden soll. Obendrein müssen verschiedene Erneuerungsmaßnahmen durchgeführt werden.[515]

Abb. 97: Image-Werbung zum FIFA Confederations Cup2009 ™ in Südafrika[516]

Aufgrund einer Massenpanik mit 43 Toten im Jahr 2001 sind entsprechende Umbaumaßnahmen durchzuführen, die eine Wiederholung verhindern sollen. Das Thema Sicherheit
rund um das Ellis Park Stadion ist schwieriger zu bewältigen als im Soccer City Stadion,
denn es liegt inmitten eines sehr dicht bebauten Gebietes. In der Nähe befindet sich der
Stadtteil Hillbrow, eine innerstädtische Wohngegend von Johannesburg mit einer hohen
Kriminalitätsrate. Ursprünglich war geplant, diese Gegend im Zuge der WM-
Sanierungsmaßnahmen attraktiver zu gestalten, indem Gewerbebetriebe angesiedelt werden
sollten. Aus heutiger Sicht ist es nur schwer vorstellbar, dass dies auch noch rechtzeitig umgesetzt wird.[517]

Die Transportinfrastruktur stellt die Stadt Johannesburg vor große Herausforderungen. Im
Vergleich zu den anderen WM-Städten sind die Dimensionen, in denen geplant werden
muss, um ein vielfaches größer. Damit einhergehend ergeben sich auch weitaus größere
Probleme bei der Planung und Umsetzung der Vorhaben.

Trotz allem werden zahlreiche Maßnahmen durch die bevorstehende FIFA Fußball-WM™
beschleunigt. Um den Transport der vielen Menschen zu gewährleisten, startete ein Buspro-
jekt. Für die Gäste besteht zwar bereits heute die Möglichkeit, „Kleinbus-Taxen" zu benutzen, der technische Zustand der Busse lässt allerdings zu wünschen übrig. Eine Einrichtung
wie z.B. den TÜV in Deutschland gibt es nicht. Die neue Initiative trägt den Namen „Rea
Vaya" was auf Deutsch so viel heißt wie „wir kommen voran". Das Projekt ist keine neue
Idee. Ein ähnliches Projekt wurde bereits in Südamerika durchgeführt. In der kolumbiani-
schen Hauptstadt Bogotá, die mit einer ähnlich hohen Quote von Straftaten wie Johannesburg zu kämpfen hat, funktionierte das Konzept sehr gut. Bei diesem Programm sollen Bus-
spuren auf den Hauptstraßen der Stadt für sämtliche hoch frequentierte Buslinien freigehal-
ten werden. Zusätzlich dienen als Bushaltestellen geschlossene, kameraüberwachte, überirdi-
sche Stationen. Dieses Vorhaben wird allerdings auf den überfüllten Verkehrsadern in Johannesburg nur schwierig umsetzbar sein, denn diese Gebiete sind zumeist auch am dichtes-
ten besiedelt. Der Metro Council in Johannesburg genehmigte schon nahezu die Hälfte der
Buslinien. Um das gesamte geplante Bus-Rapid-Transport-(BRT)-Projekt abzuschließen,
kommt die FIFA Fußball-WM™ allerdings zu früh. Die erste Phase dieses Projekts wird
voraussichtlich Ende 2013 abgeschlossen sein. Die wichtigsten Buslinien werden allerdings
bis zur WM-Endrunde in Betrieb gehen.[518]

Neben dem Busnetz existiert auch ein Bahnnetz. Betrachtet man allein den Verlauf der
Bahnstrecken, wäre dieser sogar WM-tauglich. Der Zug startet in Pretoria, führt über den OR
Tambo Flughafen in Johannesburg, Doorfontein (in der Nähe des Ellis Park Stadions), dann
geht es weiter über die Innenstadt, gefolgt vom Soccer City Stadion bis nach Soweto. Alle
wichtigen WM-Schauplätze liegen damit in der Nähe des Schienennetzes. Allerdings ist das
Streckennetz völlig veraltet und wird deshalb auch modernisiert. Im Rahmen des Moderni-
sierungsprogramms sollen neue Züge eingesetzt werden und der Ausbau einiger Bahnhöfe
steht auf dem Programm. Der Ausbau der Bahnhofsstation Nasrec vor dem Soccer City Stadion wird besonders vorangetrieben. Trotz allen diesen Maßnahmen und der günstigen Lage
wird diese Verkehrsoption gerade für WM-Touristen ein eher unattraktives Beförderungsmit-
tel sein, denn die Züge steuern in der Regel nur schwarze Siedlungen an. Dennoch wäre ein
gelungener Ausbau ein bedeutsamer Fortschritt für die Bürger.[519]

Für die WM-Touristen wohl eher geeignet scheint der geplante Gautrain. Dies ist ein Schnellzug, der auch streckenweise unterirdisch verlaufen soll. Mit den Bauarbeiten wurde bereits 2006 begonnen. Es ist eine Verbindung vom Johannesburger Flughafen ausgehend über die Innenstadt und die örtlichen Vororte bis nach Pretoria geplant. Bis zur WM wird vermutlich nur eine Teststrecke vom Johannesburger Flughafen ausgehend bis nach Santon fertig gestellt werden können. Da viele WM-Besucher in Santon untergebracht sein werden, könnten sie ihre Unterkunft bequem vom Flughafen aus erreichen.[520]

Die Kapazitäten zur Unterbringung sind wahrscheinlich zu knapp, um die ca. 400.000 geschätzte Besucher adäquat unterzubringen. Aus diesem Grund hat die FIFA erstmals auch das Konzept Bed & Breakfast zugelassen. In den beiden größten Townships Soweto und Alexandra sollen viele weitere neue Bed & Breakfast entstehen. Mit dieser Entscheidung Schachzug integriert die von der ANC angeführte Regierung der Stadt Johannesburg auch die früher benachteiligte schwarze Bevölkerung. „Rea Vaya" Busse sollen die Townships mit den Stadien sowie anderen Stadtvierteln verbinden. So hat das „schwarze Afrika" auch eine Chance, sich der Welt zu präsentieren.[521]

Einige Stadtteile, wie z.B. auch Hillbrow, das nahe dem Ellis Park Stadion gelegen ist und wo auch ein Public Viewing-Treffpunkt vorgesehen ist, sind für Touristen und Einheimische gefährlich. Das Risiko, ein Opfer von kriminellen Vergehen zu werden, ist groß. Allerdings soll die Johannesburger Metro Police, die der Stadtverwaltung untersteht, von 1.800 auf 4.000 Mann aufgestockt und neu ausgestattet werden. Die Landes- bzw. Provinzregierung wird die Metro Police mit Hilfe des South African Police Service (SAPA) unterstützen.[522]

Eine andere, für südafrikanische Verhältnisse neue Art von Kriminalität könnte der international agierende Terrorismus sein. Für Johannesburg war dies bisher kein Thema. Aber während der FIFA Fußball-WM™ könnte Johannesburg Zielpunkt terroristisch organisierter Vereinigungen sein, weil schließlich der Blick der ganzen Welt auf die WM-Spiele gerichtet ist. Um diese Herausforderung meistern zu können, wird die SAPA durch die südafrikanische Armee unterstützt werden.[523]

Rustenburg – Royal Bafokeng Stadion

Rustenburg liegt 90 Minuten von Johannesburg und Pretoria entfernt. Weniger als 200.000 Menschen leben hier und doch befindet sich Rustenburg in den Boom-Regionen Südafrikas.[524] Die Stadt wurde bereits 1851 gegründet und ist somit älter als Johannesburg und Pretoria. Rustenburg ist die drittälteste Stadt im alten „Transvaal". Der Name Rustenburg bedeutet im Englischen „town of rest". Für den Ursprung dieses Namens gibt es zwei verschiedene Erklärungen. Eine Gruppe von Historikern behauptet, dass es ein Anwesen bei Wynberg am Cape gab, nachdem Rustenburg benannt wurde. Andere glauben, er beherbergte die Erwartungen der Buren für Harmonie und Frieden in der Region. In Rustenburg befand sich der frühere Hauptsitz der Zuid Afrikaanse Rupublik, bevor Pretoria Hauptstadt wurde.[525]

Das ganze Jahr über scheint hier die Sonne. Die Temperaturen im Sommer liegen im Durchschnitt bei 27 °C. In den Abendstunden ist häufig mit Gewittern zu rechnen. Zur Sommerzeit variiert der Niederschlag zwischen 400–600 mm pro Jahr. Im Winter dagegen ist es zumeist trocken bei einer durchschnittlichen Temperatur von 20 °C. In dem subtropisch gelegenen

Bushveld ist es somit deutlich wärmer als in der hochgelegenen Provinz Gauteng, in der die Städte Johannesburg und Pretoria liegen.[526]

Die Gegend um Rustenburg ist eine der mineralienreichsten Regionen auf der Welt. In Rustenburg selbst befindet sich der größte Platinproduzent der Welt und sie wird daher auch als Platin-Hauptstadt bezeichnet. In den verschiedenen Bezirken wird neben Platin auch Chrom, Zinn, Blei, Granit und Schiefer abgebaut. Überdies gibt es in der Region um Rustenburg die drei Bewässerungsdämme Olifantsnek, Bospoort und Vaalkop. Neben der Bedeutung der Minen in Rustenburg spielt in dieser Region die Landwirtschaft eine beachtliche Rolle und ist eine der wichtigsten Anbaugebiete Südafrikas für Zitrusfrüchte. Außerdem wird in dieser Gegend Tabak angebaut.[527]

Die WM-Stadt Rustenburg gehört zu den besser vorbereiteten Standorten, die gut im Zeitplan liegt. Daher durfte Rustenburg bereits Gäste zum Confederations Cup 2009™ empfangen. Das bereits vorhandene Stadion „Royal Bafokeng Sports Place" wurde erst 1999 erbaut und ist eines der modernsten Stadien Südafrikas. Das Stadion ist in sehr gutem Zustand und es müssen nur minimale Veränderungen durchgeführt werden, wie die Erweiterung der Haupttribüne und deren Überdachung. Derzeit kann das Stadion 39.500 Zuschauer fassen. Nach den Ausbaumaßnahmen werden 40.000 Zuschauer auf den Tribünen im Stadion Platz haben. Neben dem Ausbau der Haupttribüne sind noch einige kleinere Arbeiten an der Flutlichtanlage sowie in den Bereichen für VIPs, Sicherheitskräfte und Journalisten notwendig. Das Royal Bafokeng Stadion befindet sich in Phoken, eine Ortschaft 7 km außerhalb von Rustenburg, gehört zum Königreich Bafokeng, eine der reichsten Gemeinden Südafrikas.[528]

In Punkto Verkehr und Sicherheit gibt es einige Probleme, wobei diese im Vergleich zu anderen WM-Städten in Rustenburg relativ überschaubar zu sein scheinen. Auch größere infrastrukturelle Maßnahmen sind nicht notwendig. Es besteht bereits eine Güterbahnstrecke von Pretoria über Rustenburg, die im Ferienpark Sun City endet. Die Planer haben angedacht, diese Strecke für den Güterverkehr auszubauen. Außerdem sind zusätzliche Zugangsstraßen zum Stadion geplant.[529]

In Rustenburg entstehen drei zusätzliche Hotels für die FIFA Fußball-WM™. Die Stadt Rustenburg ist für den Tourismus selbt weniger attraktiv. Fast-Food-Ketten, Möbelläden und KfZ-Werkstädten prägen das Stadzentrum. Beliebt bei Touristen ist das 50 km nördlich gelegene Sun City, eine künstlich angelegte Vergnügungsstadt. Zahlreiche Hotels sind hier für 2010 längst schon ausgebucht. Vor der Stadt befindet sich der 83 Millionen Euro teure „Platinum Theme Park". In die Freizeitanlage sollen Achterbahnen, Theaterbühnen etc. integriert werden. Für die WM-Turniere wurde schon eine Fläche für einen Fan-Park ausgewählt. 70.000 Fans sollen darin Platz finden und auf Großleinwänden die Spiele mit verfolgen können.[530]

Pretoria – Loftus Versfeld Stadion

Pretoria ist die Hauptstadt Südafrikas. Der Regierungssitz befindet sich in den so genannten Union Buildings, die in den Jahren 1910–1913 vom britischen Architekten Sir Herbert Baker entworfen und erbaut wurden. Die Stadt liegt, wie Johannesburg, in der Provinz Gauteng. Sie ist umgeben von gewaltigen Berggruppen und ist aufgrund ihrer subtropischen Vegetation als Gartenstadt bekannt. Neben dem Natural History Museum und dem Voortrekker Monument können Besucher der Stadt die Premier Diamond Mine besichtigen. In dieser Mine wurde im Jahre 1905 ein einzigartiger Fund gemacht: der größte Diamant mit 3106 Karat.[531]

Das Loftus Versfeld Stadion liegt im Zentrum der Stadt und ist das Stadion der Mamelodi Sundowns. Den Namen hat das Stadion Robert Owen Loftus Versfeld zu verdanken, der den organisierten Sport in Pretoria begründete. Bereits ein Jahr vor der FIFA Fußball-WM 2010™ wurden Spiele des Confederations Cup™ in diesem Stadion ausgetragen. In der Geschichte des Stadions wurden schon 1995 die Rugby-Weltmeisterschaften veranstaltet und ein Jahr später fand hier der afrikanische Nationen-Pokal statt. Außerdem war das Stadion bereits Austragungsort mehrerer Länderspiele. Zurzeit verfügt das Stadion über 45.000 Sitzplätze.[532] In diesem Stadion sind nur wenige Ausbaumaßnahmen für die Fußball-Weltmeisterschaften erforderlich. Der Eingangsbereich benötigt neue Drehkreuze und moderne Anzeigetafeln müssen angebracht werden. Überdies ist eine verbesserte Flutlichtanlage mit einer Beleuchtungsstärke von 1500 Lux erforderlich und das Stadion muss mit einem entsprechenden Soundsystem ausgestattet werden. Voraussichtlich findet eines der Viertelfinalspiele im Loftus Versfeld Stadion statt.[533]

Polokwane – Peter Mokaba Stadion

Polokwane ist die Hauptstadt der Provinz Limpopo und kulturelles sowie wirtschaftliches Zentrum dieser südafrikanischen Provinz, die gleich an drei Nachbarstaaten Südafrikas, Simbabwe, Mosambik und Botswana grenzt. Nahe der Provinzhauptstadt werden Diamanten gefördert sowie Quarzsand abgebaut, die zum wirtschaftlichen Erfolg des Landes beitragen. Die Stadt ist über die Autobahn N1 direkt mit der Provinz Gauteng verbunden. Außerdem gibt es einen modernen Flughafen. Die Stadt verfügt daneben über verschiedene Bildungseinrichtungen. Neben verschiedenen Colleges hat auch die University of the North hier ihren Sitz. Das Wetter ist das ganze Jahr über angenehm warm. Im Sommer liegt die durchschnittliche Temperatur bei 27 °C und im Winter bei 20 °C.[534]

Zunächst war geplant, das bereits bestehende Stadion für die WM zu modernisieren, aber dann wurde doch beschlossen, ein neues Stadion zu errichten. Die Bauarbeiten begannen schon im März 2007. In dem neuen Stadion finden 45.000 Besucher Platz.[535] Es liegt gerade 5 km vom Stadtzentrum entfernt und wird den Namen Peter Mokaba Stadion tragen. Peter Mokaba wurde in Polokwane geboren und verstarb 2002 in Johannesburg. Er war ein charismatischer ANC-Politiker, der wegen seines Kampfgeistes zu Apartheidszeiten bekannt wurde.[536]

Nelspruit – Mbombela Stadion

Nelspruit, die Provinzhauptstadt von Mpumalangas, liegt im Crocodile River Valey, ist ca. 330 km östlich von Johannesburg entfernt und 50 km von der südlichen Zufahrt zum Krüger-Nationalpark gelegen. 65.000 Einwohner leben hier in der größten Stadt Mpumalangas. Die subtropische Lage mit sehr fruchtbaren Böden, ausreichend Niederschlägen und frostfreiem Klima bietet optimale Bedingungen zum Anbau von Früchten und verschiedenen Gemüsesorten wie z.B. Avocados, Papayas, Litchees, Mangos, Bananen, Macadamia und Pecan Nüsse. Deshalb findet man hier eines der größten Zitrusfruchtanbaugebiete Südafrikas.[537]

Das Zentrum Nelspruit dient auch als Handelsplatz für die umliegende Region. Zur Blütezeit der Bougainvilleen, Jacarandas und Akazien wird die Stadtansicht in ein rosa-lila-farbenes Farbenmeer getaucht. Nelspriut ist an das Schienennetz der Eisenbahn angebunden und verfügt über einen modernen Flughafen.[538]

Das neu geplante Stadion trägt den Namen der Gemeinde von Nelspriuit: „Mbombela-Stadion". Das Wort Mbombela stammt aus der siSwati-Sprache und bedeutet wörtlich übersetzt „viele Menschen auf einem kleinen Raum". Das Stadion wird 7 km vom Zentrum der Stadt erbaut und bietet für 45.000 Zuschauer Platz.[539]

Durban – Moses Mabhida Stadion

Durban liegt an der Ostküste Südafrikas, unmittelbar am Indischen Ozean, ist die Hauptstadt der Region KwaZulu/Natal und nach Johannesburg und Kapstadt mit ca. 1,1 Millionen Einwohnern die drittgrößte Stadt Südafrikas. Durban besitzt den größten Hafen des gesamten afrikanischen Kontinents.[540] Abbildung 98 zeigt das Moses Mabhida Stadium noch zu Beginn der Bauphase.

Abb. 98: Moses Mabhida Stadium in Durban zu Beginn der Bauphase[541]

Der Portugiese Vasco da Gama kam bereits 1497 auf seiner Reise nach Indien an diesem Ort vorbei. Da damals gerade Weihnachten war, taufte er diesen Flecken Erde „Natal", was so viel wie Geburt bedeutet. Erst viele Jahrhunderte später, im Jahre 1823, wurde dann die Stadt Durban gegründet und erhielt drei Jahre später ihren heutigen Namen. Sie wurde nach dem damaligen britischen Gouverneur Benjamin d'Urban benannt.[542]

Wegen ihrer großen multikulturellen Vielfalt kann man Durban auch als Weltstadt bezeichnen. Afrikanische, indische und europäische Kulturen treffen hier aufeinander. Insgesamt zählt Südafrika 1 Million Bürger mit indischer Herkunft, wovon der größte Anteil in Durban lebt. Deren Ahnen kamen um das Jahr 1860 nach Südafrika und arbeiteten als Vertragsarbeiter auf den Zuckerrohrfeldern Natals. Viele indische Arbeiter blieben auch nach der Erfüllung ihrer Zeitverträge hauptsächlich als Handwerker oder Händler in Durban. Ca. 70% der indischen Bevölkerung Südafrikas sind Hindus, 25% Muslime und 5% Buddhisten. Der große Anteil der Einwohner Durbans mit indischer Abstammung zeigt sich auch in dem großen Angebot indischer Geschäfte und Handelswaren.[543]

Für Touristen eine Attraktion, aber auch interessant für Meeresbiologen ist das Sea World Aquarium im uShaka Marine World Komplex. Es handelt sich hierbei um große Aquarien in einer Gesamtlänge von beinahe 500 m, die in einen Dampffrachter aus dem Jahre 1920 eingebaut wurden. Die Besucher können die artenreiche Unterwasserwelt der Ostküste Südafrikas bestaunen.[544]

Das alte Kings's-Park-Stadion in Durban wurde abgerissen. An seiner Stelle entsteht das neue Moses Mabhida Stadion für 70.000 Besucher. Das neue Stadion ist ein Teil des King-Park-Sportzentrums von Durban, in dem bereits Einrichtungen für die Sportarten Leichtathletik, Rugby, Golf und Schwimmen bestehen. Durban kann auf eine längere Fußballgeschichte zurückblicken, als vergleichsweise manch andere Austragungsstätte. Das bislang größte Fußballspiel, das in Durban ausgetragen wurde, war die Begegnung Südafrika gegen die englische Nationalmannschaft im Jahre 2003. Nach dem Ende der Apartheid fand hier in Durban auch das erste Spiel der südafrikanischen Nationalmannschaft statt. 1996 wurden hier Gruppen-, Viertelfinal- und Halbfinalspiele des afrikanischen Nationen-Pokals ausgetragen.[545]

Abb. 99: Entstehungsphase des neuen Fußballstadions in Durban[546]

Port Elizabeth – Nelson Mandela Stadion

Die Hafenstadt Port Elizabeth liegt im Süden von Südafrika am Ostkap direkt am Indischen Ozean und ist die drittgrößte Hafenstadt des Landes nach den Städten Durban und Kapstadt. Zur Sommerzeit (afrikanischer Winter), in der auch die WM stattfindet, ist mit kräftigem

Seewind und viel Regen zu rechnen. Dabei liegen die Temperaturen tagsüber zwischen 20 und 25 °C, wobei sie nachts bis auf 5 °C abkühlen können.[547]

Geprägt ist die Region durch Schwerindustrie, wobei sich insbesondere viele internationale Unternehmen aus dem Automobilsektor angesiedelt haben, wie z.B. Volkswagen, General Motors, Continental und Goodyear.[548]

Im Jahre 2000 wurde eine neue Metropolregion mit dem Namen Nelson Mandela Bay gegründet. Neben Port Elisabeth erfasst die junge Metropole sowohl die Städte Uitenhage und Despatch als auch zahlreiche Townships.[549]

Port Elisabeth ist eine der fünf Städte mit einem völlig neuen Stadion, dass ca. 50.000 Zuschauern Platz bietet. Bereits beim Confederations Cup 2009™ wurde das Nelson Mandela-Stadion genutzt.[550] In Port Elisabeth konnten sich bisher weder Fußball noch Rugby etablieren. In keiner dieser beiden Sportarten spielen Mannschaften aus Port Elisabeth in der ersten Liga. Der Fußballclub Bay United spielt zurzeit nur in der zweiten Liga.[551] Obwohl das Stadion nach dem WM-Turnier auf 35.000 Plätze reduziert werden soll, besteht die Gefahr, dass es danach nicht ausreichend genutzt werden kann. Daher wird unter anderem darüber diskutiert, ein vollständiges Team aus einer anderen südafrikanischen Gegend aufzukaufen. Ein solches Vorhaben wäre aber nur mit Hilfe eines Sponsors realisierbar. Der größte Sektor, die Automobilindustrie, engagiert sich allerdings bisher weniger als Sport-Sponsor im Fußball oder im Rugby. Bisher beteiligten sich die Automobilunternehmen meistens nur an größeren Sportevents wie z.B. Golfturnieren oder Segelregatten.[552]

Im Anschluss an die FIFA Fußball-WM 2010™ soll der Betrieb des Stadions an private Investoren übergehen. Die Chance für das Weiterbestehen des Stadions nach der WM wird darin begründet, dass nach 2010 um das Stadion herum ein interessantes Freizeitgebiet entstehen könnte. Unmittelbar hinter der Nordkurve befindet sich ein See, um den sich zum einen Cafes und Nachtclubs ansiedeln könnten und es zum anderen Möglichkeiten für Wassersportarten geben könnte. Die Planer können sich auch vorstellen, später die Oberränge des Stadions in Büros umzubauen, von denen aus man das Meer sieht, das nur wenige hundert Meter vom Stadion entfernt ist.[553]

Wie auch in der Weltstadt Johannesburg soll in Port Elisabeth ein so genanntes Bus Rapid Transit-System (BRT) entstehen. In Port Elisabeth, wo zwei Hauptbuslinien entstehen sollen, ist dies einfacher umzusetzen als in der Metropole Johannesburg.[554]

Aufgrund der schlechten Klimaverhältnisse während der Winterzeit auf der Südhalbkugel ist es fraglich, ob Public Viewing-Veranstaltungen am Ostkap von den WM-Gästen überhaupt angenommen werden. Es gibt auch durchaus Vier-Sterne-Hotels, trotzdem ist das Ostkap bisher touristisch weniger erschlossen. Für Touristen interessant sind einige Nationalparks wie der Luxuspark Chamvari, der Elephant National Park sowie der Kwantu-Park.[555]

Kapstadt – Green Point Stadion

Kapstadt ist wohl die Stadt Südafrikas, die europäischen Großstädten am meisten ähnelt. Touristen werden geradezu magisch von der einzigartigen Lage an der Südspitze Afrikas und der überwältigenden Landschaft angezogen. Allein der Blick auf den Tafelberg ist manchem

Besucher eine Reise nach Kapstadt wert. Für Fotografen bietet das Kap optimale Lichtver-
hältnisse; das ist auch der Grund, warum viele Modefotos für europäische Hochglanzkatalo-
ge in Kapstadt aufgenommen werden.[556] Auf Abbildung 100 ist das Green Point Stadion –
das spätere WM-Stadion – zu sehen.

Abb. 100: Fußballstadion in Kapstadt in der Bauphase[557]

Ca. 150 km, in südöstlicher Richtung von Kapstadt entfernt liegt der südlichste Punkt, das
berühmte Cape Agulhas, an dem beobachtet werden kann, wie der Atlantik und der Indische
Ozean zusammentreffen. Vom Indischen Ozean ausgehend kommt der warme Agulhasstrom,
während im Atlantik der kalte Benguelastrom entspringt. Dieses Zusammentreffen hat zum
einen großen Einfluss auf den Artenreichtum in der See sowie zum anderen auf das Klima
Südafrikas. Der Benguelastrom ist für reichliche Mengen an Plankton und eine große Fisch-
population verantwortlich, während der Agulhasstrom Regenwolken mit sich bringt. Der
Zusammenstoß der beiden Strömungen bringt gewaltige Stürme hervor, die von bis zu 30
Meter hohen Wellen begleitet werden.[558]

Neben den vielen Eindrücken, die die Natur zu bieten hat, gibt es vielfältige touristische
Attraktionen. Außerdem haben zahlreiche, global agierende Unternehmen ihren Sitz in und
um Kapstadt, wodurch auch gerade die wirtschaftliche Bedeutung von Kapstadt für Südafrika deutlich wird.[559]

Das neue WM-Stadion im Vorort Green Point ist verkehrsgünstig gelegen, da der wichtigste
Verkehrsknotenpunkt der Stadt zu Fuß erreicht werden kann. Das Stadion wurde nach dem

Vorort „Green Point" benannt und hat eine Kapazität von ca. 70.000 Sitzplätzen.[560] Die größte Herausforderung beim Bau dieses Stadions sind die problematischen Wetterverhältnisse,
die ein schnelles Voranschreiten behindern können (siehe auch Abbildung 101).[561]

Abb. 101: Ausblick auf das Greenpoint-Stadion in Kapstadt[562]

Eine große Aufgabe wird im Bereich Transport auf die Stadt zukommen. Im Hinblick auf die
FIFA Fußball-WM 2010™ besteht auch ein großes Interesse der Touristen darin, Kapstadt
zu besuchen. Von den bereits bestehenden Buchungen für den WM-Zeitraum 2010, gaben
vier von fünf Gästen an, Kapstadt besuchen zu wollen.[563]

Bloemfontein – Vodacom Park Stadion

Die Stadt Bloemfontein, im Zentrum Südafrikas gelegen, ist die Hauptstadt der Provinz Free
State mit Sitz des obersten südafrikanischen Gerichts. Die heutige Großstadt wurde bereits
im Jahre 1840 gegründet. Nicolaa Brits, der damals mit dem großen Burentrek unterwegs
war, ließ sich hier nieder und baute an diesem Ort seine Farm mit dem Namen Bloemfontein.
Übersetzt bedeutet dieses Wort so viel wie „Blumenquelle". Den Namen wählte er, weil die
ganze Wiese mit Wildblumen übersät war. Bei einem Spaziergang durch die Stadt können
heute einige gut erhaltene Bauten aus der damaligen Zeit bewundert werden. Großunternehmen vor allem aus den Bereichen Nahrungsmittel-, Möbel- und der Glasindustrie haben sich
hier niedergelassen.[564]

Das Stadion in Bloemfontein wurde bereits 1952 erbaut. Vor der Bauphase fasste es 38.000 Zuschauer, bevor die Westtribüne um einen Oberrang auf eine Kapazität von 45.000 Zuschauerplätzen erweitert wurde. Das Stadion konnte bereits seine Tauglichkeit für Großveranstaltungen unter Beweis stellen. 1995 wurden hier einige Gruppen- und Viertelfinalspiele des Rugby World Cups ausgetragen und ein Jahr später fand hier zum Teil der Afrikanische Nationen-Pokal statt.[565]

7.4.3 Auslosung der WM-Spiele

Anfang Dezember 2009 wurden die Gruppen zur FIFA Fußball-WM™ 2010 ausgelost. Bei der Vorrunde werden die insgesamt 32 Mannschaften, die an der WM in Südafrika teilnehmen, in acht Gruppen aufgeteilt. Demnach spielen jeweils vier Mannschaften in einer Gruppe. Es wird nach dem so genannten Meisterschafts-System gespielt. Das bedeutet, dass jede Mannschaft einmal gegen jede andere Mannschaft in ihrer Gruppe antritt, wobei die letzten zwei Spiele jeder Gruppe gleichzeitig ausgetragen werden müssen. Die erst- und die zweitplatzierte Mannschaft jeder Gruppe qualifizieren sich für die weitere Teilnahme zum Achtelfinale. Ab dem Achtelfinale werden alle Spiele im Pokalsystem, das heißt durch direkte Elimination, ausgetragen. Deutschland, Australien, Serbien und Ghana werden zusammen in einer Gruppe in der Vorrunde gegeneinander spielen. Das Gastgeberland Südafrika startet mit seiner Mannschaft in der Gruppe A und muss sich gegen Mexiko, Uruguay und Frankreich durchsetzen, um das Achtelfinale zu erreichen. Die nachfolgenden Tabellen zeigen die Ergebnisse der Vorundenauslosung im Überblick sowie den Spielplan der WM-Vorrunden-Paarungen.

Gruppe	Mannschaften
A	Südafrika, Mexiko, Uruguay, Frankreich
B	Argentinien, Nigeria, Südkorea, Griechenland
C	England, USA, Algerien, Slowenien
D	Deutschland, Australien, Serbien, Ghana
E	Niederlande, Dänemark, Japan, Kamerun
F	Italien, Paraguay, Neuseeland, Slowakei
G	Brasilien, Nordkorea, Elfenbeinküste, Portugal
H	Spanien, Schweiz, Honduras, Chile

Tab. 14: Vorrunden-Gruppen der FIFA Fußball-WM™ 2010 in Südafrika

7.5   Finanzierung der FIFA Fußball-WM 2010™

Das Budget für die FIFA Fußball-Weltmeisterschaft 2010™ in Südafrika setzt sich unter anderem aus einem FIFA-Zuschuss, den Eintrittskartenerlösen und den Sponsoringeinnahmen zusammen. Zum FIFA-Zuschuss zählen die Einnahmen aus dem Verkauf der Fernsehrechte, weltweitem Marketing, Lizenzrechten und VIP-Karten.[566] Die Regierung von Südafrika bezuschusst verschiedene Maßnahmen und Projekte, die im Rahmen der FIFA Fußball-WM™ durchgeführt werden müssen. Das Gesamtbudget, das die südafrikanische Regierung für infrastrukturelle Maßnahmen zur Verfügung stellt, liegt derzeit bei ca. 17,4 Milliarden Rand. Neben dem Neubau und der Modernisierung von Fußballstadien sowie Flughäfen sollen auch z.B. Straßen ausgebaut werden. Zusätzlich wird das Gesamtbudget für Polizei und Sicherheit auf 44 Milliarden Rand aufgestockt. Mit diesen Mitteln können die Behörden bei der Polizei zusätzliche Sicherheitskräfte einstellen. Bis zum Turnierstart sollen 190.000 Polizeibeamte einsatzbereit sein.[567]

Am 24. November 2007 gab das Organisationskomitee unter dem Vorsitz des FIFA-Vizepräsidenten Issa Hayatou die Preise und Kategorien für die Eintrittskarten der FIFA Fußball-WM 2010™ bekannt. Insgesamt gibt es vier Preiskategorien. Die günstigste Preisklasse ist die Kategorie 4, die für die südafrikanische Bevölkerung vorgesehen ist. Die günstigste Karte in dieser Kategorie soll 20 USD kosten. Bei der WM in Deutschland 2006 konnten die günstigsten Tickets für 51 USD erworben werden (zum damaligen Zeitpunkt ca. 35 Euro). Die Karten der Kategorie 4 entsprechen einem Anteil von 15% aller zum Verkauf angebotenen Karten (siehe Tabelle 15).

Neben dem regulären Kartenverkauf wird es auch einen Kartenfonds geben. Unterstützt von den FIFA-Partnern adidas, Coca-Cola, Emirates, Hyundai/KIA, Sony und Visa werden 120.000 weitere Tickets als Freikarten an die südafrikanische Bevölkerung weitergereicht.[568]

Match	Kategorie 1	Kategorie 2	Kategorie 3	Kategorie 4
1	450	300	200	70
2-48	160	120	80	20
49-56	200	150	100	50
57-60	300	200	150	75
61-62	600	400	250	100
63	300	200	150	75
64	900	600	400	150

Alle Angaben in US$.
Kategorien 1-3:   für internationalen und südafrikanischen Markt
Kategorie 4:   nur für die Bevölkerung Südafrikas (werden in Rand verkauft)

Tab. 15: Preiskategorien für Tickets bei der FIFA Fußball-WM 2010™ (in USD)[569]

8 Marketing bei der FIFA Fußball-WM 2010™

Die Art und Weise der Vermarktung der FIFA Fußball-WM 2010™ in Südafrika ist gegenüber der FIFA Fußball-WM 2006™ modifiziert worden. Die Anzahl der „Global FIFA Partner" soll nicht größer als sechs sein. Auch die Anzahl der „FIFA World Cup Sponsors" wird auf sechs bis acht Sponsoren reduziert. Zu diesen Veränderungen entwickelte die FIFA ein neues Marketingkonzept.

8.1 Public Viewing-Veranstaltungen

In Deutschland waren die Public Viewing-Veranstaltungen sehr erfolgreich. Die Bilder von fröhlichen und ausgelassen feiernden Menschen gingen um die ganze Welt. Auch in Südafrika ist vom Veranstalter vorgesehen, eine kostenlose Spielübertragung auf Großleinwänden an verschiedenen Plätzen anzubieten. Zurzeit ist die FIFA damit beschäftigt, Konzepte für offizielle Fanparks auszuarbeiten. Solange die Übertragungen nichtgewerblicher Art sind, sollen diese unter bestimmten Voraussetzungen erlaubt sein. Für gewerbliche Zwecke muss vorher eine Lizenz bei der FIFA beantragt werden.[570]

In einem Interview mit dem Sender Arte meint der Kommunikationsdirektor Markus Siegler in Bezug auf Public Viewing in Südafrika: „Jede WM sollte ihren eigenen Stempel tragen. „Public Viewing" wird auch für die WM 2010 wichtig sein, aber die Rahmenbedingungen in Südafrika sind anders."[571]

Das staatliche Fernsehen SABC, das als offizieller Übertragungspartner der FIFA gilt, stimmte der Freigabe nicht kommerzieller Pubic Viewing-Veranstaltungen zu. Blatter, der FIFA-Generalsekretär, begrüßte diese Geste mit der Begründung, dass somit möglichst viele Südafrikaner die Chance hätten, an der FIFA Fußball-WM™ teilnehmen zu können. Es sei angemerkt, dass es vielen Südafrikanern verwehrt bleiben wird, sich die Spiele live in den Stadien ansehen zu können, da in vielen Fällen selbst bei niedrigen Ticketpreisen die Eintrittsgelder über deren finanziellen Verhältnissen liegen.[572]

8.2   Hospitality

Die Verantwortlichkeit für das Hospitality für den Confederations Cup 2009™ sowie für die FIFA Fußball-WM 2010™ vergab das Organisationskomitee am 30. Oktober 2007 an MATCH Hospitality aus Zürich. MATCH Hospitality hat den Zuschlag von 2009 bis 2014 erhalten, so dass sich das Unternehmen gleich bei zwei WM-Turnieren beweisen kann. Mit dem Zuschlag erwirbt MATCH Hospitality die exklusiven Rechte für den weltweiten Verkauf und Betrieb von Hospitality-Paketen.[573]

Im Gastgeberland Südafrika begann MATCH Hospitality den Verkauf der Hospitality-Packages bereits im Juni 2008. Auf der internationalen Ebene startete die Vermarktung drei Monate später im September.[574]

Die Dienstleistungsgesellschaft MATCH basiert auf einem Zusammenschluss der beiden Unternehmen Byrom (Manchester, Großbritannien) und Eurotech Global Sports (Appenzell, Schweiz). Das Hauptziel des Unternehmens besteht darin, der FIFA verschiedene Dienstleistungen z.B. im Bereich Ticketing sowie Unterkünfte und computergestützte Dienstleistungen anzubieten. Beide Unternehmen haben bereits Erfahrungen bei vorangegangenen Veranstaltungen in der Zusammenarbeit mit der FIFA gesammelt.[575]

Im Bereich Ticketing bietet das Gemeinschaftsunternehmen MATCH ein Gesamtkonzept an. Darin enthalten sind z.B. die Eintrittskarten-Bestellformulare, der Eintrittskartenverkauf, der Druck, die Verteilung, Management und sonstige „Vorort-Aufgaben". Um ausreichend Unterkünfte in der gewünschten Qualität anzubieten, wird MATCH ein Hotelzimmerkontingent und ein Nichthotelzimmerkontingent bereitstellen und managen. Außerdem ist MATCH dafür zuständig, computergestützte Systeme und Dienste bereit zu stellen, um einen reibungslosen Ablauf des Events zu gewährleisten.[576]

Während der WM werden den Hospitality-Gästen verschiedene Services innerhalb der Stadien angeboten, zu denen unter anderem Privatsuiten, Lounges, VIP-Zelte, Catering, Parkplätze, Transport, Unterhaltung und Geschenke gehören. Eine Neuheit für die FIFA Fußball-WM 2010™ ist das so genannte „Full Hospitality Package", das eine Rundumbetreuung beeinhaltet. Die Käufer bekommen neben Unterkunft und dem Transport auch touristische Aktivitäten geboten. Diese Hospitality-Pakete werden in drei unterschiedlichen Kategorien offeriert: Privatsuiten (Private Suites), gemeinsame Suiten (Shared Suites) und Tickets der Kategorie 1 kombiniert mit Hospitality-Diensten. Dabei können die Kunden zwischen einem stadion- oder teamspezifischen Paket auswählen.[577]

8.3   Sponsoring-Konzept

Für den Zeitraum 2007–2014 hat die FIFA ihr Marketingprogramm geändert und richtet somit ihre Strategie neu aus.

Die Anzahl der Sponsoren wurde reduziert. Das neue Sponsoring-Programm beinhaltet drei Kategorien:

- FIFA Partner,
- Sponsoren der FIFA Fußball-WM^{TM} und
- Nationale Förderer.

Auch die Anzahl der Exklusiv-Partner wurde reduziert. In Abbildung 102 werden diese dargestellt. Die Unternehmen adidas, Emirates, Hyundai/KIA, Sony, Coca-Cola und Visa nehmen am Sponsoring-Programm als FIFA-Partner teil. Daneben nimmt die FIFA sechs bis acht Sponsoren sowie vier Nationale Förderer unter Vertrag.[578] Die sechs WM-Sponsoren sind die Unternehmen Budweiser, Continental, MTN, Castrol, McDonald's und Satyam. Die Unternehmen FNB, Telkom, neoafrica, bp Südafrika und prasa werden während der FIFA Fußball-WM 2010^{TM} als Nationale Förderer auftreten.[579]

Offizielle Partner

FIFA-Partner

Sponsoren FIFA Fußball-WM™

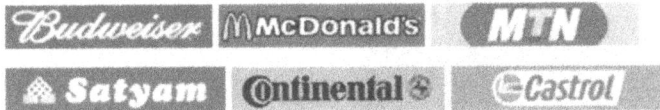

Nationale Förderer

Offizielle Kampagnen

Abb. 102: FIFA Partner, Sponsoren, Nationale Förderer und offizielle Kampagnen im Überblick[580]

Die engste Form der Zusammenarbeit mit der FIFA liegt auf der Ebene der FIFA-Partner. Neben besonderen Rechten in Verbindung mit verschiedenen FIFA-Aktivitäten besitzen die FIFA-Partner exklusive Vermarktungsrechte.[581] Das Standardpaket der Partner beinhaltet die nachfolgenden Bausteine:

- Verwendung der offiziellen Marken

* Präsenz im Innen- und Außenbereich des Stadions, in allen offiziellen FIFA-Publikationen und auf der offiziellen Website www.FIFA.com
* Anerkennung des Sponsoring-Engagements durch ein weitreichendes Marketingprogramm anlässlich der FIFA Fußball-Weltmeisterschaft™
* Schutz vor Trittbrettfahrern („Ambush Marketing")
* Hospitality-Programm
* Direktwerbung, PR-Aktivitäten und bevorzugter Zugang zu Fernsehwerbung im Rahmen der FIFA Fußball-Weltmeisterschaft™

Ein „neuer" FIFA Partner ist SONY, der schon ein Jahr vor der FIFA Fußball-WM™ 2010 in Südafrika seine Sponsoring-Partnerschaft intensiv nutzt und in seiner Produktwerbung einen Bezug zur FIFA Fußball-WM™ 2010 herstellt, wie in der Abbildung 103 zu sehen ist.

Abb. 103: Sony-Werbung im Vorfeld der FIFA Fußball-WM 2010[TM582]

Zusätzlich steht den FIFA-Partnern das Angebot offen, das Sponsoring an ihre individuelle Marketingstrategie anzupassen und auf ihre Bedürfnisse hin auszurichten. In diesem Zusammenhang besteht z.B. die Möglichkeit, ein zusammengesetztes Logo zu verwenden, ein so genanntes „Composite Logo".[583] Bei den WM-Sponsoren beschränken sich die Rechte auf das spezielle Großereignis FIFA-Fußball-WM™. Bei den Nationalen Förderern, denen das Recht zusteht, auf nationalem Boden (d.h. in Südafrika) zu werben, handelt es sich um national ansässige Unternehmen.[584]

Die FIFA führt drei Hauptgründe für dieses veränderte Konzept an:[585]

> enge Partnerschaft mit Unternehmen, die nicht nur die FIFA Fußball-Weltmeisterschaft™, sondern den Fußball insgesamt unterstützen möchten und können
> Vereinheitlichung der Partnervereinbarungen in Bezug auf Umfang und Vertragswert
> Differenzierung zwischen unterschiedlichen Bedürfnissen und Ansprüchen der einzelnen Unternehmen/Kategorien

In Verbindung mit der WM in Südafrika startete die FIFA eine weitere Kampagne „Football-for-Hope". Die FIFA hat bereits ähnliche Initiativen bei den WM-Veranstaltungen 2002 in Japan/Südkorea mit dem Motto „Say Yes for Children" und 2006 in Deutschland unter dem Leitspruch „6 Dörfer für 2006" durchgeführt.[586]

Blatter, der FIFA-Präsident, stellte die Bedeutung der Kampagne „Football-for-Hope" heraus, indem er sagte: „Diese Kampagne unterstreicht, dass die Kraft des Fußballs weit über die engen Grenzen des Fußballplatzes hinaus reicht. Mit Hilfe von Fußballfans, Prominenten und Sponsoren wollen wir den Bau von 20 'Football-for-Hope'-Zentren realisieren und so ein nachhaltiges Vermächtnis zum Wohle der afrikanischen Jugend schaffen, das auch über den 11. Juli 2010 hinaus Bestand hat". Mit Hilfe der Kampagne sollen 10 Millionen USD aufgebracht werden, um den Bau von 20 so genannten „Football-for-Hope"-Zentren zu errichten.[587] Fünf Zentren entstehen in Südafrika und 15 weitere werden auf dem afrikanischen Kontinent verteilt errichtet. Jedes dieser Zentren soll mit Klassenzimmern und Einrichtungen zur Gesundheitsfürsorge ausgestattet werden. Neben dem Beratungs-, Gesundheits- und Bildungsangebot werden Spiel und Sport nicht zu kurz kommen. Daher soll auch jedes Zentrum einen eigenen Fußballplatz erhalten, auf dem sich die Kinder und Jugendliche austoben können und soziales Miteinander lernen. Ab 2008 läuft die Spendenaktion, bei der jeder Fan seinen Teil zu diesem Projekt beitragen kann. Zusätzlich verpflichten sich die FIFA-Partner für jedes gefallene Tor im Rahmen der WM-Qualifikationsspiele zu spenden.[588]

Der FIFA-Partner Visa ist zum ersten Mal bei einer WM vertreten. Das Unternehmen löst damit seinen Konkurrenten MasterCard als Sponsor der FIFA Fußball-WM™ ab (siehe Abbildung 104).

Abb. 104: Werbung vom FIFA-Partner Visa beim Confederations Cup 2009™ in Südafrika[589]

8.4   FIFA Confederations Cup™

Im Vorfeld FIFA Fußball-WM 2010™ in Südafrika wurde intensiv darüber diskutiert, ob und inwieweit Südafrika überhaupt in der Lage ist, dieses Großevent vor dem Hintergrund einer magelnden Infrastruktur, neuen Stadienprojekten, der Sicherheitsproblematik etc. organisatorisch durchzuführen. Ein Jahr vor der eigentlichen WM konnte Südafrika mit der Organisation des Confederations Cup 2009™ der Öffentlichkeit und den Kritikern beweisen, dass es durchaus eine Veranstaltung dieser Größenordnung erfolgreich durchführen kann.[590]

Seit 1997 veranstaltet die FIFA den Confederations Cup™. Zu Beginn fand dieser Wettkampf alle zwei Jahre statt, bis er seit 2005 zum Vier-Jahresrhythmus überwechselte.[591]
Schon ein Jahr vor der FIFA Fußball-WM 2002™ in Südkorea und Japan nutzten ihn die
Veranstalter als erste Probe vor dem eigentlichen Turnier. Mittlerweile hat sich der Confederations Cup™ als Generalprobe für eine bevorstehende FIFA Fußball-WM™ etabliert.[592]

In Deutschland fand im Jahr 2005 der Confederations Cup™ statt (siehe Abbildung 105). In
dieser Vorbereitungsphase vor der FIFA Fußball-WM 2006™ wurde in fünf der späteren
zwölf WM-Städte gespielt, wobei einige der späteren WM-Stadien berücksichtigt wurden,
die nur bis zum Achtelfinale als Austragungsstätte dienten: Hannover, Köln, Frankfurt am
Main, Leipzig und Nürnberg. Frankfurt am Main bildete eine Ausnahme, da in diesem Stadion auch ein Viertelfinalspiel stattfand.[593]

Abb. 105: Confederations Cup 2005™ – Generalprobe in Deutschland[594]

Die Abbildung 106 verdeutlicht, dass bereits im WM-Vorbereitungsjahr in und um die Stadien gefeiert wurde.

Abb. 106: Fans beim Confederations Cup 2005™ in Deutschland[595]

Confederation (Konföderation) bezeichnet den „Zusammenschluss der von der FIFA aner-
kannten und einem gleichen Kontinent (oder einer vergleichbaren geografischen Region)
angehörenden Verbände."[596] Von der FIFA wurden folgende Konföderationen bisher aner-
kannt:[597]

    Confederación Sudamericana de Fútbol – CONMEBOL
    Asian Football Confederation – AFC
    Union des associations européenes de football – UEFA
    Confédération Africaine de Football – CAF
    Confederation of North, Central American and Caribbean Association Football – CON-
    CACAF
    Oceania Football Confederation – OFC

Vom 14. bis 28. Juni 2009 wurde der Confederations Cup™ in Südafrika ausgetragen (siehe
Abbildung 107). Bei der Generalprobe trafen acht Mannschaften aufeinander. Dabei handelte
es sich jeweils um die Meister der Kontinentalverbände Spanien, USA, Brasilien, Ägypten,
Irak und Neuseeland sowie um den aktuellen Fußballweltmeister Italien und den Gastgeber
Südafrika.[598]

Abb. 107: Logo des FIFA Confederations Cup 2009™599

Im Ellis-Park-Stadion in Johannesburg wurde der Confederations Cup™ gestartet. Die Renovierungsarbeiten konnten rechtzeitig abgeschlossen werden.[600] Der Confederations Cup™ wurde in vier der späteren zehn Fußballstadien ausgetragen. Danny Jordan, der Chef-Organisator der FIFA Fußball-WM 2010™, zeigte sich optimistisch was die rechtzeitige Fertigstellung der übrigen Stadien angeht.[601]

Die größte Kritik während des Confederations Cup™ wurde allerdings an den so genannten Vuvazelas geübt, die die Gehörgänge zwei Wochen lang in Dauerschwingung versetzt hatten. Blatter, der FIFA-Präsident, bemerkte hierzu, dass das ein lokaler Sound sei und er wisse nicht, wie man den stoppen könne. Er meinte weiter „Und hier ist Afrika!"[602]

Das Finale des Confederations Cup™ gewann im Übrigen Brasilien im Finale gegen die USA. Der Gastgeber Südafrika belegte einen beachtlichen vierten Platz hinter dem Fußball-Europameister Spanien.

8.5   Ausgewähltes Fallbeispiel: Sony als FIFA-Partner bei der FIFA Fußball-WM™ in Südafrika

Nicht nur die FIFA und das Gastgeberland Südafrika rüsten sich für das bevorstehende Mega-Event, sondern auch die FIFA-Partner profilieren und positionieren sich bereits im Vorfeld der Veranstaltung und stellen in Ausstellungen von Produkten und Dienstleistungen Verbindungen zur FIFA Fußball-WM 2010™ her.

Der japanische Elektronik-Konzern Sony, der sich in den vergangenen Jahren schon vielfach bei FIFA-Veranstaltungen als Sponsoring-Partner engagierte, ist zum ersten Mal Mitglied im Sponsoren-Pool für eine FIFA Fußball-WM™. Der Vertrag zwischen Sony und der FIFA startete 2007 und wurde vorerst bis 2014 vereinbart.[603] Das heutige Unternehmen Sony, das 2008/2009 (Geschäftsjahr endet am 31. März 2009) einen Umsatz von ca. 7.730.000 Millionen Yen[604] erzielte, wurde 1946 von den beiden Elektroingenieuren Masaru Ibuka und Akio Morita[605] in Tokio gegründet. Allerdings trug das Elektronikunternehmen erst seit 1958 den Firmennamen ‚Sony', der aus der Verbindung zweier Wörter entstand. Zum einen aus dem lateinischen Wort ‚sonus', das soviel wie Klang oder Ton bedeutet, zum anderen aus ‚sonny

boy', ein in Japan damals häufig verwendeter Ausdruck für junge Menschen mit Pionier-
geist.[606] Die beiden Firmengründer beschlossen Mitte der 1980er Jahre, ihre Elektroniksparte
auszubauen: 1985 kauften sie das Musikunternehmen CBS Records (Sony Music Entertainment) und 1989 die Filmstudios Columbia/Tristar (Sony Pictures Entertainment). 1995
brachte Sony die Spielekonsole PlayStation (Sony Computer Entertainment) auf den Markt.
Die Tätigkeiten im Bereich der Telekommunikation startete Sony mit Sony Ericsson Mobile
Communications Ende 2001.[607]

Sony Ericsson, die Mobilfunksparte von Sony, unterstützt z.B. verschiedene Projekte und
Ereignisse weltweit und ist somit auch im Bereich des Sozial-Sponsorings aktiv. Seit Oktober 2007 nimmt Sony Ericsson am so genannten "Millennium Villages" Projekt teil, bei dem
bereits Ericsson und das Earth Institute der Columbia University miteinander kooperierten.[608]
Dieses Projekt soll 400.000 Menschen in Entwicklungsländern den Zugang zur Mobilfunk-
technologie sowie dem Internet verhelfen. In isolierten, ländlichen Gemeinden ohne Fest-
netzinfrastruktur ist Mobiltechnologie für den Wissensaustausch, die Gesundheitsaufklärung
und -überwachung, die Durchführung statistischer Erhebungen und Erbringung anderer
Hilfsdienstleistungen notwendig. Sony Ericsson stellt bei diesem Projekt Mobiltelefone für
zwölf Siedlungsgebiete in den zehn afrikanischen Staaten Äthiopien, Ghana, Kenia, Malawi,
Mali, Nigeria, Ruanda, Senegal, Tansania und Uganda bereit. Den Gesundheitsbeauftragten
in den betreffenden Gebieten werden diese Mobiltelefone zur Verfügung gestellt, bei denen
für Anrufe bei Notfalldiensten keine Gebühren gezahlt werden müssen.[609]

In Entwicklungsländern können Mobilfunktelefone den wirtschaftlichen und sozialen Fortschritt vorantreiben. Problematisch stellt sich aber häufig das Auflanden der Mobilfunktelefone heraus, denn die Stromversorgung funktioniert oftmals nicht zuverlässig oder ist gar
nicht erst vorhanden. Deshalb entwickelte Sony Ericsson zusammen mit dem Earth Institute
der Columbia University im Rahmen des "Millennium Villages" Projekts ein solarbetriebe-
nes Ladegerät, das für die Verwendung in ländlichen Gebieten konzipiert wurde.[610] Sony
Ericsson fördert auch ein Programm zum Anschluss von Flüchtlingscamps in Nord-Ruanda
an die Mobilfunknetze. Die Initiative wurde von der GSMA, der weltweiten Industrieverei-
nigung der GSM-Mobilfunkbetriebe, ins Leben gerufen und wird zusammen mit dem Hohen
Kommissariat für Flüchtlinge der Vereinten Nationen durchgeführt. Das Programm hilft bei
der Familienzusammenführung, Bildung, Gesundheit und wirtschaftlichen Entwicklung.
Auch dieses Programm unterstützt Sony Ericsson durch die Bereitstellung von Mobiltelefo-
nen. Das Konzept soll später auch auf andere Flüchtlingscamps übertragen werden.[611]

Sony Ericsson sponsorte im Frühjahr 2007 die Stanford University bei einem Pilotprojekt in
ihrem internationalen Outreach-Program (IOP) für Universitäten in Uganda, Tansania und
Südafrika. Techniker von Sony Ericsson und Mitarbeiter der Stanford University entwickelten gemeinsam eine spezielle Software, die es ermöglichte, das Mobilfunktelefon P990i für
ein interaktives, weltweit zugängliches Umweltseminar der Universität zu nutzen. Mit dieser
Technologie konnten Studenten sowie Bildungseinrichtungen per SMS kommunizieren und
sich gegenseitig Fotos und Videos zuschicken oder das Mobilfunktelefon nutzen, um Beiträge auf Weblogs zu posten.[612]

Die Tochtergesellschaften verschiedener Länder von Sony verfolgen eine klar definierte Strategie bei der Wahl ihrer Sponsoring-Partner. Sony Schweiz verdeutlicht z.B., dass es keine Engagements bei Klein- und Einzelanlässen respektive persönlichem Sponsoring oder lokalen Aktivitäten eingeht. Damit sich Sony besser auf sein Kerngeschäft konzentrieren kann, beachtet Sony bei der Wahl seiner Sponsoring-Partner die folgenden Richtlinien:[613]

* Bedeutung für das jeweilige Land der Tochtergesellschaft
* großes Zielpublikum
* direkter Kontakt zwischen Produkten/Technologien von Sony und dem Publikum
* langfristige und permanente Ausrichtung, die idealerweise die ganze Sony Company mit einbezieht.[614]

Wie aus diesen Richtlinien hervorgeht, zielt der Global Player Sony in seiner Sponsoring-Strategie auf ein großes Publikum ab. Durch die neue Sponsoring-Partnerschaft mit der FIFA erfüllt die Plattform FIFA Fußball-WM™ somit die Vorstellungen von Sony.

2005 baute der Mobilfunkhersteller Sony Ericsson seine Sponsoringaktivitäten aus und das Unternehmen wurde weltweiter Titelsponsor des Damentennis-Turniers WTA-Tour (siehe hierzu auch Abbildung 19). Sony Ericsson investierte 88 Millionen Dollar für dieses Sponso-ring-Engagement. Der Konzern schloss zunächst einen Sechs-Jahresvertrag mit der Wo-men´s Tennis Association und begründete dadurch seine erste globale Sponsoring-Partnerschaft. Nach dem Sponsoring-Vertrag wurde das Turnier in „Sony Ericsson WTA Tour" umbenannt und Sony Ericsson wird als Titelsponsor bei den alljährlichen WTA-Weltmeisterschaften, die auch im Fernsehen ausgestrahlt werden, im November auftreten. Durch diese Sponsoring-Partnerschaft präsentiert Sony Ericsson bei insgesamt 63 Wettkämp-fen, die in 33 Ländern ausgetragen werden, sein Marken-Logo.[615]

Über die Homepage der FIFA konnten die Fußballfans, bereits im Februar 2009 im Vorfeld der WM in Südafrika, an einem von Sony gesponserten Gewinnspiel teilnehmen. Beim so genannten „SONY Campaign Award" wurde eine Traumreise für zwei Personen zur FIFA Fußball-Weltmeisterschaft Südafrika 2010™ vergeben. Das Gewinnspiel richtete sich an Amateurfotografen, die bis zum 28. Februar ein Bild einsenden sollten, das „eine außerge-wöhnliche und überraschende Sicht auf den Geist und die Schönheit des Fußballs bietet". Neben einer Reise zur bevorstehenden WM-Endrunde in Südafrika erhielt der Gewinner des „SONY Campaign Award" zwei VIP-Tickets für die „SONY World Photography Awards" am 16. April, eine Sony-Spiegelreflexkamera α900 mit Objektiv sowie die Chance, als Foto-graf in Sonys bevorstehendem Digitalfilmprojekt FY09 mitzuwirken.[616]

Der FIFA-Partner Sony präsentiert seine Produkte im Sony Center in Tokio und nimmt dabei immer wieder Bezug auf die WM in Südafrika. Die Abbildungen 108 und 109 zeigen Sony-Produkte im Kontext mit dem bevorstehenden Großevent.

Abb. 108: Ausstellung im Sony-Center, Tokio[617]

Abb. 109: FIFA Fußball-WM 2010™ in Verbindung mit Produkten von Sony[618]

Mit weiteren Werbeaktionen wie z.B. „F305 Motion Mania" warb Sony Ericsson, die Mobil-funksparte von Sony, ein Jahr vor dem Event mit der FIFA Fußball-WM 2010™. Sony E-ricsson forderte dabei seine Kunden auf: „Schick uns dein Motion Gaming Video und sei dabei beim FIFA World Cup™ 2010 in Südafrika".[619]

9 Ambush Marketing

Unter Ambush Marketing[620] werden Trittbrettfahrer-Marketing-Aktivitäten verstanden, die das Ziel verfolgen, die Aufmerksamkeit der Medien von einem Großereignis für das eigene Unternehmen auszunutzen. Der Begriff „ambush" stammt aus dem Englischen. Er bedeutet so viel wie Hinterhalt. Wegen der Ausnutzung der eigentlichen Sponsoren werden anstelle von Ambush Marketing auch die Begriffe Parasite-Marketing oder Schmarotzer-Marketing verwendet.[621]

Das Ambush Marketing ist ein Instrument des Guerilla-Marketings. Deshalb werden im Folgenden kurz die Grundlagen des Guerilla-Marketings vorgestellt. Anschließend wird eine Einordnung des Ambush Marketings im Guerilla-Marketing vorgenommen.

Die Idee des Guerilla-Marketings findet ihre Wurzeln in den Guerillataktiken. Ihr Hauptziel besteht darin, mit Hilfe unkonventioneller Angriffe, den Gegner zu schwächen oder sogar zu stürzen.[622] Zwar prägen die Merkmale des Guerillakampfes das Guerilla-Marketing, allerdings klingt dies schärfer als es wirklich ist. Als besonderes Merkmal des Guerilla-Marketings lässt sich die unkonventionelle Vorgehensweise herausstellen. Folglich erfordert diese Art des Marketings kreative Fähigkeiten und kann auch als Marketing für Querdenker bezeichnet werden.[623]

Der Begriff Guerilla-Marketing an sich entstand erst Mitte der 1980er Jahre. Er wurde von Jay Conrad Levinson geprägt, der im Jahre 1984 das Guerilla-Marketing-Handbuch herausbrachte. Das Buch erschien in 37 Sprachen. Seine Philosophie besteht darin, die vielen Gelegenheiten des Marketings zu erkennen und jede einzelne für sich zu nutzen.[624] Levinson richtete sich gerade auch an kleinere Unternehmen, die in der Regel mit einem kleinen oder gleich bleibenden Budget gegen die Wettbewerbsriesen kämpfen mussten. Seine, von der Norm abweichende Lösung bestand aus ungewöhnlichen Methoden, Strategien und Preismodellen, mit deren Hilfe eine gesteigerte Aufmerksamkeit der gewünschten Zielgruppe erreicht werden sollte.[625]

Eine konkretere Erklärung des Begriffs Guerilla-Marketing geben Breitenbach und Schulte mit ihrer Definition aus dem Jahre 2005: „Guerilla-Marketing ist die Kunst, den von Werbung übersättigten Konsumenten größtmögliche Aufmerksamkeit durch unkonventionelles beziehungsweise originelles Marketing zu entlocken. Dazu ist es notwendig, dass sich der Guerilla-Marketer möglichst (aber nicht zwingend) außerhalb der klassischen Werbekanäle und Marketing-Traditionen bewegt."[626] In dieser Definition ist von einer Kunst die Rede. Kunst erfordert kreatives Handeln. Überdies stellen die beiden Autoren als charakterisierende Merkmale für Guerilla-Marketing-Aktivitäten die folgenden heraus: unkonventionell,

überraschend, originell/kreativ, frech/provokant, kostengünstig/effektiv, flexibel, ungewöhn-
lich/untypisch, witzig, spektakulär und ansteckend.[627]

Mit Guerillataktiken versucht der „Angreifer", mit „einem Schuss einen Treffer zu landen".
Dies bedeutet, dass eine Guerilla-Marketing-Aktion in den meisten Fällen einmalig und auch
nicht wiederholbar ist. Anders würde das Überraschungsmoment, das durch diese Aktion
genutzt wird, verloren gehen. Der ausdrücklich gewünschte „AHA-Effekt" gibt in aller Regel
einen Anstoß und sorgt für Gesprächsstoff.

Wie ist aber nun das Ambush Marketing als Instrument im Rahmen des Guerilla-Marketings
einzuordnen? Schulte und Pradel gliedern das Guerillia-Marketing in Low Budget Marketing, Online-Guerilla-Marketing, Offline-Guerilla-Marketing und strategisches Guerilla-
Marketing und ordnen das Ambush-Markting in die Kategorie des Offline-Guerilla-
Marketing ein, wie es auch die Abbildung 110 verdeutlicht.

Abb. 110: Instrumente des Guerilla-Marketings[628]

Offline-Guerilla-Marketing findet seine Anwendung im außerhäuslichen Bereich, dem so
genannten Out-of-Home-Bereich. Kommunikationsinstrumente wie Außenwerbung, Sponsoring und Event-Marketing kommen zum Einsatz.[629] Die Guerilla-Marketing-Aktivitäten sind
in erster Linie als begleitende Maßnahmen zu betrachten. Sie unterstützen die klassischen
Marketingmaßnahmen, indem sie deren Wirkung verstärken.[630]

9.1   Definition von Ambush Marketing

Um die Vielfalt von Ambush Marketing zu verdeutlichen, werden im Folgenden einige ausgewählte Definitionen von Ambush Marketing angeführt. Ambush Marketing fassen die
Betrachter, je nach Perspektive, sehr unterschiedlich auf.

Bortoluzzi Dubach und Frey definieren Ambush Marketing als „das unerlaubte Trittbrettfahren, bei dem ein Außenseiter von einem Anlass profitiert, ohne selbst Sponsor zu sein."[631]
Während diese Definition davon ausgeht, dass alle Maßnahmen der Ambusher rechtlich
verboten sind, sieht Nufer dies etwas differenzierter und berücksichtigt in seiner Definition
auch die rechtlichen Grauzonen: „Ambush Marketing ist eine Vorgehensweise von Unter-

nehmen, die keine legalisierten oder lediglich unterprivilegierte Vermarktungsrechte an einer gesponserten Veranstaltung besitzen, aber trotzdem dem direkten und indirekten Publikum durch ihre Kommunikationsmaßnahmen eine autorisierte Verbindung zu diesem Event signalisieren."[632]

McKelvey definiert Ambush Marketing als „a company´s intentional effort to weaken or ambush its competitor´s official sponsorship. It does this by engaging in promotions or advertising that trade off the event or property´s goodwill and reputation, and that seek to confuse the buying public as to which company really holds official sponsorship rights."[633]

Netzle betrachtet Ambush Marketing als den „Sammelbegriff für diejenigen Marketingmaßnahmen, mit denen ein Unternehmen der Öffentlichkeit eine Verbindung mit einer Sportveranstaltung oder einer Sportorganisation vorspielt, die in Wirklichkeit gar nicht besteht."[634]

Pechtel sieht Ambush Marketing als „Marketing-Aktionen, die Bezug auf das Sportereignis nehmen oder dieses als Plattform benutzen, um hieraus einen ökonomischen Nutzen zu ziehen, ohne, dass das Unternehmen (Ambusher) einen eigenen – die Sportveranstaltung unterstützenden Beitrag – als Sponsor oder Lizenznehmer geleistet hat."[635]

Noth meint, Ambush Marketing sei „jedes nicht autorisierte Verhalten eines Dritten, mit dem bewusst eine Assoziation mit einem Event angestrebt wird, um davon unentgeltlich (und in der Regel zu Lasten der finanziellen Interessen des Veranstalters und der Sponsoren) zu profitieren, namentlich indem der Dritte in einer besonderen Beziehung zum Event gesehen wird und/oder die mit dem Event verbundenen positiven Vorstellungen und Emotionen auf ihn übertragen werden."[636]

Jüttner deutet Ambush Marketing als „die Ausrichtung von Kommunikations- und Marketingmaßnahmen auf einen sportlichen Großanlass, ohne dass eine vertragliche Beziehung mit dem Veranstalter besteht."[637]

Zanger/Drenger definieren Ambush Marketing, indem sie die folgenden vier Merkmale herausarbeiten:[638]

* Ein geplanter Versuch eines Unternehmens mit einem Event in Verbindung gebracht zu werden ohne Übernahmen von Sponsorships.
* Ambusher und Sponsoren stammen meistens aus den gleichen Branchen.
* Ambusher verfolgen nicht nur das Ziel Aufmerksamkeit zu erreichen, sondern verfolgen auch bewusst eine „Irreführungsabsicht". Die Zuschauer sind verwirrt und können so den Unterschied zwischen Sponsoren und Ambushern nicht mehr erkennen.
* Die Aktionen von Ambush-Marketern sollen die kommunikative Wirkung oder Leistung des Offiziellen Sponsors hemmen.

9.2   Markenschutz

Die Wettbewerber in einem Markt streben danach, einen größtmöglichen Marktanteil zu erzielen. Bei dieser harten Konkurrenzsituation werden aber nicht nur legale Wege verfolgt.

Im Zuge der Globalisierung sind auch immer wieder Bestrebungen zu beobachten, dass Wettbewerber entgegen der vorgegebenen rechtlichen Rahmenbedingungen handeln oder sich im Grenzbereich bewegen. Gerade im Hinblick auf das Sponsoring ist es weder auf Seiten der Gesponserten noch auf Seiten der Sponsoren wünschenswert, dass wegen unfairen Handelns von Wettbewerbern Marktanteile eingebüßt werden müssen. Auf lange Sicht würde auch das Verhältnis zwischen Sponsor und Gesponsertem auseinanderbrechen. Aufgrund der Wichtigkeit und Aktualität soll das Thema Markenschutz im Nachfolgenden kurz beleuchtet werden.

9.2.1   Markenrecht

Am 25. Oktober 1994 trat das „neue" Markenrecht in Kraft.[639] Mit der Einführung des Markengesetzes (MarkenG) wurde der bisher verwendete Begriff „Warenzeichen" durch den international geläufigeren Ausdruck „Marke" ersetzt.[640] Im Folgenden soll kurz die gesetzliche Grundlage für den Markenschutz dargelegt werden, indem ein Auszug aus dem Markengesetz angeführt wird (siehe Abbildung 111). In § 3 Markengesetz wird zunächst festgelegt, welche Voraussetzungen überhaupt gegeben sein müssen, damit eine Marke als ein schutzfähiges Zeichen eingetragen werden darf. Ist ein Zeichen als schutzfähig anzusehen, so entsteht der Markenschutz, wenn die Voraussetzungen des § 4 MarkG eintreten.

§ 3 MarkenG – Als Marke schutzfähige Zeichen

(1) Als Marke können alle Zeichen, insbesondere Wörter einschließlich Personennamen, Abbildungen, Buchstaben, Zahlen, Hörzeichen, dreidimensionale Gestaltungen einschließlich der Form einer Ware oder ihrer Verpackung sowie sonstige Aufmachungen einschließlich Farben und Farbzusammenstellungen geschützt werden, die geeignet sind, Waren oder Dienstleistungen eines Unternehmens von denjenigen anderer Unternehmen zu unterscheiden.

(2) Dem Schutz als Marke nicht zugänglich sind Zeichen, die ausschließlich aus einer Form bestehen,

- die durch die Art der Ware selbst bedingt ist,
- die zur Erreichung einer technischen Wirkung erforderlich ist oder
- die der Ware einen wesentlichen Wert verleiht.

§ 4 MarkenG – Entstehung des Markenschutzes

Der Markenschutz entsteht

- durch die Eintragung eines Zeichens als Marke in das vom Patentamt geführte Register,
- durch die Benutzung eines Zeichens im geschäftlichen Verkehr, soweit das Zeichen innerhalb beteiligter Verkehrskreise als Marke Verkehrsgeltung erworben hat, oder
- durch die im Sinne des Artikel 6bis der Pariser Verbandsübereinkunft zum Schutz des gewerblichen Eigentums (Pariser Verbandsübereinkunft) notorische Bekanntheit einer Marke.

Abb. 111: Auszug aus dem Markengesetz[641]

Warum aber ist ein solcher Schutz überhaupt notwendig? Heutzutage sind viele Marken zum Oberbegriff eines einzelnen Produktes geworden. In Deutschland wird häufig das Wort Tempo bspw. für Papiertaschentuch oder Föhn für Haartrockner verwendet, obwohl es sich bei den Beispielen jeweils um eine Marke eines bestimmten Unternehmens handelt. Hier hat sich die Marke so stark in den Alltag integriert, dass sie in den gewöhnlichen Sprachgebrauch übergegangen ist.

Eine Marke soll verschiedenen Funktionen gerecht werden. Sie soll dem Kunden eine Orientierung geben, wo das Produkt herkommt und ihm zur Information dienen, was das Produkt beinhaltet. Dadurch entsteht für den Kunden eine höhere Markttransparenz. Nach Bruhn soll ein Markenartikel dem Versprechen gerecht werden, „auf Kundennutzen ausgerichtete Leistungen standardisiert in gleich bleibender Qualität zu offerieren."[642] Ein qualitativ gleich bleibendes Produkt vermindert das „Reinfallrisiko" des Kunden und weckt Vertrauen für eine Marke. Simon unterstreicht dieses Argument, indem er die Funktion einer Marke wie folgt beschreibt: „Was sie auch kaufen, es muss heute mehr sein als ein Produkt oder eine Dienstleistung. Kurz gesagt: Mit der Marke kauft man auch Vertrauen."[643] Eine bekannte Marke verschafft dem Konsumenten eine gewisse Identität oder Zugehörigkeit zu einer Gruppe. Somit kann man einer Marke auch eine symbolische Funktion zusprechen. Zusammenfassend soll es durch eine Marke gelingen, sich von Produkten gleichartiger Kategorien abzugrenzen, folglich ein Alleinstellungsmerkmal zu schaffen, das das Besondere der Marke herausstellt.

9.2.2   Erscheinungsbild der FIFA Fußball-WM™

Um ein einheitliches Erscheinungsbild zu gewährleisten und den Partnern, den Sponsoren sowie den Nationalen Förderern die Exklusivrechte zu sichern, die ihnen vertraglich zugesprochen wurden, hatte die FIFA zur WM-Endrunde eine Medieninformation über ihre offiziellen Marken und Markenbezeichnungen herausgebracht. Ziel dieser Informationen war es, dass Medienunternehmen, wie z.B. Zeitungen, die über die WM in Deutschland berichten wollten, sich orientieren konnten, wie die offiziellen Wettbewerbstitel und Wettbewerbsmarken der FIFA Fußball-Weltmeisterschaft 2006™ aussehen sollten. Ferner war auf den Informationsseiten zu lesen, wie die dort aufgeführten Marken verwendet werden durften.[644]

Die FIFA kämpfte bereits in ihrer Vergangenheit ständig um den Schutz ihrer Marken. Um z.B. die Begriffe „WM 2006" und „Fußball WM 2006" zu schützen, hatte die FIFA bereits 2002 vorsorglich beide Begriffe beim Deutschen Patent- und Markenamt (DPMA) eintragen lassen. Kurze Zeit später wurde allerdings die Löschung beider Marken angeordnet. Daraufhin erhob die FIFA Klage. Im April 2006 entschied dann der Bundesgerichtshof (BGH), dass der Begriff „Fußball-WM 2006" keine geschützte Marke darstelle. Auch wenn der Rechtsstreit auf der Bundesebene hinsichtlich dieser beiden Marken verloren wurde, blieb weiterhin der Schutz der FIFA-Marken durch das Europäische Harmonisierungsamt bestehen. Somit ist die Marke „WM 2006" auf europäischer Ebene als Gemeinschaftsmarke geschützt. Außerdem gilt sie hier als „besondere geschäftliche Bezeichnung".[645] FIFA-Jurist Martin Stopper betonte, dass der FIFA lediglich der Markenschutz versagt sei, aber nicht der Werbeschutz. Die Behauptung, dass nun jeder mit dem Begriff „Fußball-WM 2006" werben dürfe, sei nicht richtig.[646]

Um den Schutz der WM-Marken zu überwachen, richtete die FIFA zur WM 2006 ein eigenes Team für Warenzeichenregistrierungen ein. In 126 Ländern wurde das Emblem für die FIFA Fußball-WM 2006[TM] so erfasst, dass alle denkbaren Produkte und Dienstleistungen der FIFA abgedeckt wurden. Mehr als 900 Produkte waren davon betroffen.[647]

9.3   Ausprägungsformen von Ambush Marketing-Aktivitäten

Ambush Marketing kann in verschiedenen Formen vorkommen und in verschiedener Art und Weise durchgeführt werden. Stumpf teilt die Ambush Marketing-Aktivitäten in vier verschiedene Erscheinungsformen ein:[648]

1. Ambush Marketing im Rahmen einer Subkategorie eines Sportevents
2. Ambush Marketing durch Verdeckung der Markenzeichen von Sponsoren
3. Ambush Marketing durch Programmsponsoring
4. Ambush Marketing durch Media- und Außenwerbung

In der ersten Kategorie nutzt das Ambush Marketing die Umstände einer mit Reizen überfluteten Umwelt. Diese erschwert dem Konsumenten eine klare Zuordnung der wahren Sponsoren zu einem Event. Hinzu kommen die äußerst stark differenzierten Sponsoring-Angebote der Veranstalter, die meist eine komplexe Struktur aufweisen, so dass es dem „Trittbrettfahrer" nicht schwer fällt sich unter die „Menge" zu mischen und damit von einer Veranstaltung zu profitieren.[649]

Auf diese Weise konnte sich Puma bei der FIFA Fußball-WM 2006[TM] behaupten. Einer der Hauptsponsoren war das Unternehmen adidas, das gleichzeitig im Wettbewerb mit Puma steht. Puma warb mit verschiedenen afrikanischen Teams sowie mit Italien, dem späteren Fußballweltmeister. Dieser Schachzug lohnte sich für Puma, weil gerade diese Mannschaften in der Öffentlichkeit eine große Aufmerksamkeit auf sich zogen.[650]

Eine weitere Kategorie ist das Ambush Marketing durch Beeinträchtigung Offizieller Sponsoren bei deren Rechteausübung. Hier versuchen die Ambusher das Markenzeichen des eigentlichen Sponsors einer Marke entweder zu verdecken oder mit ihrem eigenen Logo zu überstrahlen. Der offizielle Ausstatter des australischen Teams bei den Olympischen Sommerspielen in Sydney 2000 war Nike. Der Schwimmstar Ian Thorpe, der von adidas gesponsert wurde, verdeckte bei der Siegerehrung das Logo von Nike mit einem Badetuch. Ähnliches widerfuhr dem Offiziellen Sponsor Hyundai während der FIFA Fußball-WM 2006[TM]. Die deutsche Fußball-Nationalmannschaft hatte einen Sponsoring-Vertrag mit Daimler. Hier konnte die FIFA als Veranstalter nicht einschreiten, als bei den obligatorischen Pressekonferenzen das Logo von Daimler sowohl im Hintergrund als auch auf der Kleidung der Vertreter der deutschen Fußball-Nationalmannschaft zu sehen war.[651]

Eine Beeinträchtigung Offizieller bei der Ausübung ihrer Rechte findet auch statt, wenn z.B. Ambusher Zuschauer mit Bekleidungsstücken mit dem Aufdruck ihres Markenlogos kostenlos ausrüsten. Bei der FIFA Fußball-WM 2006™ in Deutschland versuchte dies eine holländische Brauerei, während des Spieles Niederlande gegen Elfenbeinküste. Sie verteilte tausende orangefarbene Lederhosen an die Stadionbesucher. Die Veranstalter konnten diese Aktion rechtzeitig stoppen.

Der wohl spektakulärste Fall in der Geschichte des Ambush Marketings kann sicherlich auch dieser Kategorie zugeordnet werden. Der Vorfall ereignete sich im Jahr 1996. Zu den Olympischen Sommerspielen in Atlanta trat Nike als Hauptsponsor auf. Daher war es nicht gestattet, auf der Sportbekleidung ein anderes Markenzeichen zu tragen. Puma wollte aber nicht auf die Werbewirkung seiner Testimonials verzichten. Der Sprintstar Linford Christie aus Großbritannien trug in den Pressekonferenzen Kontaktlinsen mit dunklem Hintergrund und einem weißen, springenden Puma, das Logo der Marke Puma, als Motiv. Neben dieser Maßnahme hatten verschiedene Sportler, die vom Puma gesponsert wurden, Tatoos auf ihrer Haut mit dem Markenlogo aufgemalt.[652]

Beim Programmsponsoring handelt es sich um das Sponsoring einer TV-Sendung oder eines TV-Formates wie z.B. die Sportschau oder die Übertragung eines Fußballspiels. Im „Biersegment" trat Budweiser als Offizieller Sponsor der FIFA Fußball WM 2006™ auf. Jedoch wurden die Live-Übertragungen der Spiele bei den öffentlich-rechtlichen Fernsehsendern ARD und ZDF von der Biermarke Bitburger präsentiert.[653] Deswegen konnte Bitburger im Rahmen der WM 2006 werben, obwohl das Unternehmen kein Offizieller Sponsor dieser Veranstaltung war.

Beim Ambush Marketing mittels unautorisierter Ausnutzung des Sportevents als Kommunikationsthema fixieren sich die Marketer nicht auf den eigentlichen Event, sondern zielen auf das Umfeld der Veranstaltung ab. Die Ambusher versuchen, eine Verbindung zwischen ihrer Marke und dem Event herzustellen, indem sie bspw. auf die Themenstellung des Events Bezug nehmen oder aufsehenerregende Marketing-, Werbe- oder PR-Aktionen durchführen.[654] In abgeschwächter Form ist dies schon der Fall, wenn die Bäckerei um die Ecke während der WM im eigenen Land mit so genannten „Weltmeisterbrötchen" wirbt, die der Form eines Fußballes gleichen. Viel deutlicher wird diese Ausprägung aber in dem folgenden Beispiel. Das Möbelhaus Rieger warb während des WM-Turniers in Deutschland in einer Werbeanzeige mit dem Slogan „Die Welt zu Gast bei Rieger". Dieser Slogan ähnelt sehr stark dem Motto der FIFA Fußball-WM 2006™ „Die Welt zu Gast bei Freunden". Außerdem bot das Unternehmen in den so genannten Freundschaftswochen vor dem Event Freundschaftsrabatte an.

Eine weitere Ausprägung dieser Erscheinungsform ergibt sich, wenn bei der Werbung Testimonials eingesetzt werden, die in irgendeiner Art und Weise vom Konsumenten mit dem Event in Verbindung gebracht werden können. So setzte der Mobilfunkanbieter O$_2$, der kein Sponsor der FIFA Fußball-WM 2006™ war, in seinen Werbekampagnen auf die Testimonials Franz Beckenbauer, Berti Vogts, Lothar Matthäus, Bernd Hölzenbein und Sepp Maier. Diese ehemaligen Fußballstars werden vom Betrachter natürlich im Zusammenhang mit Fußball wahrgenommen. Ferner stand die Kampagne unter dem Motto „Zu Gast bei Freunden", was die Verbindung zur WM zusätzlich unterstrich.[655]

Pechtel nimmt eine Unterteilung in direktes und indirektes Marketing vor, wobei umgangssprachlich auch vom „plumpen" und „subtilen" Ambush Marketing die Rede ist. Das indirekte Ambush Marketing unterteilt Pechtel in die beiden Subkategorien Ambush Marketing-by-Intrusion und Ambush Marketing-by-Association. Diese Unterteilung wird in der Abbildung 112 verdeutlicht.

Die Ambush-Aktionen des direkten Ambush Marketings richten sich konkret auf den Tatbestand des Sponsorings eines Sportevents oder zielen auf die Vermarktungsrechte eines Veranstalters ab. Pechtl zeigt diverse Möglichkeiten auf, wie direktes Ambush Marketing betrieben werden kann:

* Verwendung von Kennzeichen
* „Zweitverwertungen"
* Schaffung von Suggestion
* Verdecken/Störung kommunikativer Maßnahmen der Sponsoren
* Fun-Ambushing

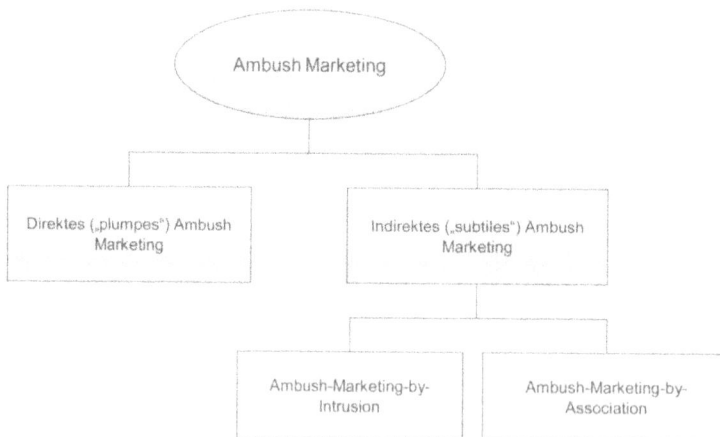

Abb. 112: Erscheinungsformen des Ambush Marketing[656]

Die Verwendung von Kennzeichen und Motiven, die sich unmittelbar auf eine bestimmte Veranstaltung beziehen, ist häufig rechtlich nicht erlaubt. Diese sind größtenteils marken- oder urheberrechtlich geschützt. Ambusher nutzen die Symbole, Aufschriften, Bilder oder Bezeichnungen, die sich auch in der Eventmarke einer Veranstaltung wiederfinden, indem sie Produkte verkaufen oder produzieren, die diese Kennzeichen tragen. Diese Merchandise-Artikel werden von den Ambushern als „Fanbedarfsartikel" oder „Souvenirartikel" verkauft. Neben der Vermarktung von Produkten führen Ambusher auch häufig Wettbewerbe oder Preisausschreiben durch, die in Verbindung mit dem Event stehen. Dabei wird auch nicht davor zurückgeschreckt, die bereits erwähnten Kennzeichen zu verwenden. Der Ambusher erhofft sich mit seinen Aktivitäten einen Imagetransfer von der Eventmarke auf seine eigene Marke.

Unter so genannten „Zweitverwertungen" wird die Verwendung, der durch das Event gegeben Rahmenbedingungen und Weiterverwendung der Informationen, die durch das Event entstehen, verstanden. Ambusher nutzen z.B. die Bekanntheit und Beliebtheit eines Sportevents, indem sie vor, während oder nach der Veranstaltung ein eigenes Event veranstalten. Sie versuchen dabei einen Bezug zu dem eigentlichen Event aufzubauen. Einige Public Viewing-Veranstaltungen, die während der WM in Deutschland stattgefunden haben, zählen dazu.[657] Verschiedene Webseiten veröffentlichten während der FIFA Fußball-WM™ die aktuellen Spielstände und Ergebnisse, ohne dass sie zuvor entsprechende Lizenzen erworben hatten. Die Ambusher erhofften sich auf diese Weise höhere Besucherzahlen auf ihrer Website, um z.B. ihre Werbeflächen teurer zu verkaufen und dadurch ihre Umsätze zu steigern. Nebenbei konnten sie den Bekanntheitsgrad ihrer Website erhöhen.

Durch die Schaffung von Suggestion, versucht der Ambusher den Eindruck zu vermitteln, er sei ein Offizieller Sponsor des Events. Der Ambusher verwendet verschiedene Werbestimuli bei der Zielgruppenansprache, die auch die Sponsoren des Events benutzen. Der „Scheinsponsor" klärt das Publikum aber nicht auf, sondern überlässt ihm die Interpretationsfreiheit der Situation.[658]

Beim Fun-Ambushing versucht der Ambusher den Sponsor bzw. die Sponsoren auf den „Arm zu nehmen". Dabei bezieht er sich auf eine ironische oder witzige Art und Weise auf das Großevent.[659]

Eine weitere Variante des direkten Ambush Marketings ist die Verdeckung oder Störung von kommunikativen Maßnahmen der Offiziellen Sponsoren einer Veranstaltung, wodurch das Publikum die Botschaft nicht mehr wahrnimmt. Mars versah im Sommer 1999 jede Verpackung der Marke „M&M´s" mit der scherzhaften Aufschrift „Unofficial Sponsors of the New Millenium."

Beim indirekten Ambush Marketing wird ein sportliches Event zum Anstoß für eigene Marketingaktionen genommen. Das Angebot des Ambushers wird hier nicht durch Merchandisingartikel ergänzt. Das Warensortiment des Ambushers bleibt somit unverändert. Zwei grundsätzliche Kommunikationswege des indirekten Ambush Marketings sind denkbar. Zum einen das Ambush Marketing-by-Intrusion und zum anderen das Ambush Marketing-by-Association.[660]

Das Hauptziel des Ambush Marketing-by-Intrusion besteht darin, ein Großevent für das eigene Marketing dafür zu nutzen, um die eigene Bekanntheit zu steigern. Als häufiger Nebeneffekt entsteht bei den Besuchern des Events der Eindruck, dass der Ambusher ein Sponsor des Events sei. Beim Ambush Marketing-by-Instrusion werden direkte Verkaufsaktivitäten bei den Besuchern getätigt, oder es findet eine generelle werbliche Ansprache der Besucher eines Events statt. Dabei kann der Ambusher verschiedene Maßnahmen durchführen.[661]

Eine Möglichkeit besteht darin, mit Plakaten zu werben. Die Werbetafeln werden dann an hochfrequentierten Straßen oder Plätzen aufgestellt. Einige Ambusher verteilen auch Werbematerialien an die Besucher eines Events. Wiederum andere nutzen eine fremde Großveranstaltung dafür, um ihre Markensymbole im Eventumfeld zu platzieren. Zu dieser Art des Ambush Marketings gehört außerdem das Anbieten publikumswirksamer Dienstleistungen im Umfeld eines Events, wenn ein Sponsor aus derselben Branche existiert.

Die Kategorie Ambush Marketing-by-Association umfasst Maßnahmen, die den werblichen Auftritt eines Ambushers betreffen. Dabei bezieht sich der Veranstalter nicht direkt auf die Veranstaltung, sondern arbeitet mit indirekten Hinweisen, die auf das Großereignis deuten lassen. Der Ambusher setzt hierzu Kennzeichen ein, die sich auf die Veranstaltung beziehen. Diese nutzt er zur Darbietung seines bestehenden Produktangebots und nicht dazu, um Merchandising-Artikel oder neue Produkte zu verkaufen.[662]

In der Praxis kann sich dies so darstellen, dass z.B. Händler ihre Geschäfte mit Gegenständen oder Symbolen ausschmücken, die eine Verbindung zum Event schaffen. Auch Gewinnspielaktionen können hier als Werbemaßnahmen eingesetzt werden.[663] Zu den oben angeführten Kategorien der verschiedenen Autoren entstehen in der Praxis auch Mischformen. Es gestaltet sich schwierig, den Einzelfall exakt abzugrenzen. Das folgende Beispiel stellt eine solche Mischform dar und kann deshalb nicht in eine der obigen Kategorien eingeordnet werden. Die Fluggesellschaft dba und Puma kooperierten im Rahmen der FIFA Fußball-WM 2006[TM]. Ab Mai 2006 warben insgesamt 27 dba-Flugzeuge mit der Markenbotschaft „Willkommen zum Fußball" und einem Markenlogo von Puma. Zu dieser Zusammenarbeit äußerte sich Jochen Zeitz[664], Vorstandsvorsitzender von Puma, wie folgt: „Die Partnerschaft mit der dba sichert Puma eine einzigartige Markenpräsenz bei der dba und damit im Umfeld der Fußball-WM". In Verbindung mit dieser Kooperation wurden Spenden für die Kampagne „Gemeinsam für Afrika" gesammelt.[665]

9.4   Ursachen und Ziele des Ambush Marketings

Die Gefahren für Sponsoren und Gesponserte, die vom Ambush Marketing ausgehen, sind nicht zu unterschätzen. Es führt dazu, dass es für das Publikum oft nicht mehr ersichtlich ist, wer überhaupt Offizieller Sponsor eines Events ist. Dadurch wird die Motivation zum Engagament der Offiziellen Sponsoren gebremst. Aber ohne die Sponsoren könnten solche Großveranstaltungen, wie die FIFA Fußball-WM[TM], gar nicht mehr stattfinden, weil die Kosten nicht alleine durch die Eintritts- und Fernseheinnahmen gedeckt werden können.

Die Entstehung von Ambush Marketing-Aktivitäten lässt sich auf verschiedene und vielseitige Ursachen zurückführen. Ein Grund ist der starke Anstieg der Ausgaben für eine Sponsorship-Partnerschaft in den vergangenen zwanzig Jahren, so dass sich immer weniger Unternehmen das Sponsoring leisten können. Darüber hinaus gibt es einen Trend zu längerfristigen Verträgen. Deshalb erhalten immer weniger Unternehmen die Chance, ein Sponsoring eingehen zu können. Eine weiterere Ursache ist die Zunahme der Wettbewerber im Bereich Sponsoring. Es sind immer mehr Unternehmen daran interessiert, auch professionelles Sponsoring zu betreiben. Somit sind die „guten Plätze" als Offizieller Sponsor oftmals schnell vergeben.

Großevents, wie auch die FIFA Fußball-WM[TM], haben in ihrem Reglement eine so genannte Branchenexklusivität verankert, so dass aus jeder Branche jeweils nur ein Sponsor den Event unterstützen darf.

Zusammenfassend seien an dieser Stelle die nachfolgenden Ursachen von Bruhn/Ahlers in einer Übersicht angeführt:[666]

- Zunahme der Anzahl von Sponsoring-Investitionen
- wachsende Zahl beteiligter Marken/Unternehmen an Sponsorenpools diverser Großereignisse
- steigende Investitionsvolumina in Sponsorships und den Erwerb von Übertragungsrechten
- zunehmende Ausdifferenzierung der Sponsoring-Kategorien
- häufig vertragliche Festlegung von Branchenexklusivität im Sponsorenpool
- mangelnde Aufklärung der Zuschauer bezüglich Rechten und Pflichten der Sponsoren/Ambusher

Die Ambush-Marketer verfolgen zumeist die gleichen Ziele wie die Sponsoren eines Events. Der wesentliche Unterschied zu den Sponsoren liegt darin, dass sie einen erheblich geringeren finanziellen und personellen Aufwand betreiben.[667]

Sie beabsichtigen Aufmerksamkeit für ihr Produkt, ihre Dienstleistung oder ihre Marke zu erzeugen bzw. zu steigern. Darauf aufbauend erhoffen sie sich die Chance, ihr Image zu verbessern. Auf Dauer soll so die Bekanntheit des Unternehmens oder einer bestimmten Marke stabilisiert und erhöht werden. Wie ihre Wettbewerber streben auch sie nach unternehmerischem Erfolg und versuchen ökonomische Ziele wie Absatz-, Umsatz-, und Gewinnsteigerungen zu erreichen. Diese zielen auf die Verbesserung der eigenen Potenziale ab. Oftmals verfolgen sie auch das Ziel einer Schwächung der Konkurrenten. Ein konkurrenzorientiertes Ziel ist z. B. die Verminderung der Wirkung der Offiziellen Sponsoren oder Lizenznehmer.

9.5 Rechtliche Einordnung des Ambush Marketings

Rechtlich ist Ambush Marketing nur schwierig zu erfassen und zu ahnden. Auf der Seite der Veranstalter und der Offiziellen Sponsoren wird versucht, sich über das Marken- und Wettbewerbsrecht zu wehren. Aus diesem Grund hat die FIFA zahlreiche Marken schützen lassen. Einige Länder haben auch Gesetze verabschiedet, die Marketingaktivitäten im Sinne des Ambush Marketings abstellen und verhindern sollen. Nachstehend werden ausgewählte Rechtsgrundlagen aufgeführt.

Vor diesem Hintergrund wurde im Rahmen der Olympia-Bewerbung der Stadt Leipzig das Gesetz zum Schutz der olympischen Bezeichnungen (OlympSchG) erlassen. So sollten die in Deutschland vorhandenen Schutzrechtslücken im Hinblick auf die olympischen Symbole, wie die Olympischen Ringe sowie die Begriffe „Olympiade", „Olympia" und „olympisch" geschlossen werden.

Mit Hilfe des Markenrechts können Marketingstrategien, bei denen geschützte Marken, Logos oder Signets der jeweiligen Veranstaltung verwendet werden, ohne dass dafür eine entsprechende Lizenz eingeholt wurde, unterbunden werden. Eine unrechtmäßige Verwendung von geschützten Marken kann über einen Unterlassungsanspuch und Schadensersatz aus §§ 14, 15 MarkenG abgestellt werden. Dieser Anspruch besteht auch bei verwechslungsfähigen Originalzeichen. Um einen gewissen Markenschutz zu gewährleisten hat sich die FIFA weltweit zahlreiche Marken schützen lassen. Allerdings ist es bei einigen Begriffen oder Symbolen problematisch sie markenrechtlich abzusichern, weil Ihnen die Unterscheidungskraft abgesprochen wird oder weil diesbezüglich ein Freihaltebedürfnis besteht.[668]

Im Jahr 2002 entschied der Europäische Gerichtshof (EuGH) zugunsten von Arsenal London. Vor dem Stadion des Clubs verkaufte ein Händler Merchandising-Artikel. Die Fan-Artikel waren mit dem geschützten Vereinslogo versehen. Der Händler wies zwar auf einem gesonderten Schild darauf hin, dass seine Artikel keine offiziellen Fan-Artikel seien, dennoch gestand der Europäische Gerichtshof dem Verein einen Unterlassungsanspruch. Zur Begründung gab der Europäische Gerichtshof an, dass die Herkunftstäuschung durch den Hinweis nicht ausgeräumt wurde (EuGH vom 12.11.2002, Rs. C-206/01).

Bereits 1994 wurde eine rechtliche Auseinandersetzung in Bezug auf den Markenschutz von FIFA Fußball-WM[TM]-Sponsoren durchgeführt. Mars war Offizieller Sponsor der WM 1994 und konnte damit das Logo „World Cup 94" verwenden. Allerdings nutzte der Süßwarenhersteller Ferrero bereits seit 1982 eine rechtliche Grauzone. Während Fußball-WM-Turnieren oder EM-Turnieren legte das Unternehmen seinem Schokoriegel „Duplo" und der Haselnusswaffel „Hanuta" Fotos von Spielern der deutschen Fußball-Nationalmannschaft bei und stellte einen Bezug zum jeweiligen Turnier her, indem es die Buchstaben „WM" oder „EM" auf den Verpackungen abdruckte. Die FIFA klagte auf Unterlassung, konnte sich aber vor Gericht nicht durchsetzen. Das Oberlandesgericht (OLG) in Hamburg begründete sein Urteil damit, dass in diesem Fall keine Verwechslungsfähigkeit zwischen „WM 94" und „World Cup 94" bestünde (OLG Hamburg vom 23.02.1997, 3 U 209/95).

Diese Beispiele zeigen, wie Veranstalter ihre Sponsoren schützen können. Gleichzeitig wird aber auch deutlich, dass die Schutzfähigkeit nicht unbegrenzt möglich ist, und es auch Fälle gibt, die keinen Markenschutz zulassen.

Einen weiteren rechtlichen Anknüpfungspunkt bietet das Wettbewerbsrecht. Gibt es Anzeichen der Werbebehinderung oder der Ausnutzung fremder Werbung durch einen Ambusher, kann möglicherweise eine sittenwidrige Wettbewerbshandlung nach § 1 UWG vorliegen. Des Weiteren kommen nach § 3 UWG auch Unterlassungsansprüche in Betracht. Dies ist der Fall, wenn eine Marketingmaßnahme des Ambushers irreführend ist, weil er den Anschein erweckt, der Wettbewerbstreibende sei ein Offizieller Partner der Veranstaltung. Um welchen der Fälle es sich handelt, muss im Einzelfall geprüft werden.[669]

International gab es bereits einige Fälle, die einer gerichtlichen Prüfung unterzogen wurden. In einem Fall war die National Hockey League (NHL) in den USA zum Kläger geworden. Die NHL hatte Coca-Cola die Lizenz zur Verwendung der Teamnamen erteilt und klagte gegen Pepsi Cola, das die Sponsoring-Rechte für die Übertragung im Fernsehen erworben hatte. Das Getränkeunternehmen warb auf seinen Produkten mit dieser Fernsehübertragung.

In diesem Fall wies das Gericht die Klage zurück, weil Pepsi Cola in Form eines Haftungs-ausschlusses auf seinen Produkten vermerkte, dass es kein offizieller NHL-Sponsor war.

Des Weiteren steht dem Veranstalter das Hausrecht zu, das ihn dazu berechtigt, über den Zutritt zum Veranstaltungsort zu bestimmen. So kann der Veranstalter den Einlass der Zu-schauer davon abhängig machen, dass sie am Veranstaltungsort nicht für Unternehmen wer-ben, die keine Offiziellen Sponsoren sind. Auf diesem Wege lässt sich das Verteilen von „Give-Aways", das Ausrollen von Werbeplakaten oder Ähnlichem unterbinden. Ein kriti-sches Thema bleibt allerdings die Frage, ob dies auch gelten kann, wenn Zuschauer auffälli-ge Markenbekleidung tragen oder z.B. eine private Flasche Pepsi Cola mit ins Stadion brin-gen wollen. Damit der Veranstalter das Hausrecht in einem solchem Fall ausüben kann, muss er aufwändige Kontrollen durchführen.[670]

Das Persönlichkeitsrecht wird dann verletzt, wenn in der Werbung Abbildungen von Betei-ligten wie z.B. Sportlern, Trainern oder Funktionären verwendet werden, ohne dass deren Einverständnis vorliegt. Ohne Einwilligung kann der Betroffene die Verwendung des Bild-nisses untersagen lassen. Es liegt kein unlauteres Verhalten vor, wenn unter Einbindung eines Testimonials eine Nähe zum Event hergestellt wird, vorausgesetzt, das Testimonial hat eingewilligt, ein Bildnis seiner Person in der Werbung des Unternehmens zu nutzen.[671] Oli-ver Kahn wollte bspw. verhindern, dass sein Bildnis in einem PC-Spiel auftaucht. Deshalb untersagte er dem Spiele-Hersteller Electronic Arts (EA) das Einbinden seiner Person in ein Computerspiel.[672]

Problematisch kann es auch aus vertraglicher Sicht werden, wenn Sportler, Vereine oder Verbände Sponsoring- oder Ausstatter-Verträge abschließen, die kollidieren. Dies stellt sich als besonders schwierig dar, wenn Exklusivität vereinbart wurde.[673] Problematisch kann es sein, wenn der Verein einen Ausrüstervertrag mit einem bestimmten Sportartikelhersteller abgeschlossen hat und einige Spieler eine exklusive Vereinbarung mit einem konkurrieren-den Sportartikelhersteller für z.B. Fußball-Schuhe getroffen haben.

9.6   Wirkungen von Ambush Marketing

In der Studie Eventreport 2004 beschäftigten sich die Autoren Zanger und Drenger mit den „Wirkungen von Ambush Marketing bei sportlichen Großevents". Die Untersuchungsobjekte der Befragung waren die UEFA Fußball-EM 2004™ in Portugal und die Olympischen Sommerspiele 2004™ in Athen. Zunächst ist festzustellen, dass sie bei ihren Untersuchun-gen zu dem Ergebnis kamen, dass sowohl Sponsoren als auch Trittbrettfahrer Aufmerksam-keit bei ihren Zielgruppen erzielen konnten. Dieses Ergebnis ist ein Indiz dafür, dass Am-bush Marketing-Aktivitäten durchaus Wirkungen zeigen können.[674]

Unternehmen, die ihr Engagement intensiv durch begleitende Kommunikationsmaßnahmen unterstützten, waren besonders erfolgreich. Solche Maßnahmen können bspw. die Schaltung von Werbespots im Umfeld einer Fernsehübertragung oder das Programmsponsoring sein. Unterstützend wirkt aber auch die klassische Bandenwerbung im Stadion, die neben den Stadionbesuchern auch Fernsehzuschauer wahrnehmen können.[675]

Sehr hohe Erinnerungswerte konnten jene Marken verbuchen, die eine hohe Affinität zu dem jeweiligen Sportevent aufwiesen, wie z.B. adidas. Zusätzlich genießt das Unternehmen adidas durch seine allgemeine Medienpräsenz als Sponsor verschiedener Sportler, Sportarten und Sportevents eine entsprechend große Bekanntheit in der deutschen Bevölkerung. Mit der erheblichen Affinität zu den Sportevents sowie dem bereits bestehenden großen Bekanntheitsgrad der Marke erklären Zanger/Drenger, dass die Befragten eine relativ einfache Verbindung zwischen dem jeweiligen Sportevent und der Marke adidas herstellten.[676]

Liebetrau bezieht sich auf den Eventreport 2004 von Zanger und Drenger und führt in seinem Beitrag die drei hauptsächlichen Erfolgsfaktoren für eine gute Markenwahrnehmung und -erinnerung von Ambushern mit direktem Bezug zur WM auf:[677]

* hohe Aufmerksamkeit durch das Sponsoring von Subkategorien einer Veranstaltung
* Affinität einer Marke zum indirekt beworbenen Objekt, kombiniert mit einem bereits vorher hohen Bekanntheitsgrad
* langfristig angelegte und konstante Kommunikationsstrategie

Ferrero schaffte es bspw. als „Sponsor" wahrgenommen zu werden. Als Partner des DFB-Ernährungspools tritt Ferrero als Sponsor in einer Subkategorie auf und konnte damit die fehlende Differenzierbarkeit der Konsumenten nutzen, weil die Konsumenten hinter den Sponsoren der deutschen Fußball-Nationalmannschaft gleichzeitig einen WM-Sponsor sehen. Auch profitierte Ferrero von der langfristigen und kontinuierlichen Kommunikationsstrategie im Zusammenhang mit Sammelbildaktionen während jeder FIFA Fußball-WM[TM] und UEFA Fußball-EM[TM]. Durch den Werbedruck im Vorfeld von Weltmeisterschaften und Europameisterschaften wird eine Verbindung zum Event hergestellt.

Neben Ferrero konnten auch die Unternehmen Nike und Puma von ihren Maßnahmen während der FIFA Fußball-WM[TM] profitieren. Schon seit Jahren übernehmen die beiden Unternehmen die Ausstattung verschiedener Teams. So werden sie von den Zuschauern als Sponsoren des Events wahrgenommen. Daneben konnte sich Puma durch hohe Kreativität bei der Gestaltung seiner Marketingaktivitäten auszeichnen. Puma stattete bspw. seine Mannschaften mit farbigen Fußballschuhen aus und kreierte ärmellose Trikots für das Team aus Kamerun, womit zumindest temporär hohe Aufmerksamkeitswerte erzielt werden konnten.

Als weiteres Beispiel für ein Unternehmen, das ohne direkten WM-Bezug werbemäßig erfolgreich war, kann der MediaMarkt angeführt werden. Die Werbekampagne startete bereits ein Jahr vor der WM unter dem Slogan „Wir holen den Titel", der später durch „bester Fanausrüster" ersetzt wurde. Dabei wurden nicht einmal die Begriffe „WM" oder „Fußball" erwähnt. Häufig gewählte Schlüsselbilder wie Bälle, Rasen und volle Stadien konnte man vergebens suchen, da diese Bilder bereits von sehr vielen anderen Wettbewerbern genutzt wurden. Somit konnten diese Bilder keinen spezifischen Reiz mehr bei den Verbrauchern auslösen und die Zuordenbarkeit zum Unternehmen wäre nicht mehr gegeben gewesen. Eine kreative Rabattaktion, bei der die Kunden des Media Markts pro Tor der Deutschen Fußball-Nationalmannschaft während der FIFA Fußball-WM[TM] 10 Euro bei ihrem Einkauf zurückerhielten, sollte die Werbekampagne des Media Marktes weiter unterstützen. 24,8% der Befragten einer Studie von Nufer glaubten, dass der Media Markt als Sponsor der FIFA Fußball-WM 2006[TM] vertreten war, obwohl dies nicht der Fall war. Allein hieran lässt sich feststellen, dass das Unternehmen durch diese kreative Kampagne zumindest von den Konsumenten entdeckt und der WM zugeordnet wurde.[678]

9.7 Beispiele von Ambush Marketing-Aktionen bei großen Sportevents

Dieser Abschnitt soll noch einmal verdeutlichen, wie Ambush Marketing betrieben werden kann und welche Möglichkeiten es hierzu gibt. Neben der FIFA Fußball-WM^{TM} und der UEFA Fußball-EM^{TM} gehören auch die Olympischen Spiele zu den wichtigsten und begehrtesten Sponsoring- und Ambush Marketing-Plattformen.[679] Einige besonders prägnante Maßnahmen von Ambush Marketing werden vorgestellt, die auf diesen Mega-Events durchgeführt wurden. Es sei noch einmal angemerkt, dass sich Ambush Marketing-Aktionen nach wie vor in einer bestimmten „Grauzone" bewegen, oftmals mit niedrigem Budget durchgeführt werden, aber zumeist durch hohe Kreativität bestechen.

9.7.1 Ambush Marketing bei den Olympischen Spielen

Die Olympischen Spiele der Neuzeit fanden zum ersten Mal 1896 in Athen statt. Gemeinsam mit der FIFA Fußball-WM^{TM} und der UEFA Fußball-EM^{TM} ziehen die Olympischen Spiele weltweit das größte Medieninteresse auf sich, so dass sie auch eine ideale Plattform für Ambusher bieten. Im Folgenden werden einige Beispiele für Ambush-Aktionen gegeben, die während den Olympischen Spielen durchgeführt wurden:

1984 Los Angeles, Olympische Sommerspiele: Obwohl Fujifilme einer der Offiziellen Sponsoren der Olympischen Spiele war, konnte Kodak trotzdem als Programmsponsor im US-Fernsehen mit dem Slogan „Offizieller Film" werben. [680]

1988 Seoul, Olympische Sommerspiele: Visa war zwar der Offizielle Sponsor der Olympischen Spiele, aber der Konkurrent American Express schaltete während der Olympischen Spiele eine Anzeige, die eine Eröffnungszeremonie der Asia Games zeigte, die im Olympiastadion in Seoul stattgefunden hatte. Als nicht Offizieller Sponsor war es American Express lediglich untersagt, Bilder von den Olympischen Spielen zu zeigen.[681]

1988 Calgary, Olympische Winterspiele: General Motors war für diese Spiele einer der Offiziellen Sponsoren. Der Wettbewerber Audi ließ vor den Olympischen Spielen einen Calgary-Schriftzug an seinen Fahrzeugen anbringen, die er nach einer langen Auseinandersetzung mit General Motors entfernen musste.[682]

1992 Barcelona, Olympische Sommerspiele: Die beiden US-Basketballstars Charles Barkley und Michael Jordan hüllten sich während der Siegerehrung zur Goldmedaille in US-Flaggen ein. Ihr Ziel war es, den Sponsor Reebok auf ihren Trikots zu verdecken, um damit ihren persönlichen Sponsor, den Konkurrenten Nike, zu unterstützen.[683]

1992 Barcelona, Olympische Sommerspiele: Zeitgleich mit Werbespots des Offiziellen Sponsors und Konkurrenten Coca-Cola führte Pepsi Cola aufmerksamkeitsstarke Werbekampagnen mit dem Basketballstar Michael Jordan durch.[684]

1994 Lillehammer, Olympische Winterspiele: Visa, einer der Offiziellen Sponsoren der Olympischen Spiele, wies darauf hin, dass in Lillehammer zu den Olympischen Winterspielen keine Karten von American-Express akzeptiert werden würden. Darauf reagierte American Express mit dem Slogan: „If you are travelling to Norway this winter, you´ll need a passport – but you don´t need a visa."[685]

1996 Atlanta, Olympische Sommerspiele: Reebok war einer der Offiziellen Sponsoren dieser Olympischen Sommerspiele. Der Wettbewerber Nike mietete während der Spiele große Werbeflächen in Atlanta, auf denen Portraits von Sportlern mit dem Nike-Logo, dem Swoosh, zu sehen waren und verteilte Flaggen an die Zuschauer. In unmittelbarer Nähe zum Stadion errichtete Nike ein überdimensioniertes Nike-Center, das einen Blick über das ganze Stadion ermöglichte. Die Werbepräsenz von Nike war so groß, dass sogar von „Niketown" gesprochen wurde. Viele Zuschauer und Besucher ordneten Nike sogar den Sponsoren der Olympischen Spiele zu.[686]

1996 Atlanta, Olympische Sommerspiele: In einer Pressekonferenz erschien der 100-Meter-Sprinter Linford Christie mit Kontaktlinsen, auf denen das Puma-Logo zu sehen war. Auch die Sprinter-Kollegin Merlene Ottey warb für Puma, indem Sie beim 200-Meter-Finale mit „Puma-Ohrringen" an den Start ging. Reebok war allerdings einer der Offiziellen Sponsoren dieser Olympischen Spiele.[687]

1996 Atlanta, Olympische Sommerspiele: Claudia Poll, Goldmedaillengewinnerin über 200-Meter-Freistil, trug bei der Medaillen-Zeremonie ein Pepsi Cola T-Shirt, obwohl Coca-Cola Offizieller Sponsor war.[688]

1998 Nagano, Olympische Winterspiele: Fujifilm errichtete während den Olympischen Spielen ein nicht offizielles Fotocenter neben dem offiziellen Olympischen Pressecenter. Der Wettbewerber Kodak war einer der Offiziellen Sponsoren dieser Olympischen Spiele.[689]

1998 Nagano, Olympische Winterspiele: Ein sportlich hoffnungslos unterlegener schwarzafrikanischer Ski-Langläufer wurde von Nike gesponsert. Als „Exot" in dieser Sportart wurde die Aufmerksamkeit der Medien auf ihn gelenkt, was Nike zahlreiche Fernseheinblendungen brachte.[690]

2000 Sydney, Olympische Sommerspiele: Der australische Schwimmstar Ian Thorpe verdeckte bei der Siegerehrung mit einem Handtuch das Nike-Logo, dem Offiziellen Ausstatter des australischen Teams. Thorpe wurde von adidas gesponsert.[691]

2000 Sydney, Olympische Sommerspiele: Während den Olympischen Spielen in Sydney wurden die Eintrittskarten von TNT verteilt. Deshalb brachte ein Großteil der Bevölkerung TNT auch mit der Olympiade in Verbindung, während das Konkurrenzunternehmen UPS der eigentliche Offizielle Sponsor der Olympischen Spiele im Bereich Transport war.[692]

2000 Sydney, Olympische Sommerspiele: Auch das Tabakunternehmen West nutzte den Sport als Kommunikationsplattform. In einem Werbespot des Unternehmens zündete sich ein muskulöser Mann in theatralischer Pose eine Zigarette mit einer Fackel an. Dadurch sollte das Anzünden der „West-Zigarette" mit der feierlichen Entzündung des Olympischen Feuers assoziiert werden.[693]

2004 Athen, Olympische Sommerspiele: Hornbach bewarb mit dem Slogan „Hornbach Sommerspiele" verschiedene Produktangebote in Anlehnung an Sportarten: „400 m Rollrasen der Herren", „9 mm Bolzenschießen der Damen" oder „viermal 100 m Fliesenlegen". Offizieller Sponsor des NOK war allerdings der Konkurrent, die Baumarktkette OBI.[694]

2004 Athen, Olympische Sommerspiele: Im Hafen von Piräus ankerten sieben Fährschiffe die nur schwer zu übersehen waren. Sie dienten als Werbeträger einer griechischen Telefongesellschaft, deren Konkurrent nationaler Olympia-Sponsor war.[695]

2008 Peking, Olympische Sommerspiele: Mars führte eine exklusive TV- und Onlinekampagne mit dem Slogan „M&M Sommerspiele" durch. Das Anpreisen eines Web-Events sowie einem Gewinnspiel sollte eine Verbindung zu den Olympischen Spielen schaffen, indem bestimmte Assoziationen hervorgerufen wurden. Auf den Verpackungen von M&M's waren Treuepunkte abgedruckt, die gegen Sommerprämien wie z.B. Bodyboards, Volleybälle, Strandtennis-Sets oder T-Shirts im Red&Yellow-Design eingetauscht werden konnten.[696]

9.7.2   Ambush Marketing bei großen Fußballevents

Nachstehend werden Beispiele für Ambush Marketing beleuchtet, die während den vergangenen FIFA Fußball-WM™ (1994, 1998, 2006) sowie der UEFA Fußball-EM™ (2000, 2004, 2008) umgesetzt wurden. Gerade diese beiden größten Fußballevents bieten wegen ihrer überragenden Popularität[697] gute Rahmenbedingungen für Ambusher.

Ambush Marketing bei der FIFA Fußball-WM™ 1994 in den USA und 1998 in Frankreich

1994: Zum WM-Finale Brasilien gegen Italien verschenkte Nike vor und im Stadion 70.000 Baseball Caps in den brasilianischen Landesfarben mit dem Nike-Logo. Nachdem überall im Stadion die Nike-Caps zu sehen waren, entstand für die Zuschauer der Eindruck, als ob Nike der Ausrüster der brasilianischen Fußball-Nationalmannschaft wäre.[698] Der Team-Ausstatter war allerdings der damalige Konkurrent Umbro, der heute zum Marken-Portfolio von Nike gehört.

1998: In ihren Anzeigen und Werbeaktionen nahm Warsteiner mit dem Slogan „König Fußball" Bezug auf die WM.[699]

Ambush Marketing bei der FIFA Fußball-WM 2006™ in Deutschland

Für deutsche Unternehmen war die WM 2006 besonders interessant, denn eine Weltmeisterschaft im eigenen Land zeugt von besonderer Attraktivität für die Unternehmen. Durch die Zunahme der Ambush-Aktivitäten wurden allerdings schärfere Verbote eingeführt und verstärkt Kontrollen durchgeführt.[700]

Im Folgenden werden einige dieser Ambush-Aktionen aufgeführt:

- Puma brachte am Fuhrpark von Velotaxi in Berlin das Markenlogo an. Die Taxen hielten sich stets in Nähe des Berliner Olympiastadions auf. So konnte Puma trotz des Werbeverbots in der so genannten Werbemeile der FIFA im nahen Umfeld des Olympiastadions werben.[701]

- Während der WM zeigte Erdinger Weißbräu einen Spot, in dem im ersten Part Franz Beckenbauer mit einem Spruch zu sehen war, der dem Solgan „Die Welt zu Gast bei Freunden" stark ähnelte. Im zweiten Part des Spots wurde deutlich, dass es sich eigentlich um das 120-jährige Firmenjubiläum der Brauerei handelte.[702]

- Edding startete im WM-Vorfeld eine große Plakataktion. Auf den Plakaten waren Motive mit WM-Bezug abgebildet. Ein Plakat war bspw. mit dem Spruch versehen „Wir halten durch bis zum Finale". Darunter waren drei Edding-Marker in den Farben der deutschen Flagge abgebildet, die diese nachzeichneten.[703]

- Media Markt startete mit seiner Kampagne bereits 2005 mit dem Slogan „Wir holen den Titel", der später durch „bester Fanausrüster" ersetzt wurde. Darin wurde ein deutlicher Bezug zum Event hergestellt, wie z.B. durch den Auftritt von Fußballfans. Nach dem Ausscheiden der niederländischen Nationalmannschaft im Viertelfinale besuchte Oliver Pocher in einem TV-Spot trauernde holländische Fans in ihrem Wohnwagen. Er präsentierte den niederländischen Fans einen Weltmeisterpokal mit dem Rudi-Carrell-Spruch „Das wäre ihr Preis gewesen". Im Abspann des Spots wurde dann die Marke „Media Markt" eingeblendet.[704] Außerdem warb Media Markt während der WM mit dem Slogan „Die stärkste WM-Auswahl aller Zeiten".[705]

- Lufthansa ließ ein schwarz-weißes Fußballmuster auf die „Nasen" von 40 Flugzeugen (Lufthansa-Jets) auftragen. Auch wurden Gewinnspielaktionen mit Bezug zur Fußballweltmeisterschaft durchgeführt. Sowohl den Nationalteams als auch den Fans wurden Sonderflüge bzw. spezielle Angebote durch die Lufthansa offeriert. Beim Essensservice waren sämtliche Servietten mit Fußballmotiven bedruckt. Die Lufthansa war kein Offizieller Sponsor der FIFA Fußball-WM™, aber DFB-Partner. Der Offizielle Sponsor der FIFA Fußball-WM™ war die Fluggesellschaft Fly Emirates.[706]

- AOL hatte über die Vergabe des Namens des Stadions des Hamburger SV als AOL Arena schon eine besondere Verbindung zum Fußball. Während der WM trug das Stadion in Hamburg, wie alle anderen WM-Stadien, die mit kommerziellen Namensrechten versehen waren, die Bezeichnung „FIFA WM-Stadion" mit Angabe des Städtenamens. Deshalb hatte AOL, dessen Firmensitz sich gegenüber dem Stadion befindet, schon im Vorfeld des Events ein großes Transparent am Headquarter mit dem Slogan „AOL Arena – Austragungsort der WM 2006" angebracht.[707]

- Quantas, eine australische Fluglinie, versuchte, während der WM mit einem Werbebanner über das Berliner Olympiastadion zu fliegen. Solche Maßnahmen sind normalerweise typisch für die Sponsoren einer Großsportveranstaltung, so dass Unternehmen, die derartige Aktion durchführen, vom Publikum als eventueller Sponsor wahrgenommen werden.[708]

- Bavaria, ein niederländisches Brauereiunternehmen, verkaufte während den Vorrunden-
spielen in den Niederlanden 250.000 Lederhosen in der Landesfarbe Orange und mit einem Bavaria-Logo aufgedruckt. Das Unternehmen wollte erreichen, dass die Fans der
holländischen Fußball-Nationalmannschaft diese Lederhosen während des Deutschland-
Aufenthalts und während der Stadienbesuche tragen würden. Allerdings mussten über
tausend Fans vor dem Spiel der Niederlande gegen die Elfenbeiküste die Bavaria-
Lederhosen vor dem Stadion ausziehen, ansonsten wäre ihnen der Eintritt verwehrt
geblieben. Diese Aktion war für das Unternehmen sehr medienwirksam, so dass der
Ambusher letztlich doch seine gewünschte Wirkung erzielt hatte.[709]

Ambush Marketing bei der UEFA Fußball-EM™ 2000 in den Niederlanden/Belgien und 2004 in Portugal

Bei beiden UEFA Fußball-EM™ verteilten Ambusher Give-Aways im Umfeld der Veranstaltungen, wie z.B. Hüte, Fahnen und Flyer. Sie prägten die Bilder des Events vor Ort, aber
auch die Bilder, die von den Medien eingefangen und ausgestrahlt wurden.[710]

2004: Obwohl McDonald's Offizieller Sponsor des Events war, hatte Burger King für den
Spot „Burger King Kahn Aktion" als Testimonial Oliver Kahn, Nationaltorhüter der deutschen Fußball-Nationalmannschaft, ausgewählt. Neben Gewinnspielen, bei denen die Fans
Oliver Kahn begegnen konnten, wurden Artikel der Oliver Kahn Edition in limitierter Auflage angeboten. Außerdem wurde der passende Klingelton zum Herunterladen bereitgestellt. In
den Burger King-Filialen wurde das „Oliver Kahn-Menü" angeboten.[711]

2004: Bereits in den Jahren vor der UEFA Fußball-EM™ startete das Unternehmen Nutella
eine Kampagne, die unter dem Motto „Anpfiff zum Sparen mit Nutella" lief. Verschiedene
Spieler der deutschen Fußball-Nationalmannschaft waren in den Werbespots zu sehen, um
einen Bezug zur UEFA Fußball-EM™ herzustellen. Die Nutella-Produktverpackungen waren auch gezielt mit Werbung versehen. Teilweise enthielten die Verpackungen der Produkte
auch Stickers mit Fußballmotiven (z.B. Spieler).[712]

Ambush Marketing bei der UEFA Fußball-EM™ 2008 in der Schweiz und in Österreich

Die Ambush-Aktionen beschränkten sich während der UEFA Fußball-EM 2008™ in Österreich und der Schweiz nicht nur auf die Gastgeberländer, sondern auch in Deutschland wurden Ambush-Maßnahmen durchgeführt.

Unter dem Motto „Empfehlung des Jahres" startete der Media Markt eine EM-Kampagne, in
denen Spots mit dem Comedian Olli Dietrich als fußballbegeistertem Italiener gezeigt wurden. Dietrich kommentierte die für ihn bedeutsamsten Themen wie z.B. die Deutschen, „seine" italienischen Landsleute, Frauen, Technik und Fußball. Dabei standen immer die aktuellen Media Markt-Produktangebote im Vordergrund.[713]

Burger King war wieder mit einer Aktion vertreten. Die Kampagne lief unter dem Motto
„Six Pack" und wurde von einem Werbespot begleitet. Darin waren sechs Fußballspieler in
einem „Sechserpack" (Six Pack) aufgereiht. Der Spot vermittelte die Botschaft, dass diese
Art der Aufstellung die neueste taktische Maßnahme im Fußball sei. Zwischendurch wurden

Spieler in der Umkleidekabine eingeblendet, die sich gegenseitig den „Six-Pack" von Burger King reichten, während die Mannschaftsaufstellung besprochen wurde. Diese neue Aufstellung verhalf der Mannschaft zu einem Tor, das am Ende des Spots zu sehen war. Fußball bezogene Gewinnspiele unterstützten zusätzlich die Kampagne.

Pepsi Cola führte während der EM auch Gewinnspielaktionen durch und schaltete einen Werbespot. Bekannte Fußballspieler waren zu sehen, die sich von der einen „Welt" zur anderen „Welt" schossen, während Fußballfans kommentierten in welcher „Welt" sie sich gerade aufhielten. Zwischendurch wurden „Pepsi-Kommentare" eingeblendet. Am Ende des Spots warb Pepsi Cola für ein Gewinnspiel, bei dem die Fans T-Shirts, auf denen bekannte Fußballstars aufgedruckt waren, gewinnen konnten. Der Konkurrent Coca-Cola war der eigentliche Sponsor dieses Events.

Migros, das größte Einzelhandelsunternehmen in der Schweiz, rief die erste offizielle Fanmeisterschaft, die so genannte „M08" ins Leben. Schon die Schreibweise dieses Events ähnelt sehr stark der UEFA EURO 2008™, so dass dadurch eine assoziative Verbindung zu dem zeitgleich stattfindenden Event geschaffen wurde. Das Leitthema Fußball wurde aufgegriffen. Hupkonzerte, Flaschenöffnen oder „Tor"-Schreien waren die Disziplinen, in denen die Fußballfans antreten konnten. Daneben wurde der Wettbewerb als TV-Show zur besten Sendezeit übertragen und auch eine Online-Meisterschaft durchgeführt.[714] Ein strategischer Schachzug war es von Mirgros, bei der Verlosungsaktion von Tickets mit MasterCard, einem Offiziellen Sponsor der UEFA EURO 2008™ zu kooperieren. Trotz starker Bewerbung dieser Aktion wurde durch Migros nicht kommuniziert, dass nur zwei Tickets für alle Schweizer EM-Spiele verlost wurden. Diese Ambush-Maßnahme konnte erfolgreich durchgeführt werden, weil den Sponsoren Aktionen mit Drittparteien erlaubt sind.[715]

9.8   Maßnahmen der FIFA

Über das Thema „Ambush Marketing" wurde immer wieder im WM-Vorfeld diskutiert. „Nicht-Sponsoren" nutzten in der Vergangenheit häufig das Großereignis FIFA Fußball-WM™ für ihre eigenen Marketingaktivitäten aus. Die Motivation der Offiziellen Sponsoren, solche Veranstaltungen künftig weiter zu unterstützen, kann durch diese „Trittbrettfahrer-Aktivitäten" vermindert werden.[716]

Durch ein einheitliches Erscheinungsbild will sich die FIFA von dritten Parteien absetzen. Mit dem so genannten „Look Programm" hat sie ein Gesamtkonzept entworfen und ein durchgängiges grafisches Erscheinungsbild geschaffen. Dazu gehören die Straßendekoration, die offizielle Dokumentation sowie Publikationen. Den Sponsoren wird die Möglichkeit geboten, so genannte „Altmarks" und „Composite" Logos einzusetzen.[717]

Um der Wirkung von Trittbrettfahrer-Aktionen entgegen zu wirken, hat die FIFA-Abteilung Marketing & TV innovative und attraktive Marketingprogramme sowie Plattformen für FIFA-Veranstaltungen entwickelt. Sie bietet ihren Partnern die Möglichkeit, die Rechte individuell zum Bewerben der FIFA Fußball-WM™ wahrzunehmen. Damit haben diese die Chance, sich von nicht beteiligten Dritten zu unterscheiden.[718]

Auch bei der WM 2002 in Japan und Südkorea wurden Ambush-Aktivisten aufgedeckt und die FIFA beschlagnahmte ca. 3,1 Millionen Produkte. Zudem deckte sie knapp 1.900 Fälle von Rechtsverletzungen gegen den FIFA-Markenschutz auf und klagte bei 90% dieser Fälle mit Erfolg. Die FIFA wendete bei der WM 2002 für den Schutz der Exklusivrechte ihrer Sponsoren 14 Millionen Schweizer Franken auf.[719]

So zog die FIFA den ersten Trittbrettfahrer der FIFA Fußball-WM 2006™ bereits beim Eröffnungsspiel in München im wörtlichen Sinne aus dem „Verkehr". Ein Flugzeug mit dem Werbebanner einer australischen Airline versuchte über das WM-Stadion zu fliegen.[720] Insgesamt hat es bei der WM-Endrunde ca. ein Dutzend größere Versuche von Unternehmen gegeben, Ambush Marketing zu betreiben. Im Zusammenhang mit der FIFA Fußball-WM 2006™ deckte die Task Force der FIFA, nach eigenen Angaben, ca. 1.700 Fälle von Ambush-Aktivitäten in 80 Ländern auf.[721] Gregor Lentze, Geschäftsführer des Marketingbüros des FIFA-Verbandes in Deutschland äußerte sich zu den Ambush-Aktivitäten: „Es gab an den zwölf Spielorten noch andere kleine Sachen, aber insgesamt weniger als erwartet".[722]

Bis zur FIFA Fußball-WM 2010™ und darüber hinaus sollen die Einnahmen der FIFA im Bereich Marketing und Fernsehen noch einmal gesteigert werden. Für den Zeitraum 2007 bis 2010 werden mehr als drei Milliarden USD veranschlagt, wovon 1,9 Milliarden aus dem TV-Rechteverkauf kommen werden. Eine Reduzierung der globalen FIFA-Partner von 15 auf nur noch sechs garantiert den Sponsoren zukünftig mehr Exklusivität und der FIFA eine um eine Milliarde Dollar aufgefüllte Kasse. Zudem werden weitere 200 Millionen USD aus Lizenz- und Hospitality-Erträgen erwartet.[723]

Der Ansatz der FIFA, für die WM in Südafrika die Anzahl der Offiziellen Sponsoren von 15 auf sechs zu reduzieren, könnte eine Chance darstellen. Für die einzelnen Sponsoren wird diese neue Strategie teurer, aber möglicherweise auch effektiver und effizienter. Folglich können die Sponsoren nun auch leichter wahrgenommen und auch mit der FIFA Fußball-WM™ in Verbindung gebracht werden. Aus diesem Grund ist es auch einfacher, die Bekanntheit des Unternehmens zu steigern. Außerdem hat die FIFA ein einheitliches Logo eingeführt, unter dem künftig alle Sponsoren auftreten werden. Dies schafft eine gewisse Zusammengehörigkeit und vermindert die Irritation bei den Verbrauchern.[724]

10 Zusammenfassung und Ausblick

Im Rahmen des Marketing-Mixes ist das Sponsoring als Instrument innerhalb der Kommunikationspolitik einzuordnen. Dabei wurden die verschiedenen Formen des Sponsorings, wie das Kultur-, das Sozial-, das Umwelt- und das Sport-Sponsoring vorgestellt. Bei allen diesen Formen sind ein Sponsor und ein Gesponserter beteiligt. Es wurde gezeigt, dass die Sponsoring-Planung eine immer wichtigere Komponente darstellt. Gerade seit der Finanz- und Wirtschaftskrise haben die Sponsoren ihre Budgets für das Sponsoring allerdings gekürzt, um Kosten einzusparen.

Die am häufigsten genutzte Form des Sponsorings ist das Sport-Sponsoring, das ausführlicher mit einigen seiner Werbeformen vorgestellt wurde. Die verschiedenen Werbeformen werden unterschiedlich stark von den betroffenen Zielgruppen akzeptiert. Bei der Trikotwerbung und der Bandenwerbung ist die Akzeptanz am höchsten. Die Sponsoren kombinieren heute häufig die unterschiedlichen Werbeformen im Rahmen ihres Sponsoring-Konzeptes.

Bei dem Entwurf der Sponsoring-Strategie wird die Abstimmung von Sponsor und Gesponsertem immer wichtiger, damit die eigene Strategie mit der jeweiligen Strategie des Sponsoring-Partners harmoniert und beide innerhalb einer win-win-Situation profitieren. Je nachdem welches Ziel ein Sponsoring-Partner verfolgt, kann er innerhalb einer Zielgruppenerschließungsstrategie, einer Profilierungsstrategie oder einer Bekanntmachungsstrategie unterschiedliche Ansätze verfolgen.

Zur Umsetzung einer guten Sponsoring-Strategie muss sich sowohl die Seite des Sponsors als auch des Gesponserten genau überlegen, welcher Partner zum eigenen Unternehmen, Verein oder zur eigenen Person passt. Diese wichtige Entscheidung ist notwendig, damit die Sponsoring-Strategie auch den gewünschten Erfolg erzielt. Am Beispiel der FIFA Fußball-WM™ konnte gezeigt werden, welche hohen Anforderungen den Veranstaltern eines Events gestellt werden, um den Sponsoren eine ausreichende Plattform für ihre Sponsoring-Strategie bieten zu können. In Zukunft wird es immer schwieriger sein, die „richtige" Sponsoring-Partnerschaft zu finden. Zum einen hat die Mehrzahl der Sponsoren bereits die Anzahl ihrer Sponsoring-Partnerschaften reduziert, weil die Budgets geschrumpft sind. Zum anderen bauen viele Veranstalter, wie auch die FIFA bei der FIFA Fußball-WM 2010™, auf eine reduzierte Anzahl von Sponsoren, um eine engere Bindung zu erzeugen und eine höhere Exklusivität zu gewährleisten.

Am Beispiel der FIFA Fußball-WM™ wurde aufgezeigt, welchen organisatorischen Aufwand sowohl von der Seite der Sponsoren als auch des Gesponserten ein solches Event aufweist. Die FIFA als Veranstalter und somit gleichzeitig als Gesponserter will mit ihrem neuen Marketing-Programm die individuellen Bedürfnisse der Sponsoren berücksichtigen und diese wie ihre „Kunden" behandeln. Das Sponsoring war neben den Eintrittskartenverkäufen und dem FIFA-Zuschuss eine der Haupteinnahmequellen.

Schon im Vorfeld musste bei der Planung der FIFA Fußball-WM^{TM} berücksichtigt werden, dass einige der Stadien, die für die WM vorgesehen waren, bereits von einem Namensgeber gesponsert wurden. Diese Stadien mussten für den Zeitraum der FIFA Fußball-WM^{TM} einen anderen Namen tragen, weil diese sonst mit den Sponsoring-Rechten der FIFA-Sponsoren kollidiert wären. Das Public Viewing sowie das Hospitality eröffneten während der FIFA Fußball-WM weitere Möglichkeiten für die Sponsoren, um sich in Szene zu setzen. Das Hospitality bot bspw. eine gute Möglichkeit zur Kundenpflege, denn die Offiziellen Partner und Nationalen Förderer konnten den Empfang wählen, der ihren Gästen geboten werden sollte. Einige Offizielle Partner und die Nationale Förderer konnten durch die Veranstaltung FIFA Fußball-WM^{TM} ihre Bekanntheit noch weiter steigern.

Nachdem die Erfahrungen und Ergebnisse der FIFA Fußball-WM 2006^{TM} dargestellt wurden, wurde die Planung und Organisation der FIFA Fußball-WM 2010^{TM} erörtert. Zunächst wurde die veränderte Situation im Vergleich zu Deutschland dargestellt und somit auch die veränderten Anforderungen und Herausforderungen an die Veranstalter. So war auch die Darstellung der sozialen sowie wirtschaftlichen Situation von Südafrika zunächst notwendig. Die FIFA konzipierte nicht nur deshalb, sondern auch aus Erfahrungen vorheriger Events sowie allgemeiner Entwicklungstendenzen (z.B. geringere Budgets, Fokussierung, strengere Partner-Wahl) eine neue Sponsoring-Strategie für die FIFA Fußball-WM 2010^{TM}, in der die Anzahl der Sponsoren, gleiche Beiträge und eine engere Zusammenarbeit modifiziert wurden. Außerdem wurden die Sponsoren nach dem neuen Konzept in drei neue Kategorien, den FIFA-Partner, den Sponsoren FIFA Fußball-WM^{TM} sowie den Nationalen Förderer, eingeteilt.

Erfahrungen in der Organisation und Durchführung konnte Südafrika bereits sammeln. In Südafrika wurden Großereignisse wie z.B. die Rugby-Weltmeisterschaft 1995, die All Africa Games 1999 und der Cricket-Weltpokal 2003 ausgetragen. Bei keinem dieser Großereignisse gab es größere Ausschreitungen. Überdies hatte die Polizei diverse Sicherheitskonzepte für die Zeit während dieser Meisterschaften ausgearbeitet. Allerdings wird eine Mehrbelastung während der FIFA Fußball-WM^{TM} für die Sicherheitskräfte im Vergleich zu dem Cricket-Weltpokal erwartet. Während bei der FIFA Fußball-WM^{TM} 64 Spiele über einen Zeitraum von exakt einem Monat ausgetragen werden, waren es bei dem Cricket-Weltpokal nur 33 Spiele über eine Dauer von 44 Tagen. Dies bedeutet, dass bei den FIFA Fußball-WM^{TM} im Vergleich zum Cricket-Weltpokal über eine kürzere Zeitspanne beinahe die doppelte Anzahl von Spielen ausgetragen wird. Somit entsteht eine weitaus größere Herausforderung für die Organisatoren und das Land Südafrika bei den FIFA Fußball-WM^{TM}. Des Weiteren waren beim Cricket-Weltpokal nur sieben südafrikanische Provinzen beteiligt. Bei den FIFA Fußball-WM^{TM} werden in allen neun Provinzen Südafrikas Spiele ausgetragen. Für die FIFA Fußball-WM^{TM} wird zwar ein höheres Sicherheitsbudget veranschlagt, aber es werden auch wesentlich mehr Zuschauer erwartet.[725] Der Confederations Cup^{TM} im Juni 2009 verlief weitestgehend friedlich und konnte einige Kritiker davon überzeugen, dass das Land Südafrika in der Lage sein wird, ein Event in der Größenordnung der FIFA Fußball-WM™ durchzuführen. Der FIFA Confederations Cup™ hat sich mittlerweile nicht nur für die Veranstalter der FIFA Fußball-WM™ als Generalprobe etabliert, sondern wird auch von den Sponsoren genutzt, um bereits ein Jahr vor der FIFA-Fußball-WM™ Kommunikationsmaßnahmen zu starten.

Zuletzt wurde das Ambush Marketing thematisiert, das auch auf die Aktivitäten der Sponsoren eines Events Einfluss nehmen kann. Aufgrund der begrenzten Anzahl der Sponsoren bedienen sich viele Unternehmen der Popularität und Publizität einer Veranstaltung auf „illegale" Art und Weise, um auch, wie die Sponsoren der Veranstaltung, von dem Event zu profitieren. Die „Trittbrettfahrer" nutzen eine Veranstaltung, ohne ein Entgelt an den Veranstalter abzutreten, und stellen somit eine Gefahr für die Sponsoren dar. Letztendlich gefährden die Maßnahmen von Nicht-Sponsoren die Existenz eines Events, weil so die Attraktivität einer Sponsoring-Partnerschaft für dieses Event abnimmt. Deshalb versuchen die Veranstalter aus eigenem Interesse und dem Interesse der Sponsoren heraus, durch rechtliche Maßnahmen diesen Ambush Marketing-Aktivitäten entgegenzuwirken. Die Sponsoren selbst können ihre Sponsoring-Aktivitäten und damit ihre langfristige Sponsoring-Strategie vor Angriffen von Ambushern schützen, indem sie sich ausreichend bei der Konzeption ihrer Kommunikationsmaßnahmen von ihren Konkurrenten absetzen.

Das millionenschwere Sponsoring von Einzelsportlern wie z.B. Beckham durch adidas, Michael Joardan und Tiger Woods durch Nike oder Usain Bolt durch Puma ist bekannt. Aber dass der chinesische Sportartikelhersteller Li Ning die mehrfache Weltrekordhalterin, jedoch bei der Leichtathletik-WM in Berlin gescheiterte russische Stabhochspringerin Jelena Issinbajewa mit einem bis 2013 und mit ca. 7,5 Millionen USD dotierten Vertrag ausgestattet hat, verdeutlicht, aus welchen Weltregionen in den nächsten Jahrzehnten die entscheidenden Wachstumsimpulse kommen werden.[726]

Eine weitere Entwicklung von Sponsoring-Maßnahmen ist die eigenständige Ausrichtung eines Turniers von einem Unternehmen, das Namen des Sponsors trägt. In der Abbildung 113 ist der Ausschnitt einer Anzeige von Audi zu sehen, in der für den so genannten „Audi Cup" geworben wird. Dabei setzte das Unternehmen zum 100. Geburtstag von Audi auf die Bekanntheit und das Image der Vereine A.C. Milan, Club Atlético Boca Juniors, FC Bayern München und Manchester United.

Abb. 113: Werbeanzeige für den Audi Cup[727]

Das Sponsoring wird in Zukunft immer intensiver geplant und in der Unternehmensstrategie verankert sein. Damit einhergehend wird das für Sponsoring-Zwecke zur Verfügung stehende Budget gezielt eingesetzt. Eine entscheidende Rolle wird künftig auch vermehrt die Wahl der „richtigen" Sponsoring-Partner spielen, denn um die erwünschte win-win-Situation zu erreichen, müssen die Partner zueinander passen.

Großveranstalter wie die FIFA haben auch erkannt, dass es zum Schutz der Sponsoren notwendig ist, eine klare Sponsoring-Strategie zu verfolgen, die es den Zuschauern ermöglicht, Sponsoren von Nicht-Sponsoren unterscheiden zu können. Unter anderem hat die FIFA darauf reagiert, indem sie die Anzahl der Sponsoren reduziert hat und gleichzeitig die Bindung zwischen Sponsor und Veranstalter erhöht hat. Mit dem Schutz der Sponsoren wird aufgrund der Wechselwirkung gleichzeitig der Gesponserte geschützt.

Aufgrund der weltweiten Präsenz und Bekanntheit von Groß-Events sind diese besonders beliebt unter den Sponsoren. Eine Reihe weiterer Großereignisse wie die FIFA Fußball-WM 2011[TM] der Frauen (siehe Abbildung 114), die UEFA Fußball-EM 2012[TM] in Polen/Ungarn sowie die Olympischen Spiele 2012 in London stehen kurz bevor.

Abb. 114: Logo des FIFA WOMEN'S WORLD CUP[728]

Für die FIFA Frauen Fußball-WM 2011[TM] sind die Planungen und organisatorischen Vorbereitungen bereits in vollem Gange. Der DFB kann hierbei natürlich zum Großteil auf die Erfahrungen zurückgreifen, die in Zusammenhang mit der gelungenen Durchführung bei der FIFA Fußball-WM 2006[TM] in Deutschland gesammelt wurden. Die verschiedenen WM-Spielstätten stehen schon heute fest: Wolfsburg, Berlin, Dresden, Bochum, Mönchengladbach, Leverkusen, Frankfurt am Main, Augsburg und Sinsheim. In Abbildung 115 ist die neue Rhein-Neckar-Arena in Sinsheim zu sehen, Spielstätte der TSG 1899 Hoffenheim und zukünftiges WM-Stadion.

Abb. 115: Rhein-Neckar-Arena in Sinsheim[729]

Darüber hinaus steht mit Brasilien das nächste Austragungsland für die FIFA Fußball-WM[TM] im Jahre 2014 fest. Auch die Austragungsstätte für die Olympischen Sommerspiele 2016 wurde bereits gewählt. Neben Rio de Janeiro, Chicago, Madrid war auch Tokio in den Endkampf um die Olympischen Spiele angetreten. In Tokio, in dem die Unterstützung von Seiten der Bevölkerung allerdings zu wünschen übrig ließ, wurde an vielen Stellen im Stadtbild für die Olympia-Kampagne geworben (siehe Abbildung 116).

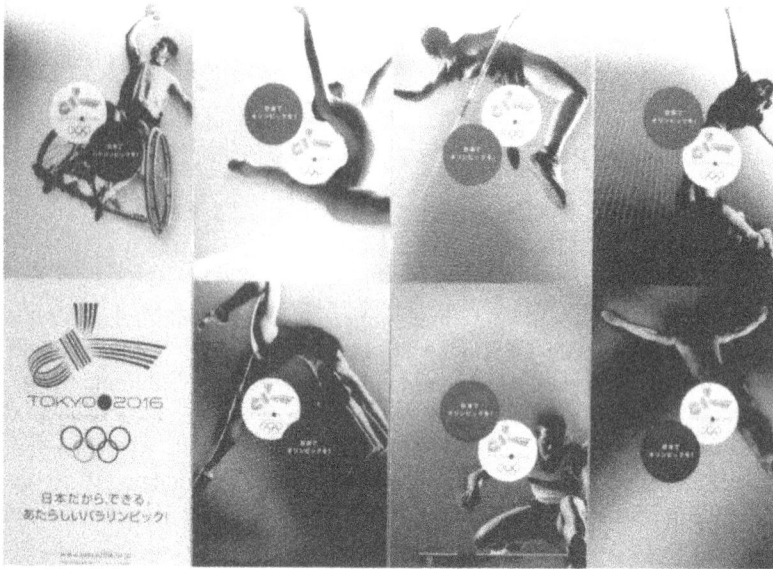

Abb. 116: Plakat zur Bewerbung für die Olympischen Spiele 2016 in Tokio[730]

Die Evaluierungskommission des Internationalen Olympischen Komitees (IOC) bescheinigte in ihrem 90-seitigen Report über die technischen Voraussetzungen dem Kandidaten-Quartett Bewerbungen von sehr hoher Qualität. Ursprünglich hatten die Berater des US-amerikanischen Präsidenten Barack Obama diesem allerdings davon abgeraten, zur IOC-Vollversammlung nach Dänemark zu reisen, um die Bewerbung seiner Heimatstadt Chicago zu unterstützen. Er könne als Verlierer heimkehren.[731] Obwohl der US-amerikanische Präsident sich in Kopenhagen für die Wahl von Chicago eingesetzt hatte, wurde Rio de Janeiro als erste südamerikanische Stadt zum Austragungsort der Olympischen Sommerspiele 2016 gewählt.

Barack Obama hat sich jedoch auch schon für das andere Mega-Event im Sport, die FIFA Fußball-WM[TM] in den USA für die Jahre 2018 oder 2022 in einem Brief an Fifa-Chef Joseph Blatter eingesetzt. Hieraus veröffentlichte der US-Fußballverband Auszüge: „Fußball ist wahrhaft ein Sport der ganzen Welt, und die WM fördert Kameradschaft und freundschaftlichen Wettbewerb rund um den Globus. Deshalb geht es bei dieser Bewerbung um mehr als nur Sport. Es geht darum, dass die Vereinigten Staaten die Welt einladen möchten, sich überall in unserem großen Land zu versammeln, um unsere gemeinsamen Hoffnungen und Träume zu feiern".[732]

Abbildungsverzeichnis

Tabellenverzeichnis

Literaturverzeichnis

Quellen aus Monographien, Sammelbänden sowie Artikel aus Zeitschriften und Zeitungen

Adjouri N./ Stastny P. (2006): Sport-Branding, 1. Auflage, Wiesbaden.

Arend-Fuchs, C./ Delatrée, S. (2003): Eventmarketing – Ein unverzichtbares Instrument zur Kundenbindung? – Ausgewählte Projekte in der Hochschule, in: Kamenz, U. (Hrsg.): Applied Marketing – Anwendungsorientierte Marketingwissenschaft der deutschen Fachhochschulen, Berlin/ Heidelberg, S. 1013-1022.

Bezold, T. (2008): Vermarktung und Management von Zugangsrechten im Sport, in: Herrmanns, A./ Riedmüller, F. (Hrsg.): Management-Handbuch Sport-Marketing, 2. Auflage, München, S. 243-256.

Blaschke, R. (2009): Einstige Sportstadt Leipzig: Ohne Häppchen, in: SZ vom 27.03.2009, S. 33.

Bortoluzzi Dubach, E./ Frey, H. (2002): Sponsoring. Der Leitfaden für die Praxis, 4. Auflage, Bern.

Breuer, C./ Wicker, P./ Pawlowski, T. (2008): Der Wirtschafts- und Wachstumsmarkt Sport, in: Nufer, G./ Bühler, A. (Hrsg.): Management und Sport. Betriebswirtschaftliche Grundlagen und Anwendungen der Sportökomonie, Berlin 2008, S. 23-48.

Brill, M./ Schulz, M./ Suchy, P./ Zürker, M. (2003): Kaiserslautern 2006 – ein Szenario zu den Wirkungen der Fußballweltmeisterschaft, Kaiserslautern.

Bruhn, M. (1997): Kommunikationspolitik: Grundlagen der Unternehmenskommunikation, München.

Bruhn, M. (1998): Sponsoring – Systematische Planung und integrativer Einsatz, 3. Auflage, Frankfurt/Main.

Bruhn, M. (1999): Marketing – Grundlagen für Studium und Praxis, 4. Auflage, Wiesbaden.

Bruhn, M. (2001): Markenschutz, in: Diller, H. (Hrsg.): Vahlens Großes Marketing Lexikon, 2. Auflage, München.

Bruhn, M. (2003): Sponsoring – Systematische Planung und integrativer Einsatz, 4. Auflage, Wiesbaden.

Bruhn, M./ Ahlers, G.M. (2003): Ambush-Marketing. „Angriff aus dem Hinterhalt" oder intelligentes Marketing?, in: Jahrbuch der Absatz- und Verbrauchsforschung Jg. 49, Nr. 3, S. 271-294.

Bühler, A./ Nufer, G. (2008): Marketing im Sport, in: Nufer, G./ Bühler, A. (Hrsg.): Management und Sport – Betriebswirtschaftliche Grundlagen und Anwendungen der Sportökomonie, Berlin 2008, S. 325-360.

Burmann C./ Nitschke A. (2007): Profilierung von Marken durch Sponsoring und Ambushing – dargestellt am Beispiel der FIFA Fußball-WM 2006, in: Ahlert D./ Woisetschläger D./ Vogel V. (Hrsg.), Exzellentes Sponsoring, 2. Auflage, Wiesbaden 2007, S. 179-201.

Busse, C./ Ritzer, U./ Schäfer, U. (2008): „Viele Mitläufer haben viel Geld verdient" – adidas-Chef Herbert Hainer über die goldenen Jahre des Sponsorings, die Folgen der Wirtschaftskrise – und den Zweikampf FC Bayern gegen Hoffenheim, in: SZ vom 20./21.12.2008, Nr. 296, S. 25.

BWD (1993): Bedeutung, Planung und Durchführung von Events. Erhebungsbericht 1992, Deutscher Kommunikationsverband (BDW), Bonn.

Cáceres, J./ Zaschke, C. (2009): Real Ferrari, in: SZ vom 13./14. 06.2009, Nr. 133, S. 33.

Cotting, P. (2000): Der Sponsoring- und Eventmarketing-Ansatz, Linz.

Dahm, A. (2008): „Aufmerksamkeit alleine ist nicht alles", in: Werben und Verkaufen, 2008, Nr. 51, S. 22-23.

Damm-Volk, K. (2002): Sportsponsoring als Kommunikationsinstrument im Marketing, Regensburg.

Daumann, F./ Langer, M./ Breuer, M. (2008): Planung im Sport, in: Nufer, G./ Bühler, A. (Hrsg.): Management und Sport. Betriebswirtschaftliche Grundlagen und Anwendungen der Sportökomonie, Berlin 2008, S. 113-144.

Deloitte (2009): Safety in numbers. Annual Review of Football Finance. Deutsche Ausgabe, Düsseldorf.

Deutsche Bahn (2008): Geschäftsbericht 2008 Deutsche Bahn AG, Berlin.

Deutsche Telekom (2008): Geschäftsbericht 2008 Deutsche Telekom AG, Bonn.

DFL Deutsche Fußball Liga (2008): Bundesliga Report 2008, Frankfurt/Main.

Digel, H./ Fahrner, M. (2008): Hospitality Marketing im Sport, in: Nufer, G. / Bühler, A. (Hrsg.): Management und Sport. Betriebswirtschaftliche Grundlagen und Anwendungen der Sportökomonie, Berlin 2008, S. 443-466.

Drees, N. (1989): Charakteristika des Sponsoring, in: Hermanns A. (Hrsg).: Sport- und Kultursponsoring, München 1989, S. 49-61.

Drees, N. (1992): Sportsponsoring, 3. Auflage, Frankfurt/Main.

Ehrhardt, C./ Hovemann, A. (2009): Bälle, Tore und Finanzen VI, Stuttgart.

Ehrmann, H. (2002):Unternehmensplanung, 4. Auflage, Ludwigshafen (Rhein).

Elter, V.-C. (2003): Verwertung medeialer Rechte der Fußballunternehmen. Vermarktung und Refinanzierung im Sport, Berlin.

Emirates Group (2008): Annual Report 2007-2008.

Erber, S. (2002): Eventmarketing: Erlebnisstartegien für Marken, 3. Auflage, München.

FIFA (2005): Richtlinien zur Verwendung der FIFA FUSSBALL-WM 2006™ Marken, Zürich.

FIFA Fußball-WM 2006™ Organisationskomitee (2004): Die Welt zu Gast bei Freunden, News 8, Heft 09/04, Frankfurt/Main.

FIFA: Info Plus, o.J., diverse Ausgaben.

Förster, A./ Kreuz, P. (2006): Marketing Trends. Innovative Konzepte für ihren Markenerfolg, 2. Auflage, Wiesbaden.

Fricke, T. (2008): Megaevent FIFA WM 2006. Erfolg durch professionelles Marketing, in: Herrmanns, A./ Riedmüller, F. (Hrsg.): Management-Handbuch Sport-Marketing, 2. Auflage, München, S. 21-38.

Galli, A. (1997): Das Rechnungswesen im Berufsfußball. Eine Analyse des Verbandsrechts des Deutschen Fußball-Bundes unter Berücksichtigung der Regelungen in England, Italien und Spanien, Düsseldorf.

Gärner, W. (2009): Mulikultureller Lärmtransfer, in: SZ vom 18./19.08.2009, Nr. 163, S. 35.

Gensmüller, M. (2008): Customer Relationship Marketing im Sport, in: Nufer, G./ Bühler, A. (Hrsg.): Management und Sport – Betriebswirtschaftliche Grundlagen und Anwendungen der Sportökomonie, Berlin 2008, S. 417-442.

Grünitz, M./ von Arndt, M. (2002): Der Fußballcrah, Stuttgart/Ulm.

Hajok, S. (2008): Analyse der Sponsoringkonzepte für die UEFA-Fußball-Europameisterschaft 2008 in Österreich und der Schweiz, unveröffentlichte wissenschaftliche Zulassungsarbeit, Zweibrücken.

Hamacher, K./ Robak, M. (2008): Strafbarkeit von „Hospitality"-Einladungen zu großen Sportevents gem. §§ 331, 333 und § 299 StGB?, in: Der Betrieb vom 12.12.2008, Heft 50, S. 2747-2754.

Heermann, P. W. (2006): Ambush-Marketing anlässlich Sportgroßveranstaltungen, in: Gewerblicher Rechtsschutz und Urheberrecht (GRUR), S. 359-367.

Hermanns, A. (2004): Sponsoring Trends 2004, Bonn.

Hermanns, A. (2006): Pleon GmbH (Hrsg.): Sponsoring Trends 2006, München.

Hermanns, A. (2008): Vermarktung und Management von Sponsoringrechten im Sport, in: Herrmanns, A./ Riedmüller, F. (Hrsg.): Management-Handbuch Sport-Marketing, 2. Auflage, München 2008, S. 273-292.

Hill, D. (2008): Sichere Siege – Fußball und organisiertes Verbrechen oder wie Spiele manipuliert werden, Köln.

Höft, M./ Cremer, M./ Embach, C./ Jürgens, D./ Thaler, C. (2005): Marteintritt europäischer Fußballvereine in Asien. Chancen, Risiken und Handlungsempfehlungen, in: Wehrheim, M. (Hrsg.): Marketing der Fußballunternehmen: Sportmanagement und professionelle Vermarktung, Berlin 2005, S. 168 ff.

Hohenhauer (2006): Fantastische Quotenrekorde lassen WM-Medien jubeln, in: Sponsors, August 2006, Jg. 11, S. 18.

Homberg, M. (2007): Vergleichende Analyse der Marketingstrategien der FIFA und des IOC, unveröffentlichte Diplomarbeit, Zweibrücken.

Honigstein, R. (2009): Räuberische Methoden. Nach dem FC Chelsea drohen weiteren englischen Klubs Fifa-Stafen wegen der Abwerbung von Talenten, in: SZ vom 5./6.09.2009, Nr. 204, S. 36.

Horch, H.-D. (2002): Einleitung: Finanzierung des Sports, in: Horch, H.-D./ Heydel, J./ Sierau, A. (Hrsg.): Finanzierung des Sports, Band 2, Aachen 2002, S. 7-9.

Hovemann (2008): Finanzierung im Sport, in: Nufer, G./ Bühler, A. (Hrsg.): Mangement und Sport. Betriebswirtschaftliche Grundlagen und Anwendungen der Sportökomonie, Berlin 2008, S. 210-236.

Huber, R. (2008): Kommentar zur adidas-Kampagne Mission „Impossible is Nothing" – Teil 2, in: Kontakter client award 2008, 1. Auflage, Bremen.

Inden, Th. (1993): Alles event?! Erfolg durch Erlebnismarketing, Landsberg/Lech, 1993.

Jäck, S. (2008): Ertragssteuern im Sport, in: Nufer, G./ Bühler, A. (Hrsg.): Management und Sport. Betriebswirtschaftliche Grundlagen und Anwendungen der Sportökomonie, Berlin 2008, S. 293-324.

Jäckel, M. (2007): Guerilla-Marketing. Grundlagen, Instrumente, Beispiele, in: Drees, N: Guerilla-Marketing, Erfurter Hefte zum angewandten Marketing, Heft 15, Erfurt 2007, S. 3-12.

Jung, A. (2007): Arbeitskreis Sponsoring, in: DFL Deutsche Fußball Liga (Hrsg.): 2004-2007 Bericht des Ligaverbandes zum DFB-Bundestag 25./26. Oktober 2007, Frankfurt/Main 2007.

Jüttner, U. (2008): Ambush-Marketing, in: Marketing Review St. Gallen: die neue Texis-Marketingfachzeitschrift für Theorie und Praxis, 2008, Heft 1, S. 32-36.

Kaiser, S./ Horch, H.-D. (2008): Organisation im Sport, in: Nufer, G./ Bühler, A. (Hrsg.): Management und Sport – Betriebswirtschaftliche Grundlagen und Anwendungen der Sportökomonie, Berlin 2008, S. 145-176.

Katz, C. (1994): Just do it. The Nike Spirit in the Corporate World, Holbrook Massachusetts.

Keller, C. (2008): Startegisches Management im Sport, in: Nufer, G./ Bühler, A. (Hrsg.): Management und Sport – Betriebswirtschaftliche Grundlagen und Anwendungen der Sportökomonie, Berlin 2008, S. 79-112.

Klein, A. (2005): Kultur-Marketing: Das Marketingkonzept für Kulturbetriebe, 2. Auflage, München.

Kotler, P./ Armstrong, G./ Saunders, J./ Wong, V. (2007): Grundlagen des Marketing, 4. Auflage, München.

Kroeber-Riel, W./Weinberg, P. (1999): Konsumentenverhalten, 8. Auflage, München.

Kuczera, M. (2004): Die Vermarktung von Übertragungsrechten im Fußball nach deutschem Recht und nach europäischem Kartellrecht, München.

Kühne-Hellmessen, U./ Novak, M. (2007): „Ich erwarte einen Dreikampf um den Titel"- Interview mit Heribert Hainer, in: Bundesliga-Magazin vom August 2007, Frankfurt/Main 2007, S. 52-59.

Leda, L. (2006): Public Viewing: Marketingrichtlinien versus Deutsches Recht, in Sponsors, Juni 2006, Jg. 11, S. 50-51.

Lentze, G. (2004): Marketing-, Lizenz- und andere kommerzielle Verwertungsrechte der FIFA Fussball-WM Deutschland 2006, in: Wegweiser GmbH (Hrsg.): Investitionen und Innovationen Deutschland 2006, Leipzig 2004, S. 64-66.

Levinson, J. C. (1992): Guerilla Marketing. Offensives Werben und Verkaufen für kleinere Unternehmen, 2. Auflage, Frankfurt/Main.

Liebetrau, M. (2007): Ambush-Marketing. Eine qualitative Analyse am Beispiel der FIFA Fußballweltmeisterschaft 2006, in: Drees, N: Guerilla-Marketing, Erfurter Hefte zum angewandten Marketing, Heft 15, Erfurt 2007, S. 13-22.

Lorenz, O./ Etter, C./ Ficke, M./ Kurscheidt, M. (2004): Investitions- und Innovationspotenziale durch die FIFA Fussball-WM 2006. Eine differenzierte Analyse der ökonomischen Potenziale und Entwicklungschancen im Zusammenhang mit der FIF Fussball-WM 2006 in Deutschland, in: Wegweiser GmbH (Hrsg.): Investitionen und Innovationen Deutschland 2006, Leipzig 2004, S. 29-63.

McKelvey, S. (1994): Sans Legal Restriktion, No Stopping Brash, Creative Ambush Marketers, in: Brandweek, 1994, Jg. 35, S. 20.

Meffert, H. (2000): Grundlagen marktorientierter Unternehmensführung: Konzepte – Instrumente – Praxisbeispiele, 9. Auflage, Wiesbaden.

Melwitz N. (2008): Der Schutz von Sportgroßveranstaltungen gegen Ambush Marketing, 1. Auflage, Tübingen.

Midgley, D./ Hutchins, C. (2005): Abramovich: The billionaire from nowhere, London.

Morita, A./ Reingold, E. M./ Shimomura, M. (1986): Made in Japan. Akio Morita und Sony, New York.

Mölter, J. (2009): Der tiefe Fall der Diva. Stabhochspringerin Jelena Issinbajewa sucht nach Gründen – und findet eine Botschaft von oben, in: SZ vom 19.08.2009, Nr. 189, S. 27.

Nabil, B.-R. (2007): Planung, Organisation und Durchführung von Großevents am Beispiel der FIFA Fußball-Weltmeisterschaft 2010, unveröffentlichte Praxissemesterarbeit, Zweibrücken.

Netzle, S. (1996): Ambush- Marketing, die neue unfaire Marketing-Maßnahme, in: Sport und Recht (SpuRt), 1996, Heft 3, S. 86-87.

Nickel, O. (1998): Event – ein neues Zauberwort?, in: Nickel, O. (Hrsg.): Eventmarketing: Grundlagen und Erfolgsbeispiele, München 1998, S. 6-7.

Noth, M. G. (2007): Trittbrettfahrer durch Werbung bei Sportveranstaltungen, 1. Auflage, Zürich.

Nufer, G. (2005): Ambush-Marketing. Angriff aus dem Hinterhalt oder eine Alternative zum Sportsponsoring, in: Horch, H.-D./ Hovemann, G./ Kaiser, S./ Viehbahn, K. (Hrsg.): Perspektiven des Sportmarketing, Köln 2005, S. 209-227.

Nufer, G. (2007): Event-Marketing und -Management, 3. Auflage, Wiesbaden.

Nufer, G./ Bühler, A. (2008a): Sportmanagement und Sportmarketing. Einführung und Perspektive, in: Nufer, G./ Bühler, A. (Hrsg.): Management und Sport. Betriebswirtschaftliche Grundlagen und Anwendungen der Sportökomonie, Berlin 2008, S. 3-22.

Nufer, G./ Bühler, A. (2008b): Veranstaltungsmarketing im Sport, in: Nufer, G./ Bühler, A. (Hrsg.): Management und Sport – Betriebswirtschaftliche Grundlagen und Anwendungen der Sportökomonie, Berlin 2008, S. 385-716.

o.V. (2004): Die Pflichten eines WM-Stadions. Die Kriterien der FIF, in: Der Facility Manager, März 2004, S. 21.

o.V. (2005): Budweiser spielt global, in: Horizont Sport Business Weekly vom 18. Mai 2005, o. S.

o. V. (2006a): Emirates wird letzter FIFA-Toppartner, in: Sponsors, Juni 2006, Jg.11, S. 12.

o. V. (2006b): Markenrechte: Schadensersatz für FIFA-Sponsoren?, in: FAZ vom 02.05.2006, Nr. 101, S. 37.

o. V. (2006c): Puma kooperiert zur WM mit dba, in: Sponsors, Mai 2006, Jg. 11, S. 12.

o. V. (2006d): Teure Stadien, hohe Risiken, in: Süddeutsche Zeitung vom 5. Juli 2006, Nr. 152, S. 42.

o.V. (2006e): Immer am Puls der Zeit: Die Coca-Cola Werbung im Spiegel der Zeit, Coca-Cola GmbH German Division, Presse-Information, vom 2. Mai 2006, Berlin.

o.V. (2009a): Ein Brief an Fifa-Chef Blatter: Obama für WM in USA, in: SZ vom 16.04.2009, S. 28.

o.V. (2009b): Real Madrid sprengt den Markt, in: Süddeutsche Zeitung vom 13./14.06.2009, Nr. 132, S. 27.

o.V. (2009c): Sollte Obama besser zu Hause bleiben?, in: FAZ vom 03.09.2009, S. 30.

o.V. (2009d): Schönstes Stadion, in: SZ vom 14./15./16.08.2009, Nr. 186, S. 35.

o.V. (2009e): Lieb und teuer. Die wertvollsten Marken der Welt, in: SZ vom 30.04./01.05.2009, Nr. 99, S. 17.

o.V.: „Visions of Football": Broschüre Internationale Konferenz zur FIFA FUSSBALL-WM 2006™.

Olsson, P. (2008): Vermarktung von Sportlern. Das Beispiel „Performance Plus", in: Herrmanns, A./ Riedmüller, F. (Hrsg.): Management-Handbuch Sport-Marketing, 2. Auflage, München 2008, S. 313-330.

Opitz, J. (2003): Kapitalgesellschaften im Profil-Fußball. Eine vergleichende Analyse von Anlegerstrukturen und Anlegerstrategien des Profi-Fußballs in England, Spanien, Italien und Deutschland, Aachen.

Paperlein, J. (2004a): Hoch in die Sport-Stratosphäre. Die arabische Airline Emirates nutzt die WM 2006, um die weltweite Bekanntheit deutlich auszubauen, in: Horizont vom 26.02.2004, Heft 9, S. 26.

Paperlein, J. (2004b): Telekom macht sich fit für 2006 – Anfang kommenden Jahres bezieht der Konzern die Fußball-WM in seine weltweiten Marketingaktivitäten ein, in: Horizont vom 19.08.2004, Heft 34, S. 22.

Paperlein, J. (2005): Veteran des Sport-Sponsoring. WM-Partner Coca-Cola will Kunden und Käufer 2006 in Aktion rund um die Fußball-Weltmeisterschaft einbinden, in: Horizont vom 27.01.2005, Heft 4, S. 28.

Pechtl, H. (2007): Trittbrettfahren bei Sportevents: das Ambush Marketing, Diskussionspapier 01/07, Greifswald.

Pechtl, H. (2008): Ambush Marketing, in: Wirtschafts-Wissenschaftliches Studium (WiSt), 2008, Heft 2, S. 69-74.

Perras, A. (2009): Erfolg ist, wenn es trotzdem klappt, in: SZ vom 13./14.06.2009, Nr.133, S. 3.

Peters, R.-H. (2007): Die Puma Story, München.

Pfeiffer, S./ Hovemann, A. (2006): Bälle, Tore und Finanzen III, Stuttgart.

Pimpi, R. (2005): Der Spätstarter spurtet los, in: Horizont Sport Business Weekly vom 6. Juli 2005, o. S.

Pohl, R. (2005): „Ich habe Finanzgeschichte geschrieben". Ein Gespräch mit Hugo Müller-Vogg, Hamburg.

Rohlmann, P. (2008): Vermarktung und Management von Merchandisingrechten im Sport, in: Herrmanns, A./ Riedmüller, F. (Hrsg.): Management-Handbuch Sport-Marketing, 2. Auflage, München 2008, S. 293-312.

Ruda, W. (2002a): Case Study: Investor Marketing: Going Public (T-Online), in: Gündling, C. (Hrsg.): Erfolg durch Direktmarketing. Praxishandbuch für mittelständische Unternehmen im B-to-B, Neuwied 2002, S. 1-30.

Ruda, W. (2002b): Controlling, Montabaur.

Ruda, W. (2002c): Logistik-Planung, Entscheidung und Risk-Management, Gießen-Friedberg.

Ruda, W. (2002d): Planung, Montabaur.

Ruda, W. (2005a): Finanzierung von Fußball-Unternehmen. Grundsätzliche Überlegungen vor dem Hintergrund der geplanten Ausgliederung der Lizenzspieler-Abteilung des 1. FC Kaiserslautern in eine Aktien-Gesellschaft, Kaiserslautern.

Ruda, W. (2005b): Finanzierung von Fußball-Unternehmen. Finanzierungsalternativen gewinnen an Bedeutung, in: Going Public, April 2005, S. 44-47.

Ruda, W. (2005c): Planung, Organisation und Durchführung von Großevents, Gießen-Friedberg.

Ruda, W./ Grünhagen, G. (2009): Das Berufsbild des Controllers im Mittelstand, Sternenfels.

Ruda, W./ Klug, F. (2006): FIFA FUSSBALL-WM 2006™ in Deutschland. Ein mediales Großereignis Teil 2, in: FH-Rundschau, Kaiserslautern 2006, S. 41-44.

Ruda, W./ Klug, F. (2008): Ausgewählte Aspekte der Planung und Organisation der FIFA FUSSBALL-WM 2006™ in Deutschland, in: Brauweiler, H. C. (Hrsg.): Unternehmensführung heute, München 2008, S. 235-256.

Ruda,W./ Leonhardt-Jacob, E. (2007): Unternehmensplanung und Risikomanagement, 2. Auflage, Zweibrücken.

Ruda, W./ Pfeffer, M. (2005): Projektplanung, Montabaur.

Ruda, W./ Werle, S. (2005): FIFA Fussball-WM 2006 in Deutschland. Ein mediales Großereignis Teil 1, in: FH-Rundschau 2005, Nr. 2, S. 20-21.

Schotthöfer, P. (2008): Die rechtlichen Grundlagen bei der Vermarktung von Sportrechten, in: Herrmanns, A./ Riedmüller, F. (Hrsg.): Management-Handbuch Sport-Marketing, 2. Auflage, München 2008, S. 225-242.

Schulte, T. (2007): Guerilla Marketing für Unternehmertypen, 3. Auflage, Wissenschaft & Praxis, Sternenfels.

Schulte, T./ Pradel, M. (2006): Guerilla Marketing für Unternehmertypen, 2. Auflage, Sternenfels.

Schwarz, M./ Rosche, T. (2007): Entwicklung des Sport-Sponsoring in den vergangenen Jahren. Eine Analyse anhand von Praxisbeispielen, unveröffentlichte Seminararbeit, Zweibrücken.

Simon, H. J. (1997): Marketing Journal, 2. Auflage, Hamburg.

Smit, B. (2007): Pitch Invasion: „Adidas", „Puma" and the Making of Modern Sport, London.

Sohns (2006): WM-Partner setzten Sponsorships besser ein, in: Sponsor's, Heft 08/2006, Jg. 11, S. 19.

Sorg, H. (2008): Organisation der FIFA Fußball-Weltmeisterschaft 2010™ in Südafrika als Event, unveröffentlichte wissenschaftliche Zulassungsarbeit, Zweibrücken.

Sportfive (2004): Fußballstudie 2004, Hamburg.

Sportfive (2005): Hospitality-Grundlagenstudie, Hamburg.

Sportfive (2006): European Sponsorship Market 2006, Hamburg.

Sportfive (2007): Fußballstudie 2007, Hamburg.

Sportfive (2009): Hospitality-Grundlagenstudie 2009, Hamburg.

Ströher, M. (2009): Ambush-Marketing und sonstige außergewöhnliche Marketingmaßnahmen bei adidas, Reebok, Puma und Nike, unveröffentlichte wissenschaftliche Zulassungsarbeit, Zweibrücken.

Stumpf, M. (2006): Ambush Marketing – Bedrohung für das Sponsoring, in: Verbands-Management, Heft 32, Nr. 2, S. 26-35.

Süßmilch, I. (2004): Der Wachstumsimpuls WM 2006, in: WGZ-Bank/ KPMG (Hrsg.): FC Euro AG. Fußball und Finanzen. Analyse der Finanzsituation in der Fußballbranche. Neue Wege der Finanzierung, Düsseldorf/ München 2004, S. 139-161.

Szameitat, D. (2003): Public Relations in Unternehmen: Ein Praxis-Leitfaden für die Öffentlichkeitsarbeit, 1. Auflage, Berlin.

Tabatt, C. M. (2008): Kommunikationsinstrument Kunstsponsoring. Planung, Integration, Chancen und Risiken. Perspektiven für mittelständische Unternehmen, unveröffentlichte Diplomarbeit, Zweibrücken.

Theis, M. (2006): Konzepte der offiziellen und nationalen Förderer der FIFA WM 2006™, unveröffentlichte Praxis-semesterarbeit, Zweibrücken.

Vieweg K. (1996): Sponsoring und internationale Sportverbände, in: Vieweg K. (Hrsg), Sponsoring im Sport, Band 20, Boorberg/ Stuttgart/ München/ Hannover/ Berlin/ Weimar/ Dresden 1996, S. 53-90.

Vits, M. (2004): Optimierung der Vermarktung des Profifußballs in Deutschland, unveröffentlichte Diplomarbeit, Zweibrücken.

Voeth, M. (2004): Ticket-Pricing bei der WM 2006. Eine Akzeptanzanalyse, in: Wegweiser GmbH (Hrsg.): Investitionen und Innovationen Deutschland 2006, Leipzig 2004, S. 98-100.

Walter, I. (2007): Analyse der Marketingmaßnahmen von adidas, Nike und Puma am Beispiel von sportlichen Großveranstaltungen, unveröffentlichte Diplomarbeit, Zweibrücken.

Weilguny, M. (2004a): Alle Stadien voll im Plan, in: SPONSORS, Heft 02/2004, S. 46-47.

Weilguny, M. (2004b): Finanzen, Sponsoring und TV, in: SPONSORS, Heft 01/2004, S. 40-41.

Weilguny, M. (2004c): VIP-Programm für FUSSBALL-WM 2006, in: SPONSORS, Heft 02/2004, S. 44.

Wentzel, D. (2008): Analyse von Möglichkeiten des Ambush Marketing am Beispiel von großen Sportevents; unveröffentlichte Diplomarbeit, Zweibrücken.

Werz, A. (2004): Stolz und Schande einer Nation, in: FIFA magazine, Nr. 3, Ausgabe März 2004, S. 21-23.

WGZ (2004): WGZ-Bank/ KPMG (Hrsg.): FC Euro AG. Fußball und Finanzen. Analyse der Finanzsituation in der Fußballbranche – Neue Wege der Finanzierung, Düsseldorf, München.

Winkelmann, P. (2005): Marketing und Vertrieb, 5. Auflage, München.

Wittneben, M./ Soldner, A. (2006): Der Schutz von Veranstaltern und Sponsoren vor Ambush- Marketing bei Sportgroßveranstaltungen, in: Wettbewerb in Recht und Praxis (WRP), Frankfurt/Main 2006, S. 1175-1185.

Woitsetschläger D./ Michaelis M./ Hertleb V. (2007): Sponsoring und Ambush-Marketing im Rahmen der FIFA-Fußball-Weltmeisterschaft 2006. Eine vergleichende empirische Analyse, in: Ahlert D./ Woisetschläger D./ Vogel V. (Hrsg), Exzellentes Sponsoring, 2. Auflage, Wiesbaden 2007, S. 203-219.

Wünsch, U./ Thuy, P. (Hrsg.) (2007): Handbuch Event-Kommunikation. Grundlagen und Best Practice für erfolgreiche Veranstaltungen, Berlin.

Zanger, C./ Drenger J. (Hrsg.) (2005): Eventreport 2004. Die Wirkungen von Ambush-Marketing bei sportlichen Großevents, Chemnitz.

Zastrow, H./ Krause, A. (2008): Entwicklungen im Sportmarkt Deutschland, in: Herrmanns, A./ Riedmüller, F. (Hrsg.): Management-Handbuch Sport-Marketing, 2. Auflage, München 2008, S. 67-84.

Zils, O. (2003): Taktik mit Kaiser und Rudis Team. Warum WM-Sponsor Postbank schon drei Jahre vor dem Großevent in Deutschland mit Kommunikation beginnt / Fußballprodukte geplant, in: Horizont vom 16.10.2003.

Zorn, R. (2003): Vom Hinterzimmerklub zum Weltkonzern, in: Frankfurter Allgemeine Zeitung vom 21.05.2003, Nr. 117, S. 32.

Quellen aus dem Internet

adidas (2005a): adidas wird Sponsor der FIFA FUSSBALL-WM™ 2010 und 2014, vom 19.01.2005, elektronisch veröffentlicht: URL: http://www.press.adidas.com/de/Resourceimage.aspx?raid=5805.

adidas (2005b): Nicht fortgeführtes Geschäft, elektronisch veröffentlicht: URL: http://www.adidas-group.com/de/investor/reports/annually/2005/de/note_03.html.

adidas (2006a): adidas-Salamon AG und Reebok schließen Akquisition ab, elektronisch veröffentlicht: URL: http://www.adidas-group.com/de/News/archive/2006/2006_01_31.asp.

adidas (2006b): Gigantischer Oliver Kahn am Münchner Flughafen heißt Fußballfans aus aller Welt willkommen, vom 29.05.2006, elektronisch veröffentlicht: URL: http://www.press.adidas.com/de/contentXXL/Modules/News/Desktop/PrintArticle.aspx/mid-94/tabid-16/news_id-6239/

adidas (2007): DFB und adidas einigen sich auf langfristige Fortsetzung einer erfolgreichen Partnerschaft, vom 27.08.2007, elektronisch veröffentlicht: URL: http:// www.press.adidas.com/de/DesktopDefault.aspx/tabid-11/89_read-8179/.

adidas group (2008): adidas baut Marktführerschaft im Fußball weiter aus, vom 16.06.2008, elektronisch veröffentlicht: URL: http://hugin.info/139192/R/1227668/260147.pdf.

adidas: Adi Dassler - der Mann, der adidas den Namen gab, elektronisch veröffentlicht: URL: http://www.press.adidas.com/de/contentXXL/Modules/News/Desktop/PrintArticle.aspx/mid-41/tabid-28/news_id-1203/.

adidas: Homepage: http://www.adidas.de.

adidas: Unsere Marken, elektronisch veröffentlicht: URL: http://www.adidas-group.com/de/ourbrands/welcome.asp.

Afrika: Südliches Afrika: Südafrika, elektronisch veröffentlicht: URL: http://afrika.heim.at/Suedafrika.htm.

Afrika-Verein der Deutschen Wirtschaft: Telekommunikation, elektronisch veröffentlicht: URL: http://www.news2010.de/WM-2010_Telekommunikation.asp.

Afrika-Verein der Deutschen Wirtschaft: Tourismus, elektronisch veröffentlicht: URL: http://www.news2010.de/WM-2010_Tourismus.asp.

Afrika-Verein der Deutschen Wirtschaft: Transport und Verkehr, elektronisch veröffentlicht: URL: http://www.news2010.de/WM-2010_Transport_u_Verkehr.asp.

Anheuser-Busch InBev (2008): Annual Report 2008, St. Louis, Missouri (USA).

Arte: Homepage: http://www.arte.tv/de/suche/1452936.html.

Auswärtiges Amt (2009a): Südafrika, Mai 2009, elektronisch veröffentlicht: URL: http://www.auswaertiges-amt.de/diplo/de/Laenderinformationen/01-Laender/Suedafrika.html.

Auswärtiges Amt (2009b): Südafrika: Wirtschaft, Mai 2009, elektronisch veröffentlicht: URL: http://www.auswaertiges-amt.de/diplo/de/Laenderinformationen/Suedafrika/Wirtschaft.html.

AVAYA: Pressemitteilungen, elektronisch veröffentlicht: URL: http://www.avaya.de/gcm/emea/de/corporate/pressroom/pressreleases/2006/avayapraesentiertinfrastruktur01.htm.

Bacher, J. (2009): Sportmarketing: Bundesliga im Sponsoring-Trend, in: Financial Times Deutschland vom 11.05.2009, elektronisch veröffentlicht: URL: http://www.ftd.de/karriere_management/management/:Sportmarketing-Bundesliga-im-Sponsoring-Trend/511896.html.

BBDO: Presse Information: M&M's® eröffnet die SoM&Merspiele 2008, elektronisch veröffentlicht: URL: http://www.lifepr.de/attachment/51392/PM+M%26M_s+Sommerspiele_0906_FINAL.pdf.

Bergstresser, H. (2009): Afrikas Medien: Im Spannungsfeld von Meinungsfreiheit, Boulevadisierung und Repression, Nr. 7/ 2009, elektronisch veröffentlicht: URL: http://www.giga-hamburg.de/dl/download.php?d=/content/publikationen/pdf/gf_afrika_0907.pdf.

Borgmeier Media Gruppe: Homepage: http://www.marketing-director.borgmeiermedia.de.

Breitenbach, P./ Schulte, T. (2005): Definition Guerilla Marketing, vom März 2005, elektronisch veröffentlicht: URL: http://www.guerilla-marketing-portal.de/index.cfm?menuID=87.

Brinkhoff/ Stahl/ Jäger: Zielplanung und Konzeption im Rahmen des strategischen Managements eines professionellen Sportvereins und deren Implementierung am Beispiel der EnBW Ludwigsburg, elektronisch veröffentlicht: URL: http://www.sport.uni-stuttgart.de/inspo/fileadmin/user_upload/studyonline/Pr_sentation_Einf_hrung.ppt#256, Folie 1.

Budweiser: Homepage: http://www.Budweiser.com.

Bundesagentur für Außenwirtschaft: elektronisch veröffentlicht: URL: http://www.bfai.de/DE/Content/bfai-online-news/012/s2Infra,hauptbeitrag=78736, layoutVariant=Standard,sourcetype=SE,templateId=render.html.

Bundesministerium des Innern (2005): „Die Welt zu Gast bei Freunden" – Vierter Fortschrittsbericht des Stabes WM 2006 zur Vorbereitung auf die FIFA-Fußball-Weltmeisterschaft 2006 – Zusammenfassung, Februar 2005, elektronisch veröffentlicht: URL: http:// www.bmi.bund.de.

Burger, J. (2007): Berechtigte Bedenken, afrika süd, Nr. 4, Juli/August 2007, elektronisch veröffentlicht: URL: http://www.inwent.org/v-ez/lis/s-afrika/wm_sicherheit.pdf.

City of Johannesburg: Overview, elektronisch veröffentlicht: URL: http://www.joburg.org.za/content/view/92/58.

City of Johannesburg: Venues, elektronisch veröffentlicht: URL: http://www.org.za/content/view/1030/244/.

Coca-Cola Homepage: http://www.coca-cola.com.

Coca-Cola: Gewinnspielseite: http://www.cokefridge.de.

Coca-Cola: Imagebroschüre, elektronisch veröffentlicht: URL: http://www.coca-cola-gmbh.de/pdf/cc_imagebroschuere.pdf.

Coca-Cola: Wir über uns, elektronisch veröffentlicht: URL: http://www.coca-cola-gmbh.de/unternehmen/index.html.

DER STANDARD: Fernseher für stromlose Dörfer, elektronisch veröffentlicht: URL: http://www.diestandard.de/druck/?id=3060757.

Deutsche Bahn: Homepage: http://www.bahn.de.

Deutsche Bahn: Unternehmen: Konzernprofil: Basisinformationen: Zahlen und Fakten, elektronisch veröffentlicht: URL: http://www.deutschebahn.com/site/bahn/de/ unternehmen/konzernprofil/basisinformation/zahlen__fakten/zahlen__fakten.html.

Deutsche Bahn: Unternehmen: Verantwortung: Jugend & Bildung, elektronisch veröffentlicht: URL: http://www.deutschebahn.com/site/bahn/de/unternehmen/verantwortung/ soziales/offroadkids/offroadkids.html.

Deutsche Bahn: Unternehmen: Verantwortung: Sport, elektronisch veröffentlicht: URL: http://www.deutschebahn.de/site/bahn/de/unternehmen/verantwortung/sport/sport.html.

Deutsche Bahn: Unternehmen: Konzernprofil: Geschäftsfelder, elektronisch veröffentlicht: URL: http://www.deutschebahn.com/site/bahn/de/unternehmen/ konzernprofil/geschaeftsfelder/geschaeftsfelder.html.

Deutsche Behindertenhilfe - Aktion Mensch: Homepage: http://www.Aktion-Mensch.de.

Deutsche Telekom (2006): Sponsoring ist ein lohnendes Geschäft, vom 19.10.2006, elektronisch veröffentlicht: URL: http://www.telekom.com/dtag/cms/content/dt/de/93310; jsessionid=9E3A7DC919CF916DD96491AF83C9D797.

Deutsche Telekom (2007a): „Deutsche Telekom: Neue Markenarchitektur für Konzern", vom 16.05.2007, elektronisch veröffentlicht: URL: http://www.telekom.com/dtag/cms/content/dt/de/51236;jsessionid=D710EA4C914169EED9EBA81101C8F0B5?archivArticleID=399624.

Deutsche Telekom (2007b): Telekom-WM-Kampagnen gewürdigt, vom 06.02.2007, elektronisch veröffentlicht: URL: http://www.telekom.com/dtag/cms/content/dt/de/ 216584;jsessionid=96CA001A11ABAF5477EBFBE923E58ADA.

Deutsche Telekom (2008): „Seit Jahren Spitze im Sport", vom 10.11.2008, elektronisch veröffentlicht: URL: http://www.telekom.com/dtag/cms/content/dt/de/7960; jsessionid=949477EB23203C15CBF92D3D4EC48C3B.

Deutsche Telekom: Homepage: http://www.telekom.de.

Deutscher Fußballbund: Homepage: http://www.dfb.de.

Diensteanbieter im Sinne des TMG: Bundesrepublik Deutschland, vertreten durch die Bundesministerin der Justiz, elektronisch veröffentlicht: URL: http://bundesrecht.juris.de/markeng/index.html; Berlin.

Dobbert, S./ Schlieben, M.: Wenn Geld Tore schießt", elektronisch veröffentlicht in: ZEIT online, URL: http://www.zeit.de/online2007/39/bg-fussball-sponsoren?.

EDV-Deinstleistungen und Mediaservice: Homepage: http:// www.pr-inside.com/de/print9152.htm.

Eherer, G.: Durban, elektronisch veröffentlicht: URL: http://www.southafrica-infoweb.com/staedte/durban.shtm.

Emirates Group: Awards & Accolades, elektronisch veröffentlicht: URL:
      http://www.theemiratesgroup.com/english/our-company/awards-accolades.aspx.

Emirates Group: Emirates-Sponsoring, elektronisch veröffentlicht: URL: http://www.
      emirates.com/de/german/about/sponsorships/sponsorships.aspx.

Emirates Homepage: http://www.emirates.com.

Emmerich, R. (2008): Gemeinsam gegen HIV, elektronisch veröffentlicht: URL: http://www.uni-
      wuerzburg.de/sonstiges/meldungen/single/artikel/gemeinsam/, Würzburg.

EnBw: Homepage: http://www.enbw.com.

EnBW: Investoren: Fragen und Antworten: Unternehmen, elektronisch veröffentlicht: URL:
      http://www.enbw.com/content/de/investoren/service/fragen_und_antworten/index.jsp;jsessionid=6BDA0
      8FF0DD997C0D8AAD16CDE792F2C.nbw05#3343287.

Ev.-luth. Missionswerk in Niedersachen (ELM) (2007): Südafrika auf einen Blick, elektronisch veröffentlicht: URL:
      http://www.elm-mission.net/deutsch/arbeitsgebiete/suedafrika/landleute.html.

Expatforum: Health Care in South Africa, elektronisch veröffentlicht: URL:
      http://www.expatforum.com/articles/health/health-care-in-south-africa.html.

FIFA (2003): Sport und Fussball dominieren die Sponsoring-Szene, vom 08. Juli 2003, elektronisch veröffentlicht:
      URL: http://access.fifa.com/de/article/0,4151,100477,00.html.

FIFA (2006): Medieninformationen FIFA-Marken vom April 2006, elektronisch veröffentlicht: URL:
      http://de.fifa.com/mm/document/afmarketing/marketing/2006fwc_
      fifa_media_information_german_april_2006_1817.pdf.

FIFA: "20 Zentren für 2010", elektronisch veröffentlicht: URL:
      http://de.FIFA.com/aboutFIFA/worldwideprograms/20centres2010.html.

FIFA: Big Count, elektronisch veröffentlicht: URL: http://de.fifa.com/worldfootball/bigcount/index.html.

FIFA: Classic Football: History, elektronisch veröffentlicht: URL:
      http://www.fifa.com/classicfootball/history/fifa/historyfifa1.html.

FIFA: Das Marketing-Programm der FIFA Fussball-Weltmeisterschaft™, elektronisch veröffentlicht: URL:
      http://www.fifa.com/de/marketing/concept/index/0,1304,3,00.html.

FIFA: Das Sponsoringprogramm der FIFA 2007-2014, elektronisch veröffentlicht: URL:
      http://de.FIFA.com/worldcup/organisation/marketing/index.html.

FIFA: Der Registrierungsprozess für die Offiziellen Marken der FIFA WM 2006, elektronisch veröffentlicht: URL:
      http://www.fifa.com/de/PrinterFriendly/0,3875,MAR31-Marketing-2004,00.html.

FIFA: FIFA Executive Committee awards hospitality rights, elektronisch veröffentlicht: URL:
      http://www.fifa.com/worldcup/organisation/hospitality/index.html.

FIFA: Fifa Partners, elektronisch veröffentlicht: URL:
      http://de.fifa.com/aboutfifa/marketing/partners/fifapartners.html.

FIFA: FIFA-Statuten, elektronisch veröffentlicht: URL: http://de.fifa.com/mm/document/
      affederation/federation/01/24/fifa_statutes_072008_de.pdf.

FIFA: Football in SA: The History, elektronisch veröffentlicht: URL:
      http://www.fifa.com/worldcup/destination/footballsouthafrica/history.html.

FIFA: Geschichte des Fußballs, elektronisch veröffentlicht: URL: http://de.fifa.com/
      worldcup/desination/footballsouthafrica/history.html.

FIFA: Green Point Stadium, elektronisch veröffentlicht: URL:
      http://www.fifa.com/worldcup/destination/stadiums/stadium=5011924/index.html.

FIFA: Homepage: http://www.fifa.com.

FIFA: Homepage: Werde Fussball-Fotograf und gewinne mit Sony, elektronisch veröffentlicht: URL:
      http://de.fifa.com/aboutfifa/marketing/news/newsid=1029909.html.

FIFA: LOC Administrative Organogram, elektronisch veröffentlicht: URL:
      http://www.fifa.com/mm/document/tournament/loc/loc_2010wc_11115.pdf.

FIFA: Marketingpartner, elektronisch veröffentlicht: URL:
       http://de.FIFA.com/worldcup/organisation/partners/index.html.

FIFA: MATCH Services AG - Ticketing, Unterkunft und Event-IT, elektronisch veröffentlicht: URL:
       http://de.FIFA.com/worldcup/organisation/matchag/index.html.

FIFA: Offizielle Partner der FIFA Fussball-Weltmeisterschaft Deutschland 2006™, elektronisch veröffentlicht:
       URL: http://access.fifa.com/de/marketing/partners/
       index/0,3580,2,00.html.

FIFA: Offizielles Hospitality-Programm für Südafrika lanciert, elketronisch veröffentlicht: URL:
       http://de.FIFA.com/worldcup/organisation/media/newsid=704661.html.

FIFA: Peter Mokaba Stadium, elektronisch veröffentlicht: URL:
       http://www.fifa.com/worldcup/destination/stadiums/stadium=5007758/index.html.

FIFA: South Africa to host a world party, elektronisch veröffentlicht: URL:
       http://www.fifa.com/worldcup/organisation/publicviewing/index.html.

FIFA: Sponsoren der Fussball-Weltmeisterschaft 2006™, elektronisch veröffentlicht: URL:
       http://de.fifa.com/aboutfifa/marketingtv/marketing/sponsorship/fwc2006.html.

FIFA: Sponsoring, elektronisch veröffentlicht: URL: http://de.fifa.com/aboutfifa/
       marketing/sponsorship/index.html.

FIFA: Südafrika stellt weitere Mittel für 2010 bereit, elektronisch veröffentlicht: URL:
       http://de.fifa.com/worldcup/news/newsid=112493.html.

FIFA: Ticketing, elektronisch veröffentlicht: URL: http://www.fifa.com/worldcup/organisation/ticketing/index.html

FIFA: Turniere, elektronisch veröffentlicht: URL:
       http://de.FIFA.com/tournaments/archive/tournament=101/awards/index.html.

FIFA: Werde Fussball-Fotograf und gewinne mit Sony, elektronisch veröffentlicht: URL:
       http://de.fifa.com/aboutfifa/marketing/news/newsid=1029909.html

Fleming, A. (2009): Top 10 Airlines in the World from Skytrax – World Airline Awards, vom 21.07.2009, elektro-
       nisch veröffentlicht: URL: http://airtravel.about.com/
       od/airlines/tp/skytraxbest10.htm?p=1.

Fußball Europa- und Wetmeisterschaften: WM 2010 in Pretoria, elektronisch veröffentlicht: URL:
       http://www.fussball-euro-wm.de/wm2010-pretoria.htm.

Fussball24: Ambush-Marketing nervt FIFA, elektronisch veröffentlicht: URL:
       http://www.fussball24.de/fussball/250/251/253/34219-ambush-marketing-nervt-FIFA.

GEMEINSAM FÜR AFRIKA: Homepage: http://www.gemeinsam-fuer-afrika.de.

Germanchamber (2007): Newsletter-Ausgabe: Dezember 2007, S. 1-10, elektronisch veröffentlicht: URL:
       http://www.germanchamber.co.za/anpfiff/index.php?print=print.

Germanchamber: Anpfiff, elektronisch veröffentlicht: URL:
       http://www.germanchamber.co.za/anpfiff/page.php?pgnum=12&pid=49&print=print.

Germanchamber: Homepage: http://www.germanchamber.co.za/_home.php.

Hagenah, J. (2002): Bedeutung von Sportsponsoring und Sportwerbung, Seminar: Medienpsychologie, elektronisch
       veröffentlicht: URL: http://www.uni-leipzig.de/~mediensp/seminar/26_Smeilus.doc.

Herrberg, A. (2004): Südafrika – Land zwischen Hoffnungen und Rückschlägen, vom 22.01.2004, elektronisch
       veröffentlicht: URL: http://www.dw-world.de/dw/article/0,2144,1090140,00.html.

Horizont: Homepage: Sportbusiness: http://www.horizont.net/aktuell/sportbusiness.

ISPO SpoBiS: Awards, elektronisch veröffentlicht: URL: http://spobis.de/de/awards/.

ISPO SpoBiS: Gewinner der vergangenen Jahre, elektronisch veröffentlicht: URL:
       http://spobis.de/de/awards/marketingpreis/gewinner/.

Krüger, J./ Bacher, J. (2007): Sponsor Visions 2007 - Sponsoring im Fokus der Unternehmen und Agenturen, elekt-
       ronisch veröffentlicht: URL: http://www.stefan-t-launer.de/stefan-t-
       launer/weitere%20arbeiten/Sponsor_Visions_2007_323767.pdf, Hamburg.

Leuschner: Homepage: http://www.udo-leuschner.de.

Marx, U. (2005): Der zähe Kampf um die Marketing-Guerrilleros, vom 28.Juni 2005, elektronisch veröffentlicht:
URL:
http://www.faz.net/s/RubAEA2EF5995314224B44A0426A77BD700/Doc~E568ADD817E944CEBB27
BB7
3E328B0304~ATpl~Ecommon~Scontent.html.

Mas: Sony Ericsson investiert 88 Millionen Dollar ins Tennis-Sponsoring, elektronisch veröffentlicht: URL:
http://www.horizont.net/aktuell/marketing/pages/protected/Sony-Ericsson-investiert-88-Millionen-
Dollar-ins-Tennis-Sponsoring_54635.html.

Maurath, J.: Polokwane, elektronisch veröffentlicht: URL: http://www.touring-
afrika.de/de/suedafrika/polokwane.htm.

Mayer, A. (2005): Bildungssponsoring, elektronisch veröffentlicht: URL: http://www.stiftung-
sponsoring.de/uploads/_pdf/Text%204-05.pdf.

Media Markt (2008): Presseinformation, elektronisch veröffentlicht: URL: http://www.media-
sturm.com/DE/Press/PressReleases/Documents/080521_Media%20Markt%20EMpfehlung%20des%20Ja
hres.pdf.

Netzzeitung: „Public Viewing" auch bei WM 2010, elektronisch veröffentlicht: URL:
http://www.netzzeitung.de/sport/wm2010/955357.html.

o.V. (2004a): „Bit" und „Bud" beenden Streit um WM-Bier, vom 21.12.2004, elektronisch veröffentlicht: URL:
http://www.handelsblatt.com/unternehmen/industrie/bit-und-bud-beenden-streit-um-wm-bier;837837.

o.V. (2004b): Bitburger - das deutsche Bier bei der WM 2006/ Anheuser-Busch und Bitburger schließen Kooperation, vom 21.12.2004, elektronisch veröffentlicht: URL:
http://www.presseportal.de/pm/43064/630234/bitburger?pre=1.

o.V. (2004c): KSC-Sponsor: „Keine Zukunft mit Herrn Fanz", vom 30.12.2004, elektronisch veröffentlicht: URL:
http://www.handelsblatt.com/_b=840676,_p=3,_t=ftprint,doc_page=0;
printpage.

o.V. (2005a): Anheuser-Busch mit Werbung Light bei WM 2006, vom 21.05.2005, elektronisch veröffentlicht:
URL: http://pressetext.de/news/050521004/anheuser-busch-mit-werbung-light-bei-wm-06/.

o.V. (2005b): Verkehrsinfrastruktur FIFA WM 2006, vom 19.03.2005, elektronisch veröffentlicht: URL:
http://www.berlinews.de/archiv-2004/3293.shtml.

o.V. (2006a): Fußball-WM als Verkaufsschlager, vom 28.06.2006, elektronisch veröffentlicht: URL:
http://www.spiegel.de/wirtschaft/0,1518,druck-424160,00.html.

o.V. (2006b): Markenstreit: „Bud" gewinnt gegen „Bit", vom 19.10.2006, elektronisch veröffentlicht: URL:
http://www.zeit.de/news/artikel/2006/10/19/77722.xml

o.V.: Die Bundesregierung engagiert sich für die Fußball-WM, elektronisch veröffentlicht: URL:
http://wm2006.deutschland.de/DE/Content/Gastgeber-
Deutschland/Regierungsgarantien/Regierungsgarantien/die-bundesregierung-engagiert-sich-fuer-die-
fussball-wm.html.

o.V.: Neuer Weltmarktführer der Bierbrauer: elektronisch veröffentlicht URL:
http://www.nzz.ch/nachrichten/panaorama/inbev_anheuser-busch_1.783445.html.

o.V.: Presse Information, elektronisch veröffentlicht: URL: http://www.lifepr.de/
attachment/51392/PM+M%26M_s+Sommerspiele_0906_FINAL.pdf.

OnVista: Euro/ Südafrikaischer Rand, elektronisch veröffentlicht: URL:
http://waehrungen.onvista.de/snapshot.html?ID_CURRENCY_FROM=EUR&ID_CURRENCY_TO=ZA
R&PERIOD=7#chart1.

Postbank: Die Geschäftsfelder der Postbank, elektronisch veröffentlicht: URL:
http://www.postbank.de/postbank/wu_geschaeftsfelder.html;jsessionid=0C32193EDDE7E7785288AE63
00053CE91256.

Postbank: Die Geschäftsfelder der Postbank, elektronisch veröffentlicht: URL:
http://www.postbank.de/postbank/wu_
geschaeftsfelder.html;jsessionid=0C32193EDDE7E7785288AE6300053CE91256.

Postbank: Die Postbank, elektronisch veröffentlicht: URL: http://www.postbank.de/-snm-0184304698-1242122134-
0439900015-0000000333-1242124196-enm-

postbank/wu_die_postbank.html;jsessionid=075F6D785C4F5
DCBE2D1FA928D91C17FD029.b122.

Postbank: Die Postbank: elektronisch veröffentlicht: URL: http://www.postbank.de/-snm-0184304698-1242122134-
0439900015-0000000333-1242124196-enm-
postbank/wu_die_postbank.html;jsessionid=075F6D785C4F5DCBE2D1FA928
D91C17FD029.b122.

Postbank: Homepage: http://www.postbank.de.

Presse- und Informationsamt der Bundesregierung (Hrsg.): Homepage, elektronisch veröffentlicht: URL:
http://wm2006.deutschland.de.

Quadt, M. (2006): Bud gegen Bit - wie sich die FIFA gegen WM-Trittbrettfahrer wehrt, vom 30.03.2006, elektronisch veröffentlicht: URL: http://www.dw-world.de/dw/article/0,,1947166,00.html.

Regele, U.: Vermarktung der FIFA WM läuft auf Hochtouren, elektronisch veröffentlicht URL:
http://www.dihk.de/inhalt/themen/branchen/tourismus/fussball/magazin/
meldung04.html.

Rustenburg: About Rustenburg, elektronisch veröffentlicht: URL: http://www.rustenburg.co.za/aboutrust.htm.

SAFlights: SA Airports, elektronisch veröffentlicht: URL: http://www.saflights.com/saflights_sa_airports.htm.

Schadwinkel, R.: Africa Travel Service: Mbombela-Stadion, elektronisch veröffentlicht: URL: http://www.africa-
travel-service.com/SouthAfrica-Mbombela-Stadion.php.

Schadwinkel, R.: Africa Travel Service: Moses Mabhida-Stadion, Durban, elektronisch veröffentlicht: URL:
http://www.africa-travel-service.com/SouthAfrica-King-Senzangakhona-Stadion.php.

Schadwinkel, R.: Free-State-Stadion, Bloemfontein, elektronisch veröffentlicht: URL: http://www.africa-travel-
service.com/SouthAfrica-Free-State-Stadion.php.

Schmid-Petersen, F./ Liegl, A. (2004): Ambush-Marketing-Werbung aus dem Hinterhalt, vom 21.07.2004, elektronisch veröffentlicht: URL: http://www.marketingwerkstatt.com/downloads/ambushmarketingnrr.pdf.

Schmid-Petersen, F./ Nörr, L./ Liegl, A. (2004): Ambush Marketing – Werbung aus dem Hinterhalt Bedrohung für
offizielle Sponsoren oder Chance für Werbungtreibende?, Juli 2004, elektronisch veröffentlicht: URL:
http://www.medianet-
bb.de/fileadmin/user_upload/medianet/focusgroup_themen/040700_Ambush_Marketing_N_RR.pdf#sear
ch='AmbushMarketing'.

Sony (2009): Financial Highlights 2009, elektronisch veröffentlicht: URL:
http://www.sony.net/SonyInfo/IR/financial/ar/8ido180000023gdg-att/SonyAR09-01.pdf.

Sony Ericson Deutschland: Zuwendungen und Sponsoring, elektronisch veröffentlicht: URL:
http://www.sonyericsson.com/cws/companyandpress/aboutus/key.CompanyAndPressSubDepartment.Ab
out%20us.SocialResponsibility/supportingthecommunity?cc=de&lc=de.

Sony Ericson: Motion Mania, elektronisch veröffentlicht: URL:
http://www.sonyericsson.com/motionmaniawe/Default.aspx?lc=de.

Sony Schweiz: Sony Sponsoring Richtlinien, elektronisch veröffentlicht: URL:
http://www.sony.ch/lang/de/article/id/1069862800297.

Sony: FIFA Partnership Program, elektronisch veröffentlicht: URL: http://www.sony.net/
united/FIFA/.

Sony: Gründung der Sony Corportation, elektronisch veröffentlicht: http://www.sony.ch/
lang/de/article/id/1069862789586.

South African Goverment Online: Homepage: http://www.staatssa.gov.za

South Afrika.info: Health care in South Africa, elektronisch veröffentlicht: URL:
http://www.southafrica.info/ess_info/sa_glance/health/health.htm.

South Afrika.info: Online Gateway to South Africa: http://www.southafrica.info.

South Afrika.info: South Africa´s population, elektronisch veröffentlicht: URL:
http://www.southafrica.info/ess_info/sa_glance/demographics/population.htm.

Southafrika-travel.net: Brief History of South Africa, elektronisch veröffentlicht: URL: http://www.southafrica-
travel.net/history/eh_menu.htm.

Stadionwelt: Stadionlisten WM 2010 - Südafrika, elektronisch veröffentlicht: URL:
http://www.stadionwelt.de/neu/sw_stadien/index.php?folder=sites/wm&site=2010.

Strom-Magazin.de: EnBW ist Partner beim Umweltkonzept Green Goal, elektronisch veröffentlicht: URL:
http://www.strom-magazin.de/strommarkt/enbw-ist-partner-beim-wm-umweltkonzept-green-goal_8906.html.

Südafrika Guide: Durban, elektronisch veröffentlicht: URL: http://www.suedafrika-guide.de/stadt/durban.html.

Südafrika Guide: Nelspruit, elektronisch veröffentlicht: URL: http://www.suedafrika-guide.de/provinz/mpumalanga/nelspruit.html.

Südafrika.net: Autofahren und Verkehr in Südafrika, elektronisch veröffentlicht: URL:
http://www.suedafrika.net/verschieden/suedafrika_verkehr.html.

Südafrika.net: Bloemfontein: Free State-Südafrika, elektronisch veröffentlicht: URL:
http://www.suedafrika.net/kalahari/g6ofs02.htm.

Südafrika.net: Durban: Indisches Viertel, elektronisch veröffentlicht: URL:
http://www.suedafrika.net/natal/durban_indisch.htm.

Südafrika.net: Durban: uShaka Marine World, elektronisch veröffentlicht: URL:
http://www.suedafrika.net/natal/ushaka.htm.

Südafrika.net: Johannesburg: Flughafen, elektronisch veröffentlicht: URL:
http://www.suedafrika.net/Norden/johannesburg_airport.htm.

Südafrika.net: Nelspruit: Mpumalanga/ Südafrika, elektronisch veröffentlicht: URL:
http://www.suedafrika.net/Norden/nelspruit.htm.

Temme, T.: Bilderpräsentation Grundlagen des Sponsoring, Fachhochschule Osnabrück, elektronisch veröffentlicht:
URL: http://www.mcl.fh-osnabrueck.de/~temme/tutor/sponsor/slides/image02a.htm.

UrQuellWasser: Wasser – Weltweite Waserprobleme – Waaerkonkress Schweiz:Welche Problematiken in der
Wasseraufbereitung und Verteilung sind in Bolivien, Australien, Ägypten und Südafrika vorhanden?, e-
lektronisch veröffentlicht: URL: http://www.urquellwasser.eu/news/wasserbelebung/kalkschutz/wasser-
weltweite-wasserprobleme-wasserkongress-schweiz/33242/print/.

Voeth, M.: Langzeitstudie zur WM 2006: Akzeptanz und Einstellungen der Bevölkerung gegenüber dem Sportgroß-
ereignis WM 2006 – eine empirische Langzeitstudie, elektronisch veröffentlicht: URL:
http://www.marketing.uni-hohenheim.de/wmhomepage/wm-studie.de/.

w&v (2005): Pilot-Studie, elektronisch veröffentlicht: URL: http://www.wuv.de.

Weltbericht: Südafrikas Geographie, elektronisch veröffentlicht: URL:
http://www.weltbericht.de/afrika/suedafrika/afrika-suedafrika-geographie.html

Wilts (2005): Sportevents und Nachhaltigkeit, S. 3, elektronisch veröffentlicht: URL:
http://www.megaloop.de/kunden/eventkultur_lab/img/static/uUpload/sport-gesell.pdf.

Endnoten

[1] Vgl. hierzu auch Nufer/ Bühler, 2008b, S. 388–390; vgl. Zastrow/ Krause, 2008, S. 80–83.

[2] Vgl. Bacher, 2009, o. S.

[3] Vgl. hierzu ausführlicher Erhardt/ Hovermann, 2009, S. 9.

[4] Bruhn, 2003, S. 5.

[5] Vgl. hierzu auch Herrmanns, 2008, S. 285–286.

[6] Vgl. Bruhn, 2003, S. 34.

[7] Vgl. Hagenah, 2002, S. 5.

[8] Vgl. hierzu auch Nufer/ Bühler, 2008b, S. 390–392.

[9] Vgl. Vits, 2004, S. 92f.

[10] Vgl. Cotting, 2000, S. 33.

[11] Vgl. Bruhn, 2003, S. 5f.; vgl. Tabatt, 2008, S. 18ff.

[12] Vgl. Vits, 2004, S. 90.

[13] Vgl. Vits, 2004, S. 91.

[14] Vgl. Vits, 2004, S. 91.

[15] Quelle: Bruhn, 2003, S. 10.

[16] Vgl. Daumann/Langer/Breuer, 2008, S. 117.

[17] Vgl. Ruda/Leonhardt-Jacob, 2007, S. 42ff.

[18] Vgl. Ehrmann, 2002, S. 114.

[19] Vgl. Ruda/Grünhagen, 2009, S. 33.

[20] Vgl. Ruda, 2002d, S.11; vgl. Ruda, 2002b, S. 12ff.

[21] Vgl. Ruda, 2002d, S. 11.

[22] Vgl. Ruda/Leonhardt-Jacob, 2007, S. 44ff.

[23] Vgl. Ruda, 2002a, S. 14.

[24] Ruda/Grünhagen, 2009, S. 34.

[25] Vgl. Daumann/Langer/Breuer, 2008, S. 117.

[26] Vgl. Ruda/Leonhardt-Jacob, 2007, S.45f.

[27] Vgl. Ruda, 2002d, S. 14.

[28] Quelle: Theis, 2006, S. 8.

[29] Vgl. hierzu auch Bühler/Nufer, 2008b, S. 345.

[30] Vgl. Winkelmann, 2005, S. 40.

[31] Vgl. Winkelmann, 2005, S. 40.

[32] Meffert, 2000, S. 327.

[33] Vgl. hierzu auch Bühler/Nufer, 2008b, S. 345–346.

[34] Bruhn, 1999, S. 169.

[35] Vgl. Bruhn, 1999, S. 206.

[36] Vgl. auch hierzu Bühler/Nufer, 2008b, S. 348.

[37] Vgl. Kotler/Armstrong/Sauders/Wong, 2007, S. 1004ff.

[38] Vgl. Ruda, 2002c, S. 4.

[39] Vgl. Kotler/Armstrong/Sauders/Wong, 2007, S. 1004ff.

[40] Vgl. Kotler/Armstrong/Sauders/Wong, 2007, S. 1004ff.

[41] Vgl. hierzu auch Bühler/Nufer, 2008b, S. 346–348.

[42] Vgl. Bruhn, 1999, S. 203.

[43] Vgl. hierzu weiterführend Nufer, 2007, o. S.

[44] Vgl. Hermanns, 2006, S. 16.

[45] Vgl. Krüger/Bacher, 2007, S. 12.

[46] Quelle: Krüger/Bacher, 2007, S. 11.

[47] In Anlehnung an: Hermanns, 2004, S. 11.

[48] In Anlehnung an: Krüger/Bacher, 2007, S. 15.

[49] Vgl. hierzu auch Klein, 2005, S. 13ff.

[50] Vgl. Bruhn, 2003, S. 155f.; vgl. Tabatt, 2008, S. 18ff.

[51] Bruhn, 2003, S. 149.

[52] Bruhn, 2003, S. 211.

[53] Bruhn, 2003, S. 212.

[54] In Anlehnung an Wentzel, 2008, S. 22.

[55] Mayer, 2005, S. 26.

[56] Vgl. Bruhn, 2003, S. 298.

[57] Vgl. hierzu auch Bühler/Nufer, 2008, S. 348–350; vgl. hierzu auch Herrmanns, 2008, S. 275–276.

[58] Vgl. Opitz, 2003, S. 138.

[59] Vgl. Bacher, 2009, o. S.

[60] In Anlehnung an: Krüger/Bacher, 2007, S. 4.

[61] Szameitat, 2003, S. 158.

[62] Jung, 2007, S. 51.

[63] Vgl. Keller, 2008, S. 86ff.

[64] Vgl. Schwarz/Rosche, 2007, S. 6.

[65] Vgl. Vits, 2004, S. 89f.

[66] In Anlehnung an: Temme, 1997, S. 3.

[67] Vgl. w&v (2005): Pilot-Studie, http://www.wuv.de.

[68] Vgl. Drees, 1992, S. 112–125.

[69] In Anlehnung an: Sportfive, 2007, S. 26.

[70] Bild: Walter Ruda.

[71] Bild: Walter Ruda.

[72] Pohl, 2005, S. 121.

[73] Bild: Walter Ruda.

[74] Bild: Walter Ruda.

[75] Vgl. Sportfive, 2007, S. 26.

[76] Vgl. Sportfive, 2007, S. 27.

[77] Vgl. Ruda/Leonhardt-Jacob, 2007, S. 18.

[78] Kühne-Hellmessen/Novak, 2007, S. 57.

[79] Kühne-Hellmessen/Novak, 2007, S. 57.

[80] Krüger/Bacher, 2007, S. 13.

[81] Vgl. FIFA: FIFA Finanzbericht 2006, http://de.fifa.com/mm/document/affederation/administration/2006_fifa_ar_de_1768.pdf, S. 53ff.

[82] Szameitat, 2003, S. 156.

[83] Vgl. Drees, 1992, S. 247.

[84] Vgl. Bruhn 1998, S. 115f.

[85] Vgl. Drees, 1989, S. 50.

[86] Dahm, 2008, S. 23.

[87] Vgl. Kroeber-Riel/Weinberg 1999, S. 196.

[88] Bild: Walter Ruda.

[89] In Anlehnung an: Bruhn, 2003, S. 74.

[90] Bild: Walter Ruda.

[91] Bild: Walter Ruda.

[92] Vgl. Bacher, 2009, o. S.

[93] Vgl. Sportfive, 2004, S. 7.

[94] Vgl. Sportfive, 2007, S. 8.

[95] Bild: Walter Ruda.

[96] Vgl. z.B. auch Homberg, 2007, S. 10ff.

[97] Bild: Walter Ruda.

[98] Vgl. umfangreiche Angaben zur „Fußballindustrie" bei Deloitte, 2009, S. 6ff.

[99] Vgl. FIFA: Big Count, http://de.fifa.com/worldfootball/bigcount/index.html.

[100] Bild: Walter Ruda.

[101] Zum Wachstumsmarkt Asien im Fußball vgl. z.B. Höft/Cremer/Embach/Jürgens/Thaler, 2005, S. 168ff.

[102] Vgl. FIFA: Classic Football: History, http://www.fifa.com/classicfootball/history/fifa/historyfifa1.html.

[103] Bild: Walter Ruda.

[104] Bilder: Walter Ruda.

[105] Vgl. Breuer/Wicker/Pawlowski, 2008, S. 34ff.

[106] Das Bosman-Urteil bezeichnet eine Entscheidung des Europäischen Gerichtshofes aus dem Jahr 1995. Profi-Fußballspieler dürfen demnach in der EU nach Ende ihres Vertrages ablösefrei zu einem anderen Verein wechseln. Ausgelöst wurde diese Entscheidung durch eine Schadensersatzklage des belgischen Profi-Fußballers Jean-Marc Bosman. Er klagte gegen die zu hoch angesetzte Ablösesumme seines Arbeitgebers RFC Lüttich, durch die er sich in seiner Arbeitnehmerfreizügigkeit eingeschränkt sah. Damit brachte das Urteil die im europäischen Sport bestehenden Restriktionen für Ausländer zu Fall.

[107] Zur Vermarktung der Medienrechte von Fußballunternehmen vgl. z.B. Elter, 2003, S. 22ff.

[108] Vgl. hierzu ausführlich Midgley/Hutchins, 2005, S. 171ff.

[109] Vgl. Olsson, 2008, S. 321ff.

[110] Vgl. hierzu auch Dobbert/Schlieben, 2007, o. S.

[111] Ruda, 2005a, S. 5.

[112] Bild: Walter Ruda.

[113] Vgl. o.V., 2009b, S. 27.

[114] Vgl. hierzu auch Jäck, 2008, S. 310–316.

[115] Vgl. Cáceres/Zaschke, 2009, S. 33; vgl. auch DFL, 2008, S. 94.

[116] Vgl. z.B. Hill, 2008, o. S.

[117] Vgl. Honigstein, 2009, S. 36.

[118] In Anlehung an Brinkhoff/Stahl/Jäger, 2006, o. S.

[119] Vgl. hierzu auch Arend-Fuchs/Delatrée, S. 1013.

[120] Vgl. hierzu auch Nufer/Bühler, 2008b, S. 394–395.

[121] Vgl. Bruhn, 1997, S. 777f.; vgl. Nickel, 1998, S. 6f.; vgl. hierzu auch Nufer, 2007, o. S. Einen Überblick mit Fallbeispielen von unterschiedlichen Autoren liefert der Sammelband von Wünsch/Thuy, 2007.

[122] Bruhn, 1997, S. 777.

[123] Nickel, 1998, S. 7.

[124] BDW, 1993, S. 3.

[125] Vgl. auch Ruda, 2005c, S. 1.

[126] Nickel, 1998, S. 7.

[127] Vgl. auch Ruda, 2005c, S. 2.

[128] Vgl. Inden, 1993, S. 29ff., S. 50f.; vgl. BDW, 1993, S. 7f.

[129] Vgl. Ruda, 2005c, S. 2f.

[130] Vgl. Ruda, 2005c, S. 1.

[131] Noth, 2007, S. 3.

[132] Vgl. Wilts, 2005, S. 3.

[133] Vgl. Erber, 2002, S. 66.

[134] Vgl. Ruda, 2005c, S. 3.

[135] Bilder: Walter Ruda.

[136] Vgl. Sportfive, 2006, S. 7.

[137] Bild: Walter Ruda.

[138] Vgl. Werz, 2004, S. 22.

[139] Vgl. Lentze, 2004, S. 64.

[140] Vgl. Zorn, 2003, S. 32.

[141] Vgl. Ruda, 2005c, S. 17.

[142] Bild: Walter Ruda.

[143] Vgl. Ruda, 2005c, S. 17.

[144] Vgl. FIFA: Offizielle Partner der FIFA Fussball-Weltmeisterschaft Deutschland 2006™, http://access.fifa.com/de/marketing/partners/index/0,3580,2,00.html.

[145] Vgl. FIFA, Info Plus, o. J., o. S.

[146] Vgl. FIFA: Sport und Fussball dominieren die Sponsoring-Szene, 2003, http://access.fifa.com/de/article/0,4151,100477,00.html.

[147] Vgl. FIFA: Sponsoren der Fussball-Weltmeisterschaft 2006™, http://de.fifa.com/aboutfifa/marketingtv/marketing/sponsorship/fwc2006.html.

[148] Vgl. FIFA: Sponsoring, http://de.fifa.com/aboutfifa/marketing/sponsorship/index.html.

[149] FIFA, Info Plus, o. J., o. S.

[150] Vgl. u.a. Ruda/Werle, 2005, S. 20–21; vgl. zur Projektorganisation z.B. Ruda/Pfeffer, 2005, S. 12ff.

[151] Vgl. z.B. Galli, 1997, S. 67.

[152] Sportfive, 2005, o. S.

[153] Vgl. hierzu auch Kaiser/ Horch, 2008, S. 158–166.

[154] Deutscher Fußballbund, http://www.dfb.de.

[155] Deutscher Fußballbund, http://www.dfb.de.

[156] Vgl. Ruda, 2005c, S. 19.

[157] Bilder: Walter Ruda.

[158] FIFA, http://www.fifa.com.

[159] Bild: Walter Ruda.

[160] Bild: Walter Ruda.

[161] Bilder: Walter Ruda.

[162] Bilder: Walter Ruda.

[163] Vgl. o.V.: Die Bundesregierung engagiert sich für die Fußball-WM, http://wm2006.deutschland.de/DE/Content/Gastgeber-Deutschland/Regierungsgarantien/Regierungsgarantien/die-bundesregierung-engagiert-sich-fuer-die-fussball-wm.html.

[164] Bilder: Walter Ruda.

[165] Vgl. o.V., 2005b, http://www.berlinews.de/archiv-2004/3293.shtml.

[166] Vgl. o.V.: Die Bundesregierung engagiert sich für die Fußball-WM, http://wm2006.deutschland.de/DE/Content/Gastgeber-Deutschland/Regierungsgarantien/Regierungsgarantien/die-bundesregierung-engagiert-sich-fuer-die-fussball-wm.html.

[167] Bilder: Walter Ruda.

[168] Vgl. Presse- und Informationsamt der Bundesregierung, http://wm2006.deutschland.de.

[169] Vgl. AVAYA, http://www.avaya.de/gcm/emea/de/corporate/pressroom/pressreleases/2006/avayapraesentiertinfrastruktur01.htm.

[170] Vgl. Presse- und Informationsamt der Bundesregierung, http://wm2006.deutschland.de.

[171] Vgl. Presse- und Informationsamt der Bundesregierung, http://wm2006.deutschland.de.

[172] Vgl. Strom-Magazin.de, http://www.strom-magazin.de/strommarkt/enbw-ist-partner-beim-wm-umweltkonzept-green-goal_8906.html.

[173] Vgl. Bundesministerium des Innern, 2005, http://www.bmi.bund.de.

[174] Vgl. Presse- und Informationsamt der Bundesregierung, http://wm2006.deutschland.de.

175 Vgl. Lorenz/Etter/Ficke/Kurscheidt, 2004, S. 47.

176 Vgl. Lorenz/Etter/Ficke/Kurscheidt, 2004, S. 47.

177 Bilder: Walter Ruda.

178 Vgl. Weilguny, 2004a, S. 47.

179 Vgl. o.V., 2004, S. 21.

180 Bilder: Walter Ruda.

181 In Anlehnung an: Süßmilch, 2004, S. 142.

182 Vgl. Süßmilch, 2004, S. 140.

183 Vgl. Grünitz/von Arndt, 2002, S. 26.

184 WGZ-Bank; vgl. Süßmilch 2004, S. 142.

185 Bild: Walter Ruda.

186 Bild: Walter Ruda.

187 Vgl. u.a. Ruda, 2005b, S. 44–47.

188 Bild: Walter Ruda.

189 Vgl. Süßmilch, 2004, S. 147.

190 Vgl. Süßmilch, 2004, S. 49.

191 Vgl. Ruda, 2005c, S. 52.

192 Vgl. o.V., 2009d, S. 35.

193 Bilder: Walter Ruda.

194 Vgl. Süßmilch, 2004, S. 148.

195 Vgl. Ruda, 2005c, S. 51.

196 o.V., 2009d, S. 35.

197 Bilder: Walter Ruda.

198 Vgl. Süßmilch, 2004, S. 150.

199 Vgl. Ruda, 2005c, S. 53f.

200 Vgl. Süßmilch, 2004, S. 151.

201 Vgl. Ruda, 2005c, S. 54f.

202 Bilder: Walter Ruda.

203 Vgl. Süßmilch, 2004, S. 152.

204 Vgl. Ruda, 2005c, S. 55.

205 Vgl. hierzu auch weiterführend
     Brill/Schulz/Suchy/Zürker, 2003, S. 26ff.

206 Vgl. Süßmilch, 2004, S. 153.

207 Bild: Walter Ruda.

208 Vgl. Ruda, 2005c, S. 55.

209 Bild: Walter Ruda.

210 Bilder: Walter Ruda.

211 Vgl. Süßmilch, 2004, S. 154.

212 Vgl. Ruda, 2005c, S. 56.

213 Vgl. Süßmilch, 2004, S. 155.

214 Bilder: Walter Ruda.

215 Vgl. Süßmilch, 2004, S. 156.

216 Vgl. Süßmilch, 2004, S. 157.

217 Vgl. Ruda, 2005c, S. 57f.

218 Vgl. Süßmilch, 2004, S. 158.

219 Vgl. Ruda, 2005c, S. 58.

220 Vgl. Blaschke, 2009, S. 33.

221 Bilder: Walter Ruda.

222 Vgl. hierzu auch Hovemann, 2008, S. 217–228;
     vgl. hierzu auch Horch, 2002, S. 7–9.

223 Vgl. hierzu auch Bezold, 2008, S. 245–253.

224 Vgl. Ruda, 2005c, S. 27.

225 Weilguny, 2004a, S. 40f.

226 Vgl. Ruda, 2005c, S. 27.

227 Vgl. Weilguny, 2004c, S. 44.

228 Vgl. Weilguny, 2004b, S. 41.

229 Vgl. Weilguny, 2004b, S. 40.

230 Vgl. Voeth, 2004, S. 98.

231 FIFA, Info Plus, o. J.

232 Vgl. Voeth, 2004, S. 98f.

233 Deutscher Fußballbund, http://www.dfb.de.

234 Vgl. FIFA, http://www.fifa.com.

235 Bilder: Walter Ruda.

236 Vgl. FIFA: FIFA Finanzbericht 2006,
     http://de.fifa.com/mm/document/affederation/
     administration/2006_fifa_ar_de_1768.pdf,
     S. 15-22.

237 Vgl. Ruda/ Klug, 2008, S. 252.

238 Vgl. Ruda/ Klug, 2006, S. 43.

239 Vgl. Voeth, Langzeitstudie zur WM 2006,
     http://www.marketing.uni-hohenheim.de/
     wmhomepage/wm-studie.de/.

240 Vgl. Walter, 2007, S. 55.

241 Walter, 2007, S. 56.

242 Bild: Walter Ruda.

243 Bild: Walter Ruda.

244 Vgl. Ruda/Klug, 2006, S. 41.

245 Bilder: Walter Ruda.

246 Vgl. Ruda/Klug, 2006, S. 42.

247 Bild: Walter Ruda.

248 Bilder: Walter Ruda.

249 Vgl. Leda, 2006, S. 50f.

250 Bild: Walter Ruda.

251 Sportfive, 2009, S. 1.

252 Bild: Walter Ruda.

253 Vgl. hierzu auch Gensmüller, 2008, S. 431–433.

254 Vgl. Sportfive, 2009, S. 13.

255 Vgl. Sportfive, 2009, S. 9f.

256 Vgl. Weilguny, 2004c, S. 44.

257 In Anlehnung an: Sportfive, 2009, S. 4.

258 Vgl. Sportfive, 2009, S. 3.

259 Vgl. hierzu auch Digl/ Fahrner, 2008, S. 449–453.

260 Vgl. Sportfive, 2009, S. 8.

261 Vgl. Sportfive, 2009, S. 9.

262 Sportfive, 2005, S. 10.

263 Sportfive, 2005, S. 10.

264 Vgl. Weilguny, 2004c, S. 47.

265 Vgl. Weilguny, 2004c, S. 47.

266 Bild: Walter Ruda.

267 Vgl. ausführlicher zu den rechtlichen Aspekten Hamacher/Robak, 2008, S. 2747ff.

268 Vgl. Regele, 2007, o. S.

269 Vgl. hierzu auch Rohlmann, 2008, S. 295ff.

270 Vgl. Regele, 2007, o. S.

271 Vgl. Lentze, 2004, S. 65.

272 Vgl. hierzu auch Rohlmann, 2008, S. 305–306.

273 Vgl. Lentze, 2004, S. 65.

274 Vgl. hierzu auch Fricke, 2008, S. 34.

275 Bilder: Walter Ruda.

276 Vgl. Lentze, 2004, S. 65.

277 Vgl. FIFA, http://www.fifa.com.

278 Vgl. FIFA, Info Plus, o. J.

279 Bilder: Walter Ruda.

280 Bild: Walter Ruda.

281 Vgl. hierzu o.V., 2009e, S. 17.

282 Bilder: Walter Ruda.

283 Vgl. Voeth, Langzeitstudie zur WM 2006, http://www.marketing.uni-hohenheim.de/wmhomepage/Wm-studie.de/.

284 Bild: Walter Ruda.

285 Vgl. Grünitz/von Arndt, 2002, S. 38.

286 Vgl. Ruda/Klug, 2006, S. 43.

287 Vgl. Voeth, Langzeitstudie zur WM 2006, http://www.marketing.uni-hohenheim.de/wmhomepage/wm-studie.de/.

288 Vgl. zum Folgenden Voeth, Langzeitstudie zur WM 2006, http://www.marketing.uni-hohenheim.de/wmhomepage/wm-studie.de/.

289 Voeth, Langzeitstudie zur WM 2006, http://www.marketing.uni-hohenheim.de/wmhomepage/wm-studie.de/.

290 Vgl. Voeth, Langzeitstudie zur WM 2006, http://www.marketing.uni-hohenheim.de/wmhomepage/wm-studie.de/.

291 Voeth, Langzeitstudie zur WM 2006, http://www.marketing.uni-hohenheim.de/wmhomepage/wm-studie.de/.

292 Vgl. Pfeiffer/Hovemann, 2006, S. 9.

293 Sohns, 2006, S. 19.

294 Bild: Walter Ruda.

295 Vgl. Sohns, 2006, S. 19.

296 Vgl. adidas, http://www.adidas.de.; einen guten Überblick zur Entwicklungsgeschichte von adidas findet man bei Smit, 2007.

297 Vgl. adidas: Unsere Marken, http://www.adidas-group.com/de/ourbrands/welcome.asp.

298 Vgl. FIFA: Richtlinien zur Verwendung der FIFA FUSSBALL-WM 2006™ Marken, 2005, o. S.

299 Vgl. Theis, 2006, S. 25; vgl. Walter, 2007, S. 20f.

300 Vgl. Theis, 2006, S. 26; vgl. Walter, 2007, S. 20f.

301 Vgl. adidas, http://www.adidas.de.

302 Bild: Walter Ruda.

303 Huber, 2008, S. 65.

304 Vgl. adidas, 2005b, http://www.adidas-group.com/de/investor/reports/annually/2005/de/note_03.html.

305 Vgl. adidas, 2006a, http://www.adidas-group.com/de/News/archive/2006/2006_01_31.asp.

306 Vgl. adidas, 2005a, http://www.press.adidas.com/de/Resourceimage.aspx?raid=5805.

307 adidas, http://www.adidas.de.

308 adidas, http://www.adidas.de.

309 Vgl. adidas: Adi Dassler, http://www.press.adidas.com/de/contentXXL/Modules/News/Desktop/PrintArticle.aspx/mid-41/tabid-28/news_id-1203/.

310 Vgl. adidas, http://www.adidas.de.

311 Vgl. adidas, http://www.adidas.de.

312 Vgl. adidas, http://www.adidas.de.

313 Bild: Walter Ruda.

314 Vgl. o.V.: „Visions of Football", o. S.

315 adidas, http://www.adidas.de; http://www.adidas.com.

316 Bild: Walter Ruda.

317 Bild: Walter Ruda.

318 Vgl. adidas, http://www.adidas.de.

[319] Vgl. adidas, http://www.adidas.de.

[320] adidas group, 2008, elektronisch veröffentlicht:
       URL:
       http://hugin.info/139192/R/1227668/260147.pdf.

[321] Vgl. o.V.: Fußball-WM als Verkaufsschlager,
       http://www.spiegel.de/wirtschaft/0,1518,druck-
       424160,00.html.

[322] Um Nike als „Marketing-Driven"-Unternehmen
       zu verstehen, vgl. Katz, 1994, o. S.

[323] Vgl. adidas, 2007, http:// www.press.adidas.com/
       de/DesktopDefault.aspx/tabid-11/89_read-8179/.

[324] Bilder: Walter Ruda.

[325] Vgl. adidas, 2006b,
       http://www.press.adidas.com/de/contentXXL/
       Modules/News/Desktop/PrintArticle.aspx/
       mid-94/tabid-16/news_id-6239/.

[326] Bild: Walter Ruda.

[327] Vgl. Ströher, 2009, S. 19ff.

[328] Bild: Walter Ruda.

[329] Vgl. Ströher, 2009, S. 22.

[330] Vgl. Busse/Ritzer/Schäfer, 2008, S. 25.

[331] Vgl. Sohns, 2006, S. 19.

[332] Vgl. Deutsche Telekom, http://www.telekom.de.

[333] Vgl. Deutsche Telekom, 2008, o. S.

[334] Bilder: Walter Ruda.

[335] Vgl. Deutsche Telekom, 2007a,
       http://www.telekom.com/dtag/cms/content/dt/de/
       51236;jsessionid=D710EA4C914169EED9EBA8
       1101C8F0B5?archivArticleID=399624.

[336] Vgl. Deutsche Telekom, 2008, S. 3.

[337] Vgl. Deutsche Telekom, 2008, S. 3f.

[338] Vgl. Deutsche Telekom, 2008,
       http://www.telekom.com/dtag/cms/content/dt/
       de/7960;jsessionid=
       949477EB23203C15CBF92D3D4EC48C3B.

[339] Vgl. Paperlein, 2004b, S. 22.

[340] Vgl. DFL, 2008, S. 89.

[341] Vgl. Deutsche Telekom, 2008,
       http://www.telekom.com/dtag/cms/content/dt/
       de/7960;jsessionid=
       949477EB23203C15CBF92D3D4EC48C3B.

[342] Vgl. Deutsche Telekom, 2008,
       http://www.telekom.com/dtag/cms/content/dt/
       de/7960;jsessionid=
       949477EB23203C15CBF92D3D4EC48C3B.

[343] Vgl. u.a. Ruda, 2002a, S. 1–30.

[344] Vgl. Deutsche Telekom, http://www.telekom.de.

[345] Deutsche Telekom, http://www.telekom.de.

[346] Vgl. Bortoluzzi Dubach/Frey, 2000, S. 19f.

[347] Vgl. Deutsche Telekom, http://www.telekom.de.

[348] Vgl. Paperlein, 2004b, S. 22.

[349] Vgl. FIFA: Offizielle Partner der FIFA Fussball-
       Weltmeisterschaft Deutschland 2006™,
       http://access.fifa.com/de/marketing/partners/
       index/0,3580,2,00.html.

[350] Vgl. Hohenhauer, 2006, S. 18.

[351] Vgl. Theis, 2006, S. 52f.

[352] Vgl. Deutsche Telekom, 2006,
       http://www.telekom.com/dtag/cms/content/dt/
       de/93310;jsessionid=
       9E3A7DC919CF916DD96491AF83C9D797.

[353] Vgl. Deutsche Telekom, 2007b,
       http://www.telekom.com/dtag/cms/content/dt/
       de/216584;jsessionid=
       96CA001A11ABAF5477EBFBE923E58ADA.

[354] ISPO SpoBiS: Awards,
       http://spobis.de/de/awards/.

[355] Vgl. ISPO SpoBiS: Gewinner der vergangenen
       Jahre, http://spobis.de/de/awards/
       marketingpreis/gewinner/.

[356] Vgl. Sohns, 2006, S. 19.

[357] Vgl. Emirates, http://www.emirates.com; vgl.
       FIFA, http://www.fifa.com.

[358] Vgl. Emirates Group: Awards & Accolades,
       http://www.theemiratesgroup.com/english/
       our-company/awards-accolades.aspx.

[359] Vgl. Fleming, 2009,
       http://airtravel.about.com/od/airlines/tp/
       skytraxbest10.htm?p=1.

[360] Bild: Walter Ruda.

[361] Vgl. Paperlein, 2004a, S. 26.

[362] Vgl. Fleming, 2009,
       http://airtravel.about.com/od/airlines/tp/
       skytraxbest10.htm?p=1.

[363] Vgl. Emirates, http://www.emirates.com.

[364] Vgl. Emirates, http://www.emirates.com.

[365] Vgl. Emirates, http://www.emirates.com.

[366] Vgl. Emirates Group, 2008, Annual Report 2007–
       2008.

[367] Vgl. Emirates, http://www.emirates.com; vgl.
       FIFA, http://www.fifa.com.

[368] Vgl. Emirates, http://www.emirates.com; vgl.
       FIFA, http://www.fifa.com.

[369] Vgl. Paperlein, 2004a, S. 26.

[370] Vgl. Theis, 2006, S. 55.

[371] Vgl. Paperlein, 2004a, S. 26.

[372] Bilder: Walter Ruda.

[373] Vgl. Sportfive Fußballstudie 2007, S. 27.

[374] In Anlehnung an: Sportfive Fußballstudie 2007, S. 27.

[375] Vgl. Sohns, 2006, S. 19.

[376] Vgl. o.V.: Neuer Weltmarktführer der Bierbrauer, http://www.nzz.ch/nachrichten/panaorama/inbev_anheuser-busch_1.783445.html.

[377] Vgl. Anheuser-Busch InBev, 2008, Annual Report 2008, o. S.

[378] Vgl. Annheuser-Busch InBev, 2008, Annual Report 2008, S. 3.

[379] Bild: Walter Ruda.

[380] Vgl. o.V.: 2005a, http://pressetext.de/news/050521004/anheuser-busch-mit-werbung-light-bei-wm-06/.

[381] Vgl. o.V., Budweiser spielt global, 2005, o. S.

[382] Vgl. Budweiser, http://www.Budweiser.com.

[383] Vgl. Budweiser, http://www.Budweiser.com.

[384] Vgl. Budweiser, http://www.Budweiser.com.

[385] Vgl. o.V., 2004a, http://www.handelsblatt.com/unternehmen/industrie/bit-und-bud-beenden-streit-um-wm-bier;837837.

[386] Bilder: Walter Ruda.

[387] Vgl. o.V., 2005, o. S.

[388] Vgl. hierzu z.B. Quadt, 2006, http://www.dw-world.de/dw/article/0,,1947166,00.html oder auch o.V., 2006b, http://www.zeit.de/news/artikel/2006/10/19/77722.xml

[389] o.V., 2005, o. S.

[390] Vgl. o.V., 2005a, http://pressetext.de/news/050521004/anheuser-busch-mit-werbung-light-bei-wm-06/.

[391] Vgl. o.V., 2004b, http://www.presseportal.de/pm/43064/630234/bitburger?pre=1.

[392] Vgl. o.V., 2005a, http://pressetext.de/news/050521004/anheuser-busch-mit-werbung-light-bei-wm-06/.

[393] Vgl. Sohns, 2006, S. 19.

[394] Vgl. Coca-Cola: Wir über uns, http://www.coca-cola-gmbh.de/unternehmen/index.html.

[395] Vgl. Coca-Cola: Imagebroschüre, http://www.coca-cola-gmbh.de/pdf/cc_imagebroschuere.pdf.

[396] Vgl. Coca-Cola, http://www.coca-cola.com.

[397] Bild: Walter Ruda.

[398] Vgl. Coca-Cola, http://www.coca-cola.com.

[399] o.V., 2006e, o. S.

[400] Bild: Walter Ruda.

[401] Bild: Walter Ruda.

[402] Vgl. Paperlein, 2005, S. 28.

[403] Vgl. Coca-Cola: Gewinnspielseite, http://www.cokefridge.de.

[404] Vgl. Coca-Cola, http://www.coca-cola.com.

[405] Vgl. Coca-Cola, http://www.coca-cola.com.

[406] Bild: Walter Ruda.

[407] Vgl. Paperlein, 2005, S. 28.

[408] Vgl. Sohns, 2006, S. 19.

[409] Vgl. Sohns, 2006, S. 19.

[410] Bild: Walter Ruda.

[411] Vgl. Postbank: Die Postbank, http://www.postbank.de/-snm-0184304698-1242122134-0439900015-0000000333-1242124196-enm-postbank/wu_die_postbank.html;jsessionid=075F6D785C4F5DCBE2D1FA928D91C17FD029.b122; vgl. Postbank, 2008, S. 22.

[412] Vgl. Postbank: Die Geschäftsfelder der Postbank, http://www.postbank.de/postbank/wu_geschaeftsfelder.html;jsessionid=0C32193EDDE7E7785288AE6300053CE91256.

[413] Vgl. Postbank, http://www.postbank.de.

[414] Vgl. Deutsche Behindertenhilfe, http://www.Aktion-Mensch.de.

[415] Vgl. Postbank, http://www.postbank.de.

[416] Zils, 2003, S. 36.

[417] Vgl. Zils, 2003, S. 36.

[418] Vgl. EnBW: Investoren: Fragen und Antworten: Unternehmen, http://www.enbw.com/content/de/investoren/service/fragen_und_antworten/index.jsp;jsessionid=6BDA08FF0DD997C0D8AAD16CDE792F2C.nbw05#3343287.

[419] Vgl. Borgmeier Media Gruppe, http://www.marketing-director.borgmeiermedia.de.

[420] EnBW, http://www.enbw.com.

[421] EnBW, http://www.enbw.com.

[422] Vgl. Leuschner, http://www.udo-leuschner.de.

[423] o.V., 2004c, http://www.handelsblatt.com/_b=840676,_p=3,_t=ftprint,doc_page=0;printpage.

[424] Vgl. EnBW, http://www.enbw.com.

[425] Vgl. Pimpi, 2005, o. S.

[426] Vgl. Pimpi, 2005, o. S.

[427] Vgl. Pimpi, 2005, o. S.

[428] Vgl. Pimpi, 2005, o. S.

[429] Vgl. FIFA, http://www.fifa.com.

[430] EnBW, http://www.enbw.com.

[431] Vgl. Deutsche Bahn: Unternehmen: Konzernpro-
       fil: Basisinformationen: Zahlen und Fakten,
       http://www.deutschebahn.com/site/bahn/de/
       unternehmen/konzernprofil/basisinformation/
       zahlen__fakten/zahlen__fakten.html.

[432] Vgl. Deutsche Bahn: URL: Unternehmen: Kon-
       zernprofil: Geschäftsfelder,
       http://www.deutschebahn.com/site/bahn/de/
       unternehmen/konzernprofil/geschaeftsfelder/
       geschaeftsfelder.html.

[433] Vgl. Deutsche Bahn: Unternehmen: Verantwor-
       tung: Jugend & Bildung,
       http://www.deutschebahn.com/site/bahn/de/
       unternehmen/verantwortung/soziales/
       offroadkids/offroadkids.html.

[434] Deutsche Bahn: Unternehmen: Verantwortung:
       Sport, http://www.deutschebahn.de/site/bahn/
       de/unternehmen/verantwortung/sport/sport.html.

[435] Deutsche Bahn: Unternehmen: Verantwortung:
       Sport, http://www.deutschebahn.de/site/bahn/
       de/unternehmen/verantwortung/sport/sport.html.

[436] Deutsche Bahn: Unternehmen: Verantwortung:
       Sport, http://www.deutschebahn.de/site/bahn/
       de/unternehmen/verantwortung/sport/sport.html.

[437] Vgl. Deutsche Bahn, http://www.bahn.de.

[438] Vgl. Horizont,
       http://www.horizont.net/aktuell/sportbusiness.

[439] Vgl. Deutsche Bahn, http://www.bahn.de.

[440] Vgl. Deutsche Bahn, http://www.bahn.de.

[441] Vgl. Deutsche Bahn, http://www.bahn.de.

[442] Vgl. Deutsche Bahn, http://www.bahn.de.

[443] Vgl. Damm-Volk, 2002, S. 109f.

[444] Vgl. Deutsche Bahn, http://www.bahn.de.

[445] Vgl. Deutsche Bahn, http://www.bahn.de.

[446] Deutsche Bahn: Unternehmen: Verantwortung:
       Sport, http://www.deutschebahn.de/site/bahn/
       de/unternehmen/verantwortung/sport/sport.html.

[447] Vgl. Deutsche Bahn, http://www.bahn.de.

[448] Vgl. Deutsche Bahn, http://www.bahn.de.

[449] Vgl. Deutsche Bahn, http://www.bahn.de.

[450] Vgl. Deutsche Bahn, http://www.bahn.de.

[451] Vgl. Ruda, 2002c, S. 1ff.

[452] Vgl. Deutsche Bahn, http://www.bahn.de.

[453] Vgl. Deutsche Bahn, http://www.bahn.de.

[454] Vgl. Deutsche Bahn, http://www.bahn.de.

[455] Vgl. Deutsche Bahn, 2008, S. 64.

[456] Vgl. Southafrika-travel.net,
       http://www.southafrica-travel.net/
       history/eh_menu.htm.

[457] Vgl. Southafrika-travel.net,
       http://www.southafrica-travel.net/
       history/eh_menu.htm.

[458] Vgl. Southafrika-travel.net,
       http://www.southafrica-travel.net/
       history/eh_menu.htm.

[459] Vgl. Weltbericht,
       http://www.weltbericht.de/afrika/suedafrika/
       afrika-suedafrika-geographie.html.

[460] Vgl. SouthAfrika.info: South Africa´s population,
       http://www.southafrica.info/ess_info/
       sa_glance/demographics/population.htm.

[461] Vgl. Ev.-luth. Missionswerk in Niedersachen
       (ELM), http://www.elm-mission.net/
       deutsch/arbeitsgebiete/suedafrika/landleute.html.

[462] Vgl. SouthAfrika.info: Health care in South
       Africa, http://www.southafrica.info/ess_info/
       sa_glance/demographics/population.htm.

[463] In Anlehnung an: South African Goverment
       Online, http://www.staatssa.gov.za.

[464] Vgl. Auswärtiges Amt, 2009b,
       http://www.auswaertiges-amt.de/diplo/de/
       Laenderinformationen/Suedafrika/
       Wirtschaft.html.

[465] Vgl. Auswärtiges Amt, 2009a,
       http://www.auswaertiges-amt.de/diplo/de/
       Laenderinformationen/01-
       Laender/Suedafrika.html.

[466] Vgl. Auswärtiges Amt, 2009b,
       http://www.auswaertiges-amt.de/diplo/de/
       Laenderinformationen/Suedafrika/
       Wirtschaft.html.

[467] Vgl. Auswärtiges Amt, 2009a,
       http://www.auswaertiges-amt.de/diplo/de/
       Laenderinformationen/01-Laender/
       Suedafrika.html.

[468] Vgl. OnVista:
       http://waehrungen.onvista.de/snapshot.html?ID_
       CURRENCY_FROM=EUR&ID_
       CURRENCY_TO=ZAR&PERIOD=7#chart1.

[469] Vgl. Auswärtiges Amt, 2009b,
       http://www.auswaertiges-amt.de/diplo/de/
       Laenderinformationen/Suedafrika/
       Wirtschaft.html.

[470] Vgl. Auswärtiges Amt, 2009b,
       http://www.auswaertiges-amt.de/diplo/de/
       Laenderinformationen/Suedafrika/
       Wirtschaft.html.

[471] Vgl. Auswärtiges Amt, 2009b,
http://www.auswaertiges-amt.de/diplo/de/
Laenderinformationen/Suedafrika/
Wirtschaft.html.

[472] Vgl. FIFA: Football in SA,
http://de.FIFA.com/worldcup/desination/
footballsouthafrica/history.html.

[473] Vgl. FIFA: Football in SA,
http://de.FIFA.com/worldcup/destionation/
footballsouthafrica/history.html.

[474] Vgl. Nabil, 2007, S. 5.

[475] Vgl. FIFA: Football in SA,
http://de.FIFA.com/worldcup/destionation/
footballsouthafrica/history.html.

[476] Vgl. Sorg, 2008, S. 6f.

[477] In Anlehnung an: Sorg, 2008, S. 8.

[478] Vgl. Sorg, 2008, S. 6f.

[479] Vgl. Sorg, 2008, S. 6f.

[480] Vgl. Sorg, 2008, S. 6f.

[481] Vgl. FIFA: LOC Administrative Organogram,
http://de.FIFA.com/mm/document/tournament/
loc/loc_2010wc_11115.pdf.

[482] Vgl. Südafrika.net: Johannesburg,
http://www.suedafrika.net/Norden/johannesburg_
airport.htm.

[483] Vgl. Afrika-Verein der Deutschen Wirtschaft:
Transport und Verkehr,
http://www.news2010.de/WM-
2010_Transport_u_Verkehr.asp.

[484] Vgl. Afrika-Verein der Deutschen Wirtschaft:
Transport und Verkehr,
http://www.news2010.de/WM-
2010_Transport_u_Verkehr.asp.

[485] Vgl. Afrika, http://afrika.heim.at/Suedafrika.htm.

[486] Vgl. Südafrika.net: Autofahren und Verkehr in
Südafrika, http://www.suedafrika.net/
verschieden/suedafrika_verkehr.html.

[487] Bilder: Frauke Klug.

[488] Vgl. Afrika, http://afrika.heim.at/Suedafrika.htm.

[489] Vgl. Bundesagentur für Außenwirtschaft,
http://www.bfai.de/DE/Content/bfai-online-
news/012/s2Infra,hauptbeitrag=78736,
layoutVariant=Standard,sourcetype=SE,
templateId=render.html.

[490] Vgl. Afrika-Verein der Deutschen Wirtschaft:
Telekommunikation, http://www.news2010.de/
WM-2010_Telekommunikation.asp.

[491] Vgl. Afrika-Verein der Deutschen Wirtschaft:
Telekommunikation, http://www.news2010.de/
WM-2010_Telekommunikation.asp.

[492] Vgl. Afrika-Verein der Deutschen Wirtschaft:
Telekommunikation, http://www.news2010.de/
WM-2010_Telekommunikation.asp.

[493] Vgl. Afrika-Verein der Deutschen Wirtschaft:
Telekommunikation, http://www.news2010.de/
WM-2010_Telekommunikation.asp.

[494] Vgl. Afrika-Verein der Deutschen Wirtschaft:
Telekommunikation, http://www.news2010.de/
WM-2010_Telekommunikation.asp.

[495] Vgl. u. a. Bergstresser, 2009, S. 5f.

[496] Vgl. DER STANDARD,
http://www.diestandard.de/druck/?id=3060757.

[497] Vgl. Germanchamber, 2007,
http://www.germanchamber.co.za/anpfiff/
index.php?print=print, S. 9.

[498] Vgl. UrQuellWasser,
http://www.urquellwasser.eu/news/
wasserbelebung/kalkschutz/wasser-weltweite-
wasserprobleme-wasserkongress-
schweiz/33242/print/.

[499] Vgl. Bundesagentur für Außenwirtschaft,
http://www.bfai.de/DE/Content/bfai-online-
news/012/s2-Infra,hauptbeitrag=78736,
layoutVariant=Standard,sourcetype=SE,
templateId=render.html.

[500] Vgl. Afrika-Verein der Deutschen Wirtschaft:
Tourismus, http://www.news2010.de/WM-
2010_Tourismus.asp.

[501] Vgl. Expatforum, http://www.expatforum.com/
articles/health/health-care-in-south-africa.html.

[502] Vgl. SouthAfrika.info: Health care in South
Africa, http://www.southafrica.info/
ess_info/sa_glance/health/health.htm.

[503] Vgl. Emmerich, 2008. http://www.uni-
wuerzburg.de/sonstiges/meldungen/
single/artikel/gemeinsam/, Würzburg.

[504] Vgl. Herrberg, 2004, http://www.dw-
world.de/dw/article/0,2144,1090140,00.html.

[505] Vgl. SouthAfrika.info: Online Gateway to South
Africa, http://www.southafrica.info.

[506] Vgl. Germanchamber: Anpfiff,
http://www.germanchamber.co.za/anpfiff/
page.php?pgnum=12&pid=49&print=print.

[507] Vgl. City of Johannesburg: Overview,
http://www.joburg.org.za/content/view/92/58.

[508] Vgl. City of Johannesburg: Overview,
http://www.joburg.org.za/content/view/92/58.

[509] Vgl. City of Johannesburg: Overview,
http://www.joburg.org.za/content/view/92/58.

[510] Vgl. City of Johannesburg: Venues,
http://www.org.za/content/view/1030/244/.

[511] Vgl. Germanchamber, 2007,
http://www.germanchamber.co.za/anpfiff/
index.php?print=print, S. 1ff.

[512] Vgl. Germanchamber, 2007,
http://www.germanchamber.co.za/anpfiff/
index.php?print=print, S.1ff.

[513] Vgl. Germanchamber, 2007,
http://www.germanchamber.co.za/anpfiff/
index.php?print=print, S.1ff.

[514] Vgl. Germanchamber, 2007,
http://www.germanchamber.co.za/anpfiff/
index.php?print=print, S.1ff.

[515] Vgl. Germanchamber, 2007,
http://www.germanchamber.co.za/anpfiff/
index.php?print=print, S.1ff.

[516] Bild: Walter Ruda.

[517] Vgl. Germanchamber, 2007,
http://www.germanchamber.co.za/anpfiff/
index.php?print=print, S. 1ff.

[518] Vgl. Germanchamber, 2007,
http://www.germanchamber.co.za/anpfiff/
indcx.php?print=print, S. 1ff.

[519] Vgl. Germanchamber, 2007,
http://www.germanchamber.co.za/anpfiff/
index.php?print=print, S.1ff.

[520] Vgl. Germanchamber, 2007,
http://www.germanchamber.co.za/anpfiff/
index.php?print=print, S.1ff.

[521] Vgl. Germanchamber, 2007,
http://www.germanchamber.co.za/anpfiff/
index.php?print=print, S.1ff.

[522] Vgl. Germanchamber, 2007,
http://www.germanchamber.co.za/anpfiff/index.p
hp?print=print, S.1ff.

[523] Vgl. Germanchamber, 2007,
http://www.germanchamber.co.za/anpfiff/
index.php?print=print, S.1ff.

[524] Vgl. Germanchamber,
http://www.germanchamber.co.za/_home.php.

[525] Vgl. Rustenburg,
http://www.rustenburg.co.za/aboutrust.htm.

[526] Vgl. Rustenburg,
http://www.rustenburg.co.za/aboutrust.htm.

[527] Vgl. Rustenburg,
http://www.rustenburg.co.za/aboutrust.htm.

[528] Vgl. Germanchamber,
http://www.germanchamber.co.za/_home.php.

[529] Vgl. Germanchamber,
http://www.germanchamber.co.za/_home.php.

[530] Vgl. Germanchamber,
http://www.germanchamber.co.za/_home.php.

[531] Vgl. Fußball Europa- und Wetmeisterschaften,
http://www.fussball-euro-wm.de/wm2010-
pretoria.htm.

[532] Vgl. Schadwinkel, Africa Travel Service: Loftus-
Versfeld-Stadion, http://www.africa-travel-
service.com/SouthAfrica-Loftus-Versfeld-
Stadion.php.

[533] Vgl. Stadionwelt,
http://www.stadionwelt.de/neu/sw_stadien/index.
php?folder=sites/wm&site=2010.

[534] Vgl. Maurath, http://www.touring-
afrika.de/de/suedafrika/polokwane.htm.

[535] Vgl. Stadionwelt,
http://www.stadionwelt.de/neu/sw_stadien/index.
php?folder=sites/wm&site=2010.

[536] Vgl. FIFA: Peter Mokaba Stadium,
http://de.fifa.com/worldcup/destination/stadiums/
stadium=5007758/index.html.

[537] Vgl. Südafrika Guide: Nelspruit,
http://www.suedafrika-guide.de/
provinz/mpumalanga/nelspruit.html.

[538] Vgl. Südafrika.net: Nelspruit: Mpumalanga/
Südafrika, http://www.suedafrika.net/Norden/
nelspruit.htm.

[539] Vgl. Schadwinkel, Africa Travel Service:
Mbombela-Stadion, http://www.africa-travel-
service.com/SouthAfrica-Mbombela-Stadion.php.

[540] Vgl. Eherer, G.: Durban, http://www.southafrica-
infoweb.com/staedte/durban.shtm.

[541] Bilder: Frauke Klug.

[542] Vgl. Südafrika Guide: Durban,
http://www.suedafrika-guide.de/stadt/
durban.html.

[543] Vgl. Südafrika.net: Durban: Indisches Viertel,
http://www.suedafrika.net/natal/
durban_indisch.htm.

[544] Vgl. Südafrika.net: Durban: uShaka Marine
World, http://www.suedafrika.net/natal/
ushaka.htm.

[545] Vgl. Schadwinkel, Africa Travel Service: Moses
Mabhida-Stadion, Durban, http://www.africa-
travel-service.com/SouthAfrica-King-
Senzangakhona-Stadion.php.

[546] Bild: Frauke Klug.

[547] Vgl. Germanchamber,
http://www.germanchamber.co.za/_home.php.

[548] Vgl. Germanchamber,
http://www.germanchamber.co.za/_home.php.

549   Vgl. Germanchamber,
      http://www.germanchamber.co.za/_home.php.

550   Vgl. Stadionwelt,
      http://www.stadionwelt.de/neu/sw_stadien/index.
      php?folder=sites/wm&site=2010.

551   Vgl. Germanchamber,
      http://www.germanchamber.co.za/_home.php.

552   Vgl. Germanchamber,
      http://www.germanchamber.co.za/_home.php.

553   Vgl. Germanchamber,
      http://www.germanchamber.co.za/_home.php.

554   Vgl. Germanchamber,
      http://www.germanchamber.co.za/_home.php.

555   Vgl. Germanchamber,
      http://www.germanchamber.co.za/_home.php.

556   Vgl. Germanchamber, 2007,
      http://www.germanchamber.co.za/anpfiff/index.
      php?print=print, S.10.

557   Bild: Jan Petry.

558   Vgl. FIFA: Geschichte des Fußballs,
      http://de.FIFA.com/worldcup/destination/
      southafricafromatoz/letter=i/index.html.

559   Vgl. Germanchamber, 2007,
      http://www.germanchamber.co.za/anpfiff/index.
      php?print=print, S.10.

560   Vgl. FIFA: Green Point Stadium,
      http://de.FIFA.com/worldcup/destination/
      stadiums/stadium=5011924/index.html.

561   Vgl. Germanchamber, 2007,
      http://www.germanchamber.co.za/anpfiff/index.
      php?print=print, S.10.

562   Bild: Jan Petry.

563   Vgl. Germanchamber, 2007,
      http://www.germanchamber.co.za/anpfiff/index.
      php?print=print, S. 10.

564   Vgl. Südafrika.net: Bloemfontein,
      http://www.suedafrika.net/kalahari/g6ofs02.htm.

565   Vgl. Schadwinkel, Free-State-Stadion,
      http://www.africa-travel-service.com/
      SouthAfrica-Free-State-Stadion.php.

566   Vgl. FIFA: Südafrika stellt weitere Mittel für
      2010 bereit, http://de.fifa.com/worldcup/news/
      newsid=112493.html.

567   Vgl. FIFA: Südafrika stellt weitere Mittel für
      2010 bereit, http://de.fifa.com/worldcup/news/
      newsid=112493.html.

568   FIFA: Ticketing, http://www.fifa.com/worldcup/
      organisation/ticketing/index.html

569   In Anlehnung an: FIFA: Ticketing,
      http://de.FIFA.com/worldcup/organisation/
      ticketing/index.html.

570   Vgl. FIFA: South Africa to host a world party,
      http://www.fifa.com/worldcup/organisation/
      publicviewing/index.html.

571   Vgl. Arte,
      http://www.arte.tv/de/suche/1452936.html.

572   Vgl. Netzzeitung, http://www.netzzeitung.de/
      sport/wm2010/955357.html.

573   Vgl. FIFA: FIFA Executive Committee awards
      hospitality rights, http://de.FIFA.com/worldcup/
      organisation/hospitality/index.html.

574   Vgl. FIFA: MATCH Services,
      http://de.FIFA.com/worldcup/organisation/
      matchag/index.html.

575   Vgl. FIFA: MATCH Services,
      http://de.FIFA.com/worldcup/organisation/
      matchag/index.html.

576   Vgl. FIFA: MATCH Services,
      http://de.FIFA.com/worldcup/organisation/
      matchag/index.html.

577   Vgl. FIFA: Offizielles Hospitality-Programm für
      Südafrika lanciert, http://de.FIFA.com/worldcup/
      organisation/media/newsid=704661.html.

578   Vgl. o. V., 2006a, S. 12.

579   Vgl. FIFA: Marketingpartner,
      http://de.FIFA.com/worldcup/organisation/
      partners/index.html.

580   Vgl. FIFA: Marketingpartner,
      http://de.FIFA.com/worldcup/organisation/
      partners/index.html; vgl. hierzu auch Kuczera,
      2008.

581   Vgl. FIFA: Das Sponsoringprogramm der FIFA
      2007-2014, http://de.FIFA.com/worldcup/
      organisation/marketing/index.html.

582   Bild: Walter Ruda.

583   Vgl. FIFA: Fifa Partners,
      http://de.fifa.com/aboutfifa/marketing/partners/
      fifapartners.html.

584   Vgl. FIFA: Das Sponsoringprogramm der FIFA
      2007-2014, http://de.FIFA.com/worldcup/
      organisation/marketing/index.html.

585   Vgl. FIFA: Das Sponsoringprogramm der FIFA
      2007-2014, http://de.FIFA.com/worldcup/
      organisation/marketing/index.html.

586   Vgl. FIFA: „20 Zentren für 2010",
      http://de.FIFA.com/aboutFIFA/
      worldwideprograms/20centres2010.html.

[587] Vgl. FIFA: „20 Zentren für 2010",
http://de.FIFA.com/aboutFIFA/
worldwideprograms/20centres2010.html.

[588] Vgl. FIFA: „20 Zentren für 2010",
http://de.FIFA.com/aboutFIFA/
worldwideprograms/20centres2010.html.

[589] Bild: Walter Ruda.

[590] Vgl. Perrars, 2009, S. 3.

[591] Vgl. FIFA: Turniere,
http://de.FIFA.com/tournaments/archive/
tournament=101/awards/index.html.

[592] Vgl. FIFA: Turniere,
http://de.FIFA.com/tournaments/archive/
tournament=101/awards/index.html.

[593] Vgl. FIFA Fußball-WM 2006™ Organisationskomitee, 2004, S. 7f.

[594] Bild: Walter Ruda.

[595] Bild: Walter Ruda.

[596] FIFA: FIFA-Statuten, http://de.FIFA.com/mm/
document/affederation/federation/01/24/
FIFA_statutes_072008_de.pdf., S. 4.

[597] Vgl.: FIFA: FIFA-Statuten, http://de.FIFA.com/
mm/document/affederation/federation/01/24/
FIFA_statutes_072008_de.pdf., S. 16.

[598] Vgl. Perrars, 2009, S. 3.

[599] Bild: Walter Ruda.

[600] Vgl. Perrars, 2009, S. 3.

[601] Vgl. Perrars, 2009, S. 3.

[602] Vgl. hierzu Gärner, 2009, S. 35

[603] Vgl. Sony: FIFA Partnership Program,
http://www.sony.net/united/FIFA/.

[604] Vgl. Sony, Financial Highlights 2009,
http://www.sony.net/SonyInfo/IR/financial/ar/
8ido180000023gdg-att/SonyAR09-01.pdf.

[605] Einen hervorragenden Überblick zur Entwick-
lungsgeschichte von Sony gibt das Buch des Co-
Founders und ehemaligen Chairman Morita.
Morita/ Reingold/ Shimomura, 1986.

[606] Vgl. Gründung der Sony Corporation,
http://www.sony.ch/lang/de/article/id/106986278
9586.

[607] Vgl. Gründung der Sony Corporation,
http://www.sony.ch/lang/de/article/id/106986278
9586.

[608] Vgl. Sony Ericson Deutschland: Zuwendungen
und Sponsoring, http://www.sonyericsson.com/
cws/companyandpress/aboutus/key.
CompanyAndPressSubDepartment.
About%20us.SocialResponsibility/
supportingthecommunity?cc=de&lc=de.

[609] Vgl. Sony Ericson Deutschland: Zuwendungen
und Sponsoring, http://www.sonyericsson.com/
cws/companyandpress/aboutus/key.
CompanyAndPressSubDepartment.
About%20us.SocialResponsibility/
supportingthecommunity?cc=de&lc=de.

[610] Vgl. Sony Ericson Deutschland: Zuwendungen
und Sponsoring, http://www.sonyericsson.com/
cws/companyandpress/aboutus/key.
CompanyAndPressSubDepartment.
About%20us.SocialResponsibility/
supportingthecommunity?cc=de&lc=de.

[611] Vgl. Sony Ericson Deutschland: Zuwendungen
und Sponsoring, http://www.sonyericsson.com/
cws/companyandpress/aboutus/key.
CompanyAndPressSubDepartment.
About%20us.SocialResponsibility/
supportingthecommunity?cc=de&lc=de.

[612] Vgl. Sony Ericson Deutschland: Zuwendungen
und Sponsoring, http://www.sonyericsson.com/
cws/companyandpress/aboutus/key.
CompanyAndPressSubDepartment.
About%20us.SocialResponsibility/
supportingthecommunity?cc=de&lc=dc.

[613] Vgl. Sony Schweiz: Sony Sponsoring Richtlinien,
http://www.sony.ch/lang/de/article/id/106986280
0297.

[614] Vgl. Sony Schweiz: Sony Sponsoring Richtlinien,
http://www.sony.ch/lang/de/article/id/106986280
0297.

[615] Vgl. Mas, http://www.horizont.net/aktuell/
marketing/pages/protected/Sony-Ericsson-
investiert-88-Millionen-Dollar-ins-Tennis-
Sponsoring_54635.html.

[616] Vgl. FIFA: Werde Fussball-Fotograf und gewinne mit Sony, http://de.fifa.com/aboutfifa/
marketing/news/newsid=1029909.html.

[617] Bild: Walter Ruda.

[618] Bild: Walter Ruda.

[619] Vgl. Sony Ericson: Motion Mania,
http://www.sonyericsson.com/motionmaniawc/
Default.aspx?lc=de.

[620] Vgl. auch hierzu Nufer/Bühler, 2008b, S. 400–
402.

[621] Vgl. EDV-Deinstleistungen und Mediaservice,
http:// www.pr-inside.com/de/print9152.htm.

[622] Vgl. Schulte/Pradel, 2006, S. 18.

[623] Vgl. Jäckel, 2007, S. 3.

[624] Vgl. Levinson, 1992, S. 15.

[625] Vgl. Jäckel, 2007, S. 3.

[626] Breitenbach/Schulte, 2005, http://www.guerilla-marketing-portal.de/index.cfm?menuID=87.

[627] Vgl. Breitenbach/Schulte, 2005, http://www.guerilla-marketing-portal.de/index.cfm?menuID=87.

[628] In Anlehnung an: Schulte/Pradel, 2006, S. 31.

[629] Vgl. Schulte/Pradel, 2006, S. 37.

[630] Vgl. Jäckel, 2007, S. 5.

[631] Bortoluzzi Dubach/Frey, 2002, S. 149.

[632] Nufer, 2005, S. 211.

[633] McKelvey, 1994, S. 77.

[634] Netzle, 1996, S. 86.

[635] Pechtl, 2007, S. 2.

[636] Noth, 2007, S. 44f.

[637] Jüttner, 2008, S. 32.

[638] Vgl. Zanger/Drenger, 2005, S. 3f.

[639] Vgl. hierzu auch Schotthöfer, 2008, S. 232.

[640] Vgl. Bruhn, 2001, S. 949.

[641] Diensteanbieter im Sinne des TMG, http://bundesrecht.juris.de/markeng/index.html.

[642] Bruhn, 1999, S. 149.

[643] Simon, 1997, S. 29f.

[644] Vgl. FIFA: Medieninformationen FIFA-Marken vom April 2006, elektronisch veröffentlicht: URL: http://de.fifa.com/mm/document/afmarketing/marketing/2006fwc_fifa_media_information_german_april_2006_1817.pdf.

[645] Vgl. FIFA, 2006, http://www.FIFA.com/de/PrinterFriendly/0,3875,MAR31-Marketing-2004,00.html.

[646] Vgl. o. V., 2006b, S. 37.

[647] Vgl. FIFA: Der Registrierungsprozess für die Offiziellen Marken der FIFA WM 2006, http://www.FIFA.com/de/PrinterFriendly/0,3875,MAR31-Marketing-2004,00.html.

[648] Vgl. Stumpf, 2006, S. 28.

[649] Vgl. Liebetrau, 2007, S. 15f.

[650] Vgl. Liebetrau, 2007, S. 15f.

[651] Vgl. Liebetrau, 2007, S. 15f.

[652] Vgl. Förster/Kreuz, 2006, S. 51.

[653] Vgl. Liebetrau, 2007, S. 15f.

[654] Vgl. Liebetrau, 2007, S. 15f.

[655] Vgl. Liebetrau, 2007, S. 15f.

[656] Pechtl, 2007, S. 3f.

[657] Vgl. Pechtl, 2007, S. 7.

[658] Vgl. Pechtl, 2007, S. 7.

[659] Vgl. Pechtl, 2007, S. 7.

[660] Vgl. Pechtl, 2007, S. 7.

[661] Vgl. Pechtl, 2007, S. 7.

[662] Vgl. Pechtl, 2007, S. 7.

[663] Vgl. Wentzel, 2008, S.40ff.

[664] Zur Entwicklung von Jochen Zeits als Puma-Vorstandsvorsitzenden und verschiedenen Marketing-Maßnahmen, vgl. Peters, 2007, S. 93ff.

[665] Vgl. o. V., 2006c, S. 12.

[666] Vgl. Bruhn/Ahlers 2003, S. 276ff.

[667] Vgl. Zanger/Drenger, 2005, S. 3.

[668] Vgl. Schmid-Petersen/ Nörr/ Liegl, 2004, http://www.medianet-bb.de/fileadmin/user_upload/medianet/focusgroup_themen/040700_Ambush_Marketing_N_RR.pdf#search='AmbushMarketing'.

[669] Vgl. Schmid-Petersen/ Nörr/ Liegl, 2004, http://www.medianet-bb.de/fileadmin/user_upload/medianet/focusgroup_themen/040700_Ambush_Marketing_N_RR.pdf#search='AmbushMarketing'.

[670] Vgl. Schmid-Petersen/ Nörr/ Liegl, 2004, http://www.medianet-bb.de/fileadmin/user_upload/medianet/focusgroup_themen/040700_Ambush_Marketing_N_RR.pdf#search='AmbushMarketing'.

[671] Vgl. Schmid-Petersen/ Nörr/ Liegl, 2004, http://www.medianet-bb.de/fileadmin/user_upload/medianet/focusgroup_themen/040700_Ambush_Marketing_N_RR.pdf#search='AmbushMarketing'.

[672] Vgl. Schmid-Petersen/Liegl, 2004, http://www.marketingwerkstatt.com/downloads/ambushmarketingnrr.pdf.

[673] Vgl. Schmid-Petersen/Liegl, 2004, http://www.marketingwerkstatt.com/downloads/ambushmarketingnrr.pdf.

[674] Vgl. Zanger/Drenger, 2005, S. 41f.

[675] Vgl. Zanger/Drenger, 2005, S. 41f.

[676] Vgl. Zanger/Drenger, 2005, S. 41f.

[677] Vgl. Liebetrau, 2007, S. 18f.

[678] Vgl. Liebetrau, 2007, S. 20f.

[679] Vgl. Burmann/Nitschke, 2007, S. 191; Woisetschläger/Michaelis/Hartleb, 2007, S. 205.

[680] Vgl. Nufer, 2005, S. 215.

[681] Vgl. Netzle, 1996, S. 87.

[682] Vgl. Vieweg, 1996, S. 56.

[683] Vgl. Nufer, 2005, S. 216.

684 Vgl. Pechtl, 2007, S. 12; vgl. Bruhn/Ahlers, 2003,
     S. 290.
685 Vgl. hierzu Bruhn/Ahlers, 2003, S. 276; vgl.
     Nufer, 2005, S. 215.
686 Vgl.Wittneben/Soldner, 2006, S.1176; vgl.
     Pechtl, 2007, S. 8.
687 Vgl. Nufer, 2005, S. 214; Adjouri/Stastny, 2006,
     S. 32.
688 Vgl. Pechtl, 2007, S. 9; vgl. Bruhn/Ahlers, 2003,
     S. 272ff.
689 Vgl. Noth, 2007, S. 49.
690 Vgl. Nufer, 2005, S. 216.; vgl. Pechtl, 2007,
     S. 26.
691 Vgl. Pechtl, 2007, S. 7; vgl. Bruhn/ Ahlers, 2003,
     S. 276.
692 Vgl. Pechtl, 2007, S. 10.; vgl. Bruhn/ Ahlers,
     2003, S. 275.
693 Vgl. Pechtl, 2007, S. 11.
694 Vgl. Pechtl, 2007, S. 11.
695 Vgl. Nufer, 2005, S. 216.; vgl. Pechtl, 2007,
     S. 8 f.
696 Vgl. BBDO, http://www.lifepr.de/attachment/
     51392/PM+M%26M_s+Sommerspiele_0906_
     FINAL.pdf.
697 Vgl. Sportfive, 2007, S. 8f.
698 Vgl. Heermann, 2006, S. 359; vgl. Pechtl, 2007,
     S. 9; vgl. Nufer, 2005, S. 216.
699 Vgl. Nufer, 2005, S. 216.
700 Vgl. Marx, 2005, http://www.faz.net/s/
     RubAEA2EF5995314224B44A0426A77BD700/
     Doc~E568ADD817E944CEBB27BB73E328B03
     04~ATpl~Ecommon~Scontent.html.
701 Vgl. Wittneben/Soldner, 2006, S. 1176; vgl.
     Pechtl, 2007, S. 9.
702 Vgl. Pechtl 2007, S. 12.
703 Vgl. Wittneben/Soldner, 2006, S.1177; vgl.
     Pechtl, 2007, S. 11.
704 Vgl. Melwitz, 2008, S. 13; vgl. Pechtl, 2007,
     S. 11.
705 Vgl. Jüttner, 2008, S. 32–36.
706 Vgl. Woisetschläger/Michaelis/Hertleb, 2007,
     S. 206–208.
707 Vgl. Pechtl, 2007, S. 7; vgl. Heermann, 2006,
     S. 359.
708 Vgl. Wittneben/Soldner, 2006, S. 1176; vgl.
     Pechtl, 2007, S. 6.
709 Vgl. Wittneben/Soldner, 2006, S. 1176; vgl.
     Pechtl, 2007, S. 9.

710 Vgl. Nufer, 2005, S. 214f.
711 Vgl. Pechtl, 2007, S. 12; Zanger/Drengner, 2005,
     S. 9.
712 Vgl. Zanger/Drengner, 2005, S. 9.
713 Vgl. Media Markt, 2008, http://www.media-
     sturn.com/DE/Press/PressReleases/
     Documents/080521_Media%20Markt%20
     EMpfehlung%20des%20Jahres.pdf.
714 Vgl. Hajok, 2008, S. 30f.
715 Vgl. Hajok, 2008, S. 30f.
716 Vgl. Ruda/Klug, 2006, S. 44.
717 Vgl. FIFA: Das Marketing-Programm der FIFA
     Fussball-Weltmeisterschaft™,
     http://www.fifa.com/de/marketing/concept/index/
     0,1304,3,00.html.
718 Vgl. FIFA: Das Marketing-Programm der FIFA
     Fussball-Weltmeisterschaft™,
     http://www.fifa.com/de/marketing/concept/index/
     0,1304,3,00.html.
719 Vgl. Fussball24, http://www.fussball24.de/
     fussball/250/251/253/34219-ambush-marketing-
     nervt-FIFA.
720 Vgl. FIFA: Das Marketing-Programm der FIFA
     Fussball-Weltmeisterschaft™,
     http://www.fifa.com/de/marketing/concept/index/
     0,1304,3,00.html.
721 Vgl. Fussball24, http://www.fussball24.de/
     fussball/250/251/253/34219-ambush-marketing-
     nervt-FIFA.
722 Vgl. Fussball24, http://www.fussball24.de/
     fussball/250/251/253/34219-ambush-marketing-
     nervt-FIFA.
723 Vgl. Fussball24, http://www.fussball24.de/
     fussball/250/251/253/34219-ambush-marketing-
     nervt-FIFA.
724 Vgl. Liebetrau, 2007, S. 22.
725 Vgl. Burger, 2007, http://www.inwent.org/
     v-ez/lis/s-afrika/wm_sicherheit.pdf.
726 Mölter, 2009, S. 27.
727 Bild: Walter Ruda.
728 Bild: Walter Ruda.
729 Bild: Walter Ruda.
730 Bild: Walter Ruda.
731 Vgl. o.V., 2009c, S. 30.
732 O.V., 2009a, S. 28.

Index

Marketing is everything

Willy Schneider

Marketing und Käuferverhalten

3., überarbeitete und erweiterte Auflage 2009
606 Seiten | gebunden | € 39,80
ISBN 978-3-486-58775-3

Die Positionierung dieses Buches lässt sich an folgenden Punkten festmachen:
- Fokussierung auf das Wesentliche,
- Nachvollziehbare Strukturierung und Visualisierung,
- Veranschaulichung durch konkrete Fallbeispiele.

Der Aufbau dieses Buches orientiert sich am entscheidungstheoretischen Ansatz und hat sich in der Vorlesungspraxis bewährt.

Das einleitende Kapitel ist den Grundlagen des Marketing gewidmet und führt den Leser über einen historischen Rückblick in die Materie ein. Es schließen sich zwei Abschnitte zum privaten und gewerblichen Käuferverhalten an, da diese den Ausgangspunkt einer jeglichen Marketingentscheidung bilden. Den Stufen der Marketingplanung entsprechend folgen: Marketing-Forschung, Marketing-Ziele, Marketing-Strategien, Marketing-Mix, Marketing-Kontrolle sowie Marketing-Organisation.

An vielen Stellen werden die Ausführungen durch Praxisbeispiele und Fallstudien angereichert.

Das Buch richtet sich an Studierende und Dozenten an Universitäten (Grundstudium und Nebenfachstudierende), Fachhochschulen und Berufsakademien.

Prof. Dr. Willy Schneider lehrt an der Berufsakademie Mannheim.

Bestellen Sie in Ihrer Fachbuchhandlung oder direkt bei uns: Tel: 089/45051-248, Fax: 089/45051-333
verkauf@oldenbourg.de

Oldenbourg